ZfB Sonderhefte

Erfolgreich durch E-Management
Horst Albach/Horst Wildemann (Hrsg.)
E-Business
Management mit E-Technologien
2001. X, 162 S. (ZfB-Ergänzungsheft, Bd. 3/2001) Br. € 49,00
ISBN 3-409-11876-4

Unternehmen besser führen
Horst Albach/Peter-J. Jost (Hrsg.)
Theorie der Unternehmung
2001. XIV, 194 S. (ZfB-Ergänzungsheft, Bd. 4/2001) Br. € 49,00
ISBN 3-409-11883-7

State-of-the-Art des Marketing
Horst Albach/Christoph Weiser (Hrsg.)
Marketing-Management
2002. XIV, 190 S. (ZfB-Ergänzungsheft, Bd. 1/2002) Br. € 49,00
ISBN 3-409-11984-1

Evolution der Unternehmung
Horst Albach/Bernd Schauenberg (Hrsg.)
Unternehmensentwicklung im Wettbewerb
2002. XII, 164 S. (ZfB-Ergänzungsheft, Bd. 2/2002) Br. € 49,00
ISBN 3-409-11996-5

Bestell-Coupon
Fax: 06 11.78 78-420

Ja, ich bestelle zur sofortigen Lieferung:

☐ Albach/Wildemann (Hrsg.)
   E-Business
   Br. € 49,00
   ISBN 3-409-11876-4

☐ Albach/Jost (Hrsg.)
   Theorie der Unternehmung
   Br. € 49,00
   ISBN 3-409-11883-7

☐ Albach/Weiser (Hrsg.)
   Marketing-Management
   Br. € 49,00
   ISBN 3-409-11984-1

☐ Albach/Schauenberg (Hrsg.)
   Unternehmensentwicklung im Wettbewerb
   Br. € 49,00
   ISBN 3-409-11996-5

Vorname und Name

Straße (bitte kein Postfach)

PLZ, Ort

Unterschrift   321 01 006

Änderungen vorbehalten. Erhältlich beim Buchhandel oder beim Verlag. Abraham-Lincoln-Str. 46, 65189 Wiesbaden, Tel: 06 11.78 78-124, www.gable

Zeitschrift für Betriebswirtschaft

Ergänzungsheft 3/2002

Privatisierung von öffentlichen Unternehmen
– Unternehmenstheorie und praktische Erfahrungen –

ZfB-Ergänzungshefte

1/98 Betriebliches Umweltmanagement 1998
Schriftleitung: Horst Albach/Marion Steven
186 Seiten. ISBN 3 409 13956 7

2/98 Finanzierungen
Schriftleitung: Horst Albach
200 Seiten. ISBN 3 409 13957 5

1/99 Innovation und Investition
Schriftleitung: Horst Albach
142 Seiten. ISBN 3 409 13958 3

2/99 Innovation und Absatz
Schriftleitung: Horst Albach
176 Seiten. ISBN 3 409 11455 6

3/99 Finanzmanagement 1999
Schriftleitung: Horst Albach
212 Seiten. ISBN 3 409 11509 9

4/99 Planung und Steuerung von Input-Output-Systemen
Schriftleitung: Horst Albach/Otto Rosenberg
178 Seiten. ISBN 3 409 11493 9

5/99 Krankenhausmanagement
Schriftleitung: Horst Albach/Uschi Backes-Gellner
209 Seiten. ISBN 3 409 13959 1

1/2000 Corporate Governance
Schriftleitung: Horst Albach
152 Seiten. ISBN 3 409 11600 1

2/2000 Virtuelle Unternehmen
Schriftleitung: Horst Albach/Dieter Specht/Horst Wildemann
260 Seiten. ISBN 3 409 11628 1

3/2000 Hochschulorganisation und Hochschuldidaktik
Schriftleitung: Horst Albach/Peter Mertens
223 Seiten. ISBN 3 409 13960 5

4/2000 Krankenhausmanagement 2000
Schriftleitung: Horst Albach/Uschi Backes-Gellner
160 Seiten. ISBN 3 409 11764 4

1/2001 Personalmanagement 2001
Schriftleitung: Horst Albach
188 Seiten. ISBN 3 409 11801 2

2/2001 Controlling-Theorie
Schriftleitung: Horst Albach/Ulf Schiller
160 Seiten. ISBN 3 409 11833 0

3/2001 E-Business
Schriftleitung: Horst Albach/Horst Wildemann
162 Seiten. ISBN 3 409 11876 4

4/2001 Theorie der Unternehmen
Schriftleitung: Horst Albach/Peter J. Jost
193 Seiten. ISBN 3 409 11883 7

1/2002 Marketing-Management
Schriftleitung: Horst Albach/Christoph Weiser
190 Seiten. ISBN 3 409 11984 1

2/2002 Unternehmensentwicklung im Wettbewerb
Schriftleitung: Horst Albach/Bernd Schauenberg
164 Seiten. ISBN 3 409 11996 5

Privatisierung von öffentlichen Unternehmen
– Unternehmenstherorie und praktische Erfahrungen –

Schriftleitung

Prof. Dr. Dr. h.c. mult. Horst Albach
Prof. Dr. Dres. h.c. Eberhard Witte

Springer Fachmedien Wiesbaden GmbH

Die Deutsche Bibliothek – CIP-Einheitsaufnahme

> **Zeitschrift für Betriebswirtschaft** : ZfB. – Wiesbaden :
> Betriebswirtschaftlicher Verl. Gabler
> Erscheint monatl. – Aufnahme nach Jg. 67, H. 3 (1997)
> Reihe Ergänzungsheft: Zeitschrift für Betriebswirtschaft /
> Ergänzungsheft. – Fortlaufende Beil.: Betriebswirtschaftliches
> Repetitorium. – Danach bis 1979: ZfB-Repetitorium
> ISSN 0044-2372
> 2002, Erg.-H. 3. Privatisierung von öffentlichen Unternehmen
> – Unternehmenstheorie und praktische Erfahrungen –
> **Privatisierung von öffentlichen Unternehmen – Unternehmenstheorie
> und praktische Erfahrungen –** / Schriftl.: Horst Albach,
> Eberhard Witte – Wiesbaden : Gabler, 2002
> (Zeitschrift für Betriebswirtschaft ; 2002, Erg.-H. 3)

Alle Rechte vorbehalten

© Springer Fachmedien Wiesbaden 2002
Ursprünglich erschienen bei Betriebswirtschaftlicher Verlag Dr. Th. Gabler GmbH, Wiesbaden 2002.

Lektorat: Ralf Wettlaufer/Annelie Meisenheimer

Das Werk einschließlich aller seiner Teile ist urheberrechtlich geschützt. Jede Verwertung außerhalb der engen Grenzen des Urheberrechtsgesetzes ist ohne Zustimmung des Verlags unzulässig und strafbar. Das gilt insbesondere für Vervielfältigungen, Übersetzungen, Mikroverfilmungen und die Einspeicherung und Verarbeitung in elektronischen Systemen.

http://www.gabler.de
http://www.zfb-online.de

Höchste inhaltliche und technische Qualität unserer Produkte ist unser Ziel. Bei der Produktion und Verbreitung unserer Bücher wollen wir die Umwelt schonen: Dieses Buch ist auf säurefreiem und chlorfrei gebleichtem Papier gedruckt. Die Einschweißfolie besteht aus Polyäthylen und damit aus organischen Grundstoffen, die weder bei der Herstellung noch bei der Verbrennung Schadstoffe freisetzen.

Die Wiedergabe von Gebrauchsnamen, Handelsnamen, Warenbezeichnungen usw. in diesem Werk berechtigt auch ohne besondere Kennzeichnung nicht zur der Annahme, daß solche Namen im Sinne der Warenzeichen- und Markenschutz-Gesetzgebung als frei zu betrachten wären und daher von jedermann benutzt werden dürften.

Gesamtherstellung: Druckhaus „Thomas Müntzer", D-99947 Bad Langensalza

ISBN 978-3-409-12075-3   ISBN 978-3-663-07707-7 (eBook)
DOI 10.1007/978-3-663-07707-7

Inhalt

Zeitschrift für Betriebswirtschaft, Erg.-Heft 3/2002

Editorial VII

Telekommunikation
Vom Staatsmonopol zum privaten Wettbewerbsmarkt
Prof. Dr. Dres. h.c. Eberhard Witte, München 1

Die Bahnreform in Deutschland
Prof. Dr. Horst Albach, Bonn 51

Universaldienstlast etablierter Postunternehmen
Prof. Dr. Jörn Kruse 99

ZfB · Grundsätze und Ziele XII
ZfB · Herausgeber/Internationaler Herausgeberbeirat XIII
ZfB · Impressum/Hinweise für Autoren XIV

Mergers & Acquisitions
Eine umfassende Darstellung

Inhalt:

Grundlagen und Ziele
von M&A Finanzierung
von M&A-Transaktionen

M&A-Management

Phasen der M&A-Transaktion

Erfolgskontrolle

Dieter H. Vogel
**M & A –
Ideal und Wirklichkeit**
2002. XXIV, 316 S.
Geb. € 44,00
ISBN 3-409-11933-7

Dieter Vogel zeigt, gestützt auf seine langjährige Erfahrung im Management führender Unternehmen der deutschen Wirtschaft, Wege zum erfolgreichen Unternehmenszusammenschluss. Er beleuchtet dabei alle Facetten von der Finanzierung über die Konzeption, Transaktion und Integration bis hin zur Erfolgskontrolle.

Der Autor:

Dr. Dieter H. Vogel, ehemaliger Vorsitzender des Vorstands der Thyssen AG, ist Partner einer Private Equity-Firma und Inhaber zahlreicher Aufsichtsratsmandate. Als Lehrbeauftragter an der TU München hält er Vorlesungen zum Thema M & A.

Bestellung

Fax: 06 11/78 78.420

321 02 102

Ja, ich bestelle:

Dieter H. Vogel
**M & A –
Ideal und Wirklichkeit**
Geb. EUR 44,00
ISBN 3-409-11933-7

Vorname und Name

Straße (bitte kein Postfach)

PLZ, Ort

Unterschrift

Änderungen vorbehalten. Erhältlich beim Buchhandel oder beim Verlag. Abraham-Lincoln-Str. 46, 65189 Wiesbaden, Tel: 06 11.78 78-124, www.gabler.de

ZfB-Ergänzungsheft 3/2002

Privatisierung von öffentlichen Unternehmen
– Unternehmenstheorie und praktische Erfahrungen –

„Der Elan der Privatisierung erlahmt". Mit diesen Worten wird der gegenwärtige Stand des Privatisierungsprozesses beschrieben. Das ist nicht verwunderlich. Die öffentlichen Privatisierer bekommen weniger als früher für den Verkauf ihrer Anteile am Kapitalmarkt. Die „Filetstücke" der Privatisierung sind weitgehend verkauft. In dem Maße, in dem nachteilige Folgen von Privatisierungen sichtbar werden, läßt die Freude an weiteren Übertragungen öffentlicher Unternehmen in private Hand nach. Aus der bisherigen Einheit von öffentlicher Hand und wirtschaftlicher Tätigkeit ist ein antagonistisches Verhältnis zwischen der staatlichen Regulierungsbehörde und dem ehemaligen Staatsunternehmen geworden.

Nicht alle öffentlichen Unternehmen waren „Filetstücke". Die Deutsche Bundesbahn war sicherlich alles andere als ein Filetstück. Sie konnte deshalb auch nur formal privatisiert werden. Die materielle Privatisierung steht noch aus. Sie wird auch nicht gelingen, wenn die Bahn nicht bald für private Investoren attraktive Gewinne erwirtschaftet. Die jüngsten Entwicklungen der Eisenbahnpolitik der Regierung lassen aber auch gar nicht die Selbstbindung oder das Commitment erkennen, welche Voraussetzung für die Glaubwürdigkeit des Staates in der Fortführung des Privatisierungsprozesses sind.

Zu den Filetstücken der Privatisierung in Deutschland gehörte dagegen mit Sicherheit die Deutsche Bundespost. Sie war auch als Staatsunternehmen ein rentables Monopolunternehmen. Ihre Privatisierung verlangte eine Herauslösung von Telekom, Post und Postbank aus dem Behördenverband. Die privatisierten Unternehmen behielten den Staat zwar als Haupteigentümer, wurden aber zügig auch materiell teilweise privatisiert. Sie wurden Schritt für Schritt dem Wettbewerb ausgesetzt und mußten während dieses Prozesses lernen, wie man sich im Markt behauptet. Für die Post kam erschwerend hinzu, daß sie das Briefmonopol zunächst bis 2003, inzwischen bis 2007 und wahrscheinlich auch noch darüber hinaus behält und damit dem Verdacht ausgesetzt bleibt, daß sie die Monopolgewinne zur Quersubventionierung von Wettbewerbsbereichen benutzt.

Die Herausgeber dieses Ergänzungsheftes haben es sich zum Ziel gesetzt, die Privatisierung von Bahn und Telekommunikation ausführlich zu beschreiben. In der Tat handelt es sich in beiden Fällen um „Jahrhundertwerke". In ihnen kommt die Vorstellung von der Rolle öffentlicher Unternehmen in einer Sozialen Marktwirtschaft klar zum Ausdruck. Wenn der Staat Allokationspolitik und Sozialpolitik in und durch öffentliche Unternehmen zu verbinden sucht, bleiben beide Politikbereiche auf der Strecke: Die Dienstleistungen dieser Unternehmen werden unsozial teuer. Beide Aufgaben müssen getrennt werden. Die Unternehmen müssen privatisiert, und das heißt: von der Aufgabe der Befriedigung des „Allgemeinen Wohls" befreit werden.

Eine solche Privatisierung stellt aber auch andere Anforderungen an das Verhalten der privatisierten Unternehmen als an das der Staatsunternehmen. Der Übergang von einer hoheitlichen – in manchen Fällen auch Subventions-Mentalität – zu einer Wettbewerbsmentalität ist ein Turnaround-Prozeß, in dem die alten Netzwerke von Staat und Politik nur ganz allmählich ihren Einfluß auf die Netzwerke in den Unternehmen verlieren. Das erschwert den Turnaround-Prozeß sowohl nach außen (Kundenorientierung und Wettbewerbsverhalten) als auch nach innen (kaufmännische Führung, marktorientiertes Controlling, zielorientierte Personalführung). Die Privatisierungen stellen also hervorragende Beispiele für die theoretische Vertiefung dessen dar, was man in der Betriebswirtschaftslehre heute neudeutsch als „Change Management" bezeichnet.

Eberhard Witte war Vorsitzender der Regierungskommission Fernmeldewesen, welche das Konzept für die Privatisierung der Deutschen Bundespost im Bereich Fernmeldewesen zu entwickeln hatte. Witte beschreibt in dem vorliegenden Aufsatz den Privatisierungsprozeß bei der Deutschen Telekom. Die Bundespost hatte umfassende Monopolrechte im Fernmeldebereich. Dieser Bereich konnte nicht ohne weiteres privatisiert werden, denn dabei wäre nur ein privates Monopol entstanden, das alle Marktkräfte erdrückend beherrscht hätte. Ein so marktdominantes Unternehmen hätte auch alle potentiellen Wettbewerber von einem Eintritt in den Markt abgeschreckt. Die Lösung bestand in einer aufeinander abgestimmten Vorgehensweise: Marktöffnung des Fernmeldebereichs und Privatisierung bedingten sich gegenseitig und wurden schrittweise und wechselseitig aufeinander abgestimmt. Die Grundüberzeugung der auch materiellen Privatisierung der Telekommunikation in Deutschland lautete: Je mehr neue Wettbewerber den Markt betreten und Marktanteile gewinnen, desto größere unternehmerische Freiheit kann dem ehemaligen Monopolisten eingeräumt werden.

Horst Albach war Mitglied der Regierungskommission Bahn, welche ein Konzept für die formale und die materielle Privatisierung der Deutschen Bundesbahn erarbeitete. Sein Beitrag zu diesem Ergänzungsheft stellt das Reformkonzept vor dem Hintergrund der Situation der Deutschen Bundesbahn dar. Die Bundesbahn war zwar auf der Schiene ein Monopolunternehmen, sie stand aber in hartem intermodalen Wettbewerb vor allem mit der Straße, aber auch mit der Luft und den Wasserstraßen. In diesem Wettbewerb hatte sie ständig Marktanteile verloren und war in ihrem Betrieb durch und durch defizitär und als Unternehmen hoch verschuldet. An mehr als eine formale Privatisierung war daher zunächst gar nicht zu denken. Im Mittelpunkt seines Beitrages stehen die Probleme von Corporate Governance-Strukturen in Staatsunternehmen und in dem privatisierten Unternehmen. Der Beitrag behandelt ferner das Problem der Preispolitik in Unternehmen mit sehr hohem Fixkostenanteil unter Wettbewerbsbedingungen.

Jörn Kruse behandelt die Privatisierung der Post im Gesamtzusammenhang der Liberalisierung der Postmärkte. Die Post ist das einzige Unternehmen unter den aus dem „Jahrhundertwerk" der Privatisierung in Deutschland hervorgegangenen Unternehmen, das noch über einen rechtlich geschützten Monopolbereich verfügt. Dieses Monopol findet seine Legalität in der Universaldienstleistungsverordnung und unterliegt der staatlichen Regulierung. Diese tritt besonders dann in Erscheinung, wenn der Monopolbereich wegen der Universaldienstauflagen defizitär ist und die Post und ihre Wettbewerber finanzielle Leistungen für einen Universaldienstfonds leisten müssen. Der Aufsatz behandelt die Marketing-Instrumente Preis und Qualität als Entscheidungsvariable eines regulierten ehemals staatlichen Monopolunternehmens. Er kommt zu dem Ergebnis, daß bei einer Auflage der Regulierungsbehörde, die Posttarife zu senken, die Post mit einer Minderung der Qualität ihrer Leistungen reagieren würde. Als Folge würden die LRNIC (long-run net incremental costs – die langfristigen Netto-Inkrementalkosten) stark, die Erlöse dagegen nur gering steigen würden. Diese Prognose hat sich inzwischen bereits erfüllt. Die Post hat angekündigt, sie werde auf die verfügten Tarifsenkungen ab 1.1.2003 mit einer Reduktion der Zustellfrequenz und mit der Schließung von Poststellen reagieren.

Die drei hier behandelten Privatisierungsfälle sollten auch als Herausforderungen an die betriebswirtschaftliche Theorie verstanden werden. Jedes der drei Unternehmen wies unterschiedliche Ausgangsbedingungen auf. Jedem Unternehmen wurden vom Staat in den entsprechenden Privatisierungsgesetzen unterschiedliche Rahmenbedingungen für den Privatisierungsprozeß gesetzt. Jedes Unternehmen sah sich nach der Privatisierung unterschiedlichen Wettbewerbsbedingungen ausgesetzt. Diese drei Fälle müßten dennoch als Spezialfälle aus einer allgemeinen dynamischen Theorie des Privatisierungsprozesses ableitbar sein. Die drei Arbeiten in diesem Ergänzungsheft liefern das Material für die Entwicklung einer solchen allgemeinen Theorie. Sie liefern auch theoretische Ansätze für eine solche Theorie. Aber sie liefern die Allgemeine Theorie (noch) nicht. Wir hoffen, daß nicht nur die Autoren dieses Heftes diese Herausforderung an die Betriebswirtschaft spüren, sondern daß sich möglichst viele Kollegen an der Entwicklung einer solchen Theorie beteiligen.

In den Aufsätzen werden auch hinreichend viele Warnsignale für die Praxis aufgestellt. Sie versuchen, eine Antwort auf die Frage zu geben: Was ist im Privatisierungsprozeß falsch gelaufen und was waren die Gründe dafür. Die Autoren sind aber auch der festen Überzeugung, daß die Analyse der hier geschilderten Turn-Around-Prozesse auch auf andere Turn-Around-Situationen anwendbar ist, vor allem auf das Management von Krisen (crisis management with strategic change) und auf das Management von Fusionsprozessen (pre- and post-merger management).

Für Wissenschaft wie Praxis sind die drei Fälle aber auch eine Herausforderung hinsichtlich des Rechnungswesens. Die Betriebswirtschaftslehre hat die Entwicklungen im Rechnungswesen von Staatsunternehmen mit sehr hohem Fixkostenanteil bisher zu wenig theoretisch begleitet. Nur so ist verständlich, daß es so schwer ist, Umsatzkostendenken in der Praxis zu verankern, nur so ist erklärlich, daß sich Regulierer an einem verfehlten Konzept der sprungfixen Kosten, den so genannten langfristigen Netto-Inkrementalkosten (eine Übersetzung aus dem Englischen, die ein niedrigeres theoretisches Niveau beschreibt, als wir es schon mit Schmalenbach und mit Lücke erreicht hatten), festbeißen. Es wird höchste Zeit, daß die Theoretiker der Praxis mehr und Besseres zur Entwicklung eines entscheidungsorientierten Rechnungswesens anbieten als das, was die Beratungsunternehmen zu bieten vermögen. Möge dieses Ergänzungsheft der ZfB dazu herausfordern.

Bonn und München, im Juli 2002

Horst Albach   Eberhard Witte

Finanz- und Rechnungswesen
Jetzt auch mit IAS und US-GAAP

Inhalt:

Übersetzungen und Erläuterungen von Fachbegriffen zum Internationalen Finanz- und Rechnungswesen in englisch/deutsch und deutsch/englisch

Götz Hohenstein/
Beate Kremin-Buch
Fachbegriffe
Internationale Rechnungslegung
Englisch-Deutsch/Deutsch-Englisch
inkl. IAS und US-GAAP
2., akt. u. erw. Aufl. 2002. VI, 165 S.
Geb. € 49,00
ISBN 3-409-29950-5

Die zunehmende Internationalisierung der Wirtschaft bringt es mit sich, dass sich immer mehr Führungskräfte mit internationalen Jahresabschlüssen nach IAS oder US-GAAP beschäftigen. "Fachbegriffe Internationale Rechnungslegung" hilft, die dabei auftretenden Sprachbarrieren zu überbrücken. Mittels inhaltlicher Erläuterung der Begriffe, oft illustriert durch Beispiele, wird über die Übersetzung hinaus auch ein fachlicher Zusammenhang hergestellt, so dass dieses Werk auch zum Verständnis der unterschiedlichen Rechnungslegungssysteme beiträgt.

Die Autoren:

Professor Dr. Beate Kremin-Buch lehrt Rechnungswesen und Controlling an der Fachhochschule Ludwigshafen. Sie ist die Autorin des erfolgreichen Gabler Titels „Internationale Rechnungslegung".
Dr. Götz Hohenstein war Leiter des Management Instituts Hohenstein und ist langjährig erfahren in der Aus- und Weiterbildung von Fach- und Führungskräften, die im internationalen Geschäft tätig sind.

Bestellung

Fax: 06 11.78 78-420

321 02 1

Ja, ich bestelle:

_____ Expl. Hohenstein/ Kremin-Buch
Fachbegriffe Internationale Rechnungslegung
2., akt. u. erw. Aufl. 2002.
Geb. € 49,00
ISBN 3-409-29950-5

Vorname und Name

Straße (bitte kein Postfach)

PLZ, Ort

Unterschrift

Änderungen vorbehalten. Erhältlich beim Buchhandel oder beim Verlag. Abraham-Lincoln-Str. 46, 65189 Wiesbaden, Tel: 06 11.78 78-124, www.gabler.de **GABLE**

Telekommunikation
Vom Staatsmonopol zum privaten Wettbewerbsmarkt

Von Eberhard Witte

Überblick

- Da die Unternehmung das zentrale Betrachtungsobjekt der Betriebswirtschaftslehre ist, interessiert sich das Fach naturgemäß für die Frage, wie eine Unternehmung entsteht und welche Probleme dabei zu lösen sind.

- Allerdings wird bevorzugt an Neugründungen (Start-up, spin-off, ect.) gedacht, also an frisch entstandene, möglichst innovative, aber zumeist kleine Unternehmen, die um ihr Überleben kämpfen.

- Demgegenüber sind die aus der Deutschen Bundespost hervorgegangenen Unternehmen TELEKOM, Post und Postbank weder klein noch neu. Als staatliche Institution verfügt die Deutsche TELEKOM AG über eine 150jährige Tradition, aber eben nicht als Unternehmung. Umso schwieriger war es, sie aus dem Behördenverband herauszulösen und Schritt für Schritt einem bisher nicht gewohnten Wettbewerb auszusetzen. Wo vorher ein Staatsmonopol mit flächendeckender Mindestversorgung und administrierten Preisen existierte, entstand ein international operierendes Unternehmen im Wettbewerb.

Damit befasst sich der vorliegende Beitrag.

Eingegangen: 19. August 1999

Professor Dr. Dres. h.c. Eberhard Witte, Harthauserstraße 42b, 81545 München.

© Gabler-Verlag 2002

A. Einleitung

Die Telekommunikation hieß früher Fernmeldewesen und verleugnete nicht ihre militärischen Wurzeln. Schließlich leitet sich sogar das moderne Internet vom ARPANET der US-Streitkräfte ab. Auch als die zivile Nutzung der Fernmeldenetze zunahm und schließlich zur Vollversorgung von Bürger und Wirtschaft heranreifte, entstand noch kein interessantes Studienobjekt der Betriebswirtschaftslehre. Die Bundespost war kein Unternehmen.Sie wurde durch das Grundgesetz vor jedem privaten Einfluss geschützt. Das Monopol stand zwar nicht in der Verfassung, war aber von Anfang an (bis 1996) gesetzlich vorgegeben. Die Leitung bestand aus dem Bundesministerium für das Post und Fernmeldewesen mit einem Minister an der Spitze, der sein Mandat nicht aus der Managementverantwortung, sondern aus einer politischen Legitimation ableitete. Der Minister war gleichzeitig Hoheitsinstanz und Vorgesetzter von über 500 000 Mitarbeitern. Es galt das öffentliche Dienst- und Haushaltsrecht.

Was sollte unter diesen Umständen ein Betriebswirt zur Optimierung der Leistungs- und Abrechnungsvorgänge beitragen? Der Absatz bestand aus einer flächendeckenden Mindestversorgung mit Tarifeinheit im Raum (Daseinsvorsorge) und wurde als staatliche Infrastrukturverpflichtung verstanden. Die Preise waren politisch administriert und wurden stets mit zeitlichem Abstand zu anstehenden Wahlen erhöht. Die Beschaffung von Anlagen und Einsatzmaterial folgte den Pflichtenheften des Fernmeldetechnischen Zentralamtes, die Bestellungen richteten sich an den geschlossenen Kreis der Amtsbaufirmen und wurden möglichst langfristig festgelegt. Sowohl auf der Absatz- als auch auf der Beschaffungsseite gab es keinen Wettbewerb. Die Belegschaft bestand aus öffentlich Bediensteten, in allen wichtigen Bereichen sogar aus Beamten. Unter dem Gebot der sog. Eigenwirtschaftlichkeit wurde Sorge getragen, dass die Ausgaben aus den Einnahmen der Bundespost bestritten werden konnten.

Die kennzeichnenden Merkmale des Fernmeldewesens (und der hier nicht näher betrachteten Post) waren: Gleichgewicht, Stetigkeit, langfristige Versorgung und soziale Sicherheit, nicht jedoch Deckung des differenzierten Bedarfs, Marktschließung, Anpassungsfähigkeit, Innovation, Rationalisierung oder gar internationale Aktivität. Die Sparsamkeit wurde zwar stets in jedem einzelnen Budgetposten nach den Prinzipien des öffentlichen Haushaltsrechts betont. Sie führte auch dazu, dass eine bemerkenswert kleine Anzahl von Spitzenbeamten eine derart riesige Institution führte. Aber gerade die Managementlücke, die schon als Wort unaussprechlich war, bewirkte, dass auf den unteren Ebenen der bundesweiten Organisation zu viele Planstellen eingerichtet und auch bei fortschreitender Automation weitergeführt wurden. Der Einfluss der Deutschen Postgewerkschaft und vor allem der Personalräte war höher als die Mitbestimmung in der Privatwirtschaft. Wie sich später unter Wettbewerbsbedingungen zeigte, hätten die Gesamtkosten (und die Preise) erheblich gesenkt werden können. Aber dies lag nicht in der vorgegebenen Zielsetzung.

Die Bundespost wurde von der Regierung hoch geschätzt. Sie hat seit dem Bestehen der Bundesrepublik Deutschland – im Gegensatz zu anderen öffentlichen Sektoren – nicht nach Subventionen verlangt, sondern regelmäßig (zuletzt mehr als 5 Mrd. DM jährlich) Ablieferungen an die Bundeskasse gezahlt. Die Bevölkerung drückte in allen Befragungen ihre Zufriedenheit mit dem Telefondienst aus und hielt die deutsche Fernmeldetechnik für vorbildlich, was zumindest im Vergleich zum amerikanischen Marktführer AT&T nur eingeschränkt vertreten werden konnte und sicher nicht für die Preise galt.

Immerhin war die Bundespost und ihr Fernmeldebereich ein Raum der Stabilität und Geborgenheit. Im Innenverhältnis bildete sich eine einzigartige Organisationskultur: die Postfamilie. Sie bezog sich nicht nur auf den Arbeitsplatz, sondern darüber hinaus auf Wohnsiedlungen, Sportstätten sowie andere Freizeit- und Urlaubsaktivitäten.

Wie konnte es geschehen, aus einer derart traditionsgebundenen Sozialeinheit ein privates Großunternehmen werden zu lassen, das globale strategische Interessen verfolgt und eine erhebliches Gewicht im Deutschen Aktienindex (DAX) verkörpert? Wie gelang es, aus einem öffentlichen Versorgungsbereich einen Markt zu entwickeln, auf dem Wettbewerb nicht nur erlaubt ist, sondern auch tatsächlich stattfindet? Und woher kamen die neuen Wettbewerber?

Schon diese Fragen zeigen, dass die Neuordnung des Wirtschaftssektors „Telekommunikation" auf zwei unterschiedlichen Ebenen stattfand.

– Auf der Mikroebene löste sich die Deutsche Bundespost schrittweise aus dem Regelwerk der öffentlichen Verwaltung, erreichte als ausgegliederte Organisationseinheit den Status eines öffentlichen Betriebes und wurde schließlich privatisiert.
– Auf der Makroebene wurde das umfassende Monopol schrittweise eingeschränkt und am Ende völlig beseitigt. Damit konnten neue Wettbewerber den Markt betreten.

Im Verlauf von 33 Jahren (1965–1998) haben sich die Entwicklungen auf den beiden Ebenen gegenseitig angestoßen, zeitweise blockiert und wechselseitig bedingt. So entstanden neue, in ihrer Vielfalt interessante Objekte der betriebswirtschaftlichen Forschung und Lehre.

B. Frühe Reformansätze

I. Hoheitsverwaltung

Als Dokumente einer stabilen Ausgangslage, die über viele Jahrzehnte bestehen blieb, können das Gesetz über Fernmeldeanlagen (FAG) von 1928 und das Postverwaltungsgesetz (PostVwG) von 1953 gelten. In beiden Rechtsquellen wird eindeutig die Allmacht der Staatsverwaltung im Bereich des Post- und Fernmeldewesens deklariert.

§ 1 (1) FAG bestimmt: „Das Recht, Fernmeldeanlagen ... zu errichten und zu betreiben, steht ausschließlich dem Reiche zu." In Abs. 2 wird angefügt „Das in Abs. 1 bezeichnete Recht übt der Reichspostminister aus;"

Wie ernst dies gemeint ist, wird in § 21 (2) FAG veranschaulicht: „Für die Durchsuchung der Wohnung, der Geschäftsräume und des befriedeten Besitztums sind die Vorschriften der Strafprozessordnung maßgebend; die Durchsuchung ist aber zur Nachtzeit stets zulässig, wenn sich in den Räumen oder auf dem Besitztum eine Funkanlage befindet und der begründete Verdacht besteht, dass bei ihrer Errichtung oder ihrem Betrieb eine nach §15 strafbare Handlung begangen wird oder begangen ist." In §15 FAG heißt es: „Wer vorsätzlich entgegen den Bestimmungen dieses Gesetzes eine Fernmeldeanlage errichtet oder betreibt, wird mit Gefängnis oder mit Geldstrafe bestraft. Der Versuch ist strafbar." Deutlicher kann das Gemeinte nicht gesagt werden. Aus der Zuständigkeit des Reiches wurde nach dem 2. Weltkrieg die Zuständigkeit des Bundes. Das Fernmeldeanlagengesetz blieb – auch nach den Änderungen durch die Postreform – bis 1996 geltendes Recht.

Das Reich (und später der Bund) hat seine Zuständigkeit gegenüber den Ländern stets verteidigt. Eine entsprechende Bestimmung war erstmals in der Reichsverfassung von 1871 enthalten. Neben dem diplomatischen Corps und der zentralen Finanzverwaltung waren vor allem die Post und die Eisenbahn der Zentralinstanz des deutschen Kaiserreichs zugeordnet worden. Art. 48 der Reichsverfassung bestimmte: „Das Postwesen und das Telegraphenwesen werden für das gesamte Gebiet des Deutschen Reichs als einheitliche Staatsverkehrs-Anstalten eingerichtet und verwaltet." Damals wurde nicht diskutiert, ob die Reichspost und die Reichsbahn privatisiert werden könnten. Dies lag nicht im Erwägungsfeld der Politik. Das Entscheidende war die Verlagerung der Zuständigkeit von der Länderebene zur Reichsebene. Auch die Weimarer Verfassung von 1919 hat daran nichts geändert. Sie bestimmte in Art. 88: „Das Post- und Telegraphenwesen samt dem Fernsprechwesen sind ausschließlich Sache des Reichs." In ungebrochener Kontinuität der Verfassungslage erklärt das Grundgesetz der Bundesrepublik Deutschland von 1949 in Art. 87: „In bundeseigener Verwaltung mit eigenem Verwaltungsunterbau werden geführt . . . die Bundespost . . . ." Damit sind die beiden Komponenten der alten Ordnung definiert: Staat und Monopol.

Die Herrschaft über ein Staatsgebiet reicht nur soweit wie das verfügbare Kommunikationssystem. Diese Erkenntnis stand bei allen Postgründungen in der Antike und im Mittelalter Pate, auch bei der Thurn-und-Taxis-Post. Die Deutsche Bundespost bezieht ihre Tradition jedoch nicht aus der nur staatlich privilegierten, im Selbstverständnis jedoch privaten Post der Herren von Thurn und Taxis, sondern aus der brandenburgisch-preußischen Post. Diese wurde von vornherein als Instrument des Staates konzipiert und zwar nicht nur als Informationssystem für die Staatsverwaltung, sondern vor allem als Infrastruktur für die wirtschaftliche Entwicklung. Die brandenburgische und später die preußische Staatspost haben sich auch nicht geschämt, erhebliche Überschüsse zu erwirtschaften. Aus diesen Gewinnen wurden im 19. Jahrhundert (und bis in unser Jahrhundert hinein) die Netze für Telegraphie und Telephonie finanziert. Es entstand – wie in den meisten Staaten der Welt – das klassische PTT-System.

Die Ausgangslage, die vor dem Beginn der Postreform bestand, wird durch das Postverwaltungsgesetz von 1953 (PostVwG) repräsentiert. In §2 (1) PostVwG hieß es: „Der Bundesminister für das Post- und Fernmeldewesen ist dafür verantwortlich, dass die Deutsche Bundespost nach den Grundsätzen der Politik der Bundesrepublik Deutschland, insbesondere der Verkehrs-, Wirtschafts-, Finanz- und Sozialpolitik verwaltet wird."

Die Bundespost hatte also eine dienende Funktion gegenüber dem umfassenden öffentlichen Interesse auszuüben. In diesem Sinne wurde von der Instrumentalfunktion der öffentlichen Wirtschaft gesprochen. Für die staatliche Post- und Fernmeldeverwaltung bedeutete dies, dass sie nicht nur einer mikroökonomischen (betriebswirtschaftlichen) Zielsetzung gewidmet war, sondern darüber hinaus behilflich sein sollte, gesamtwirtschaftliche Aufgaben zu erfüllen. Die Befugnis zur Zielsetzung lag nicht bei der Leitung des öffentlichen Betriebes, auch nicht nur beim Bundespostminister, sondern bei der Bundesregierung, insbesondere dem Bundeskanzler als Teil seiner Richtlinienkompetenz, aber auch beim Finanz- und Innenminister.

Telekommunikation: Vom Staatsmonopol zum privaten Wettbewerbsmarkt

Im Widerspruch zu diesem Primat der Politik entzog sich der Staat seiner finanziellen Verpflichtungen, die durch politische Eingriffe in die Bundespost verursacht wurden. Nach §15 PostVwG haftete der Bund nicht für die Verbindlichkeiten der Bundespost, diese allerdings auch nur in Höhe des Sondervermögens des Post- und Fernmeldewesen für die Verbindlichkeiten des Bundes (PostVwG § 3 (2)). Die Trennung der Finanzen war bereits durch das Reichspostfinanzgesetz (RPFG) von 1924 herbeigeführt worden. Die Reichspost war nach dem 1. Weltkrieg unrentabel geworden und musste aus dem Reichshaushalt subventioniert werden.

Interessanterweise wurde bei der damaligen finanziellen Loslösung der Reichspost auch ein kleiner Schritt in Richtung Unternehmensverfassung getan, indem die Vertragsverhältnisse zwischen der Post und ihren Kunden auf privatrechtliche Basis gestellt wurden. Diese Entwicklung wurde durch das von den Nationalsozialisten erlassene „Vereinfachungsgesetz" von 1934 rückgängig gemacht und die zivilrechtlich orientierte Betrachtungsweise des Postbenutzerverhältnisses wieder durch die öffentlich-rechtliche Vertragsgestaltung ersetzt. Das PostVwG von 1953 behielt dies bei und knüpfte nicht an die Weimarer Reformidee an.

Durch die Loslösung der Bundespost vom Bundeshaushalt und durch die Ausgliederung des Sondervermögens war die Deutsche Bundespost gezwungen, wirtschaftlich auf eigenen Beinen zu stehen. „Die Deutsche Bundespost hat ihren Haushalt so aufzustellen und durchzuführen, dass sie die zur Erfüllung ihrer Aufgaben und Verpflichtungen notwendigen Ausgaben aus ihren Einnahmen bestreiten kann" (PostVwG § 15 (1)).

Sehr bescheiden waren die Leistungsverpflichtungen der Deutschen Bundespost. Man hätte erwarten können, dass bei einem so starken staatlichen Einfluss nicht nur die Instrumentalfunktion des öffentlichen Betriebes für andere staatliche Bereiche betont, sondern auch eine konkrete Pflicht zur Hervorbringung von Leistungen im Bereich der Post und des Fernmeldewesens zu fordern wäre. Immerhin war der Begriff der Daseinsvorsorge geprägt worden, um das Grundbedürfnis nach Kommunikation für Wirtschaft und Gesellschaft sicherzustellen.

Dagegen formulierte das PostVwG in § 2 (3) lediglich: „Die Anlagen der Deutschen Bundespost sind in gutem Zustand zu erhalten und technisch und betrieblich den Anforderungen des Verkehrs entsprechend weiterzuentwickeln und zu vervollkommnen." Hier ist also weder von flächendeckender Versorgung noch von der Tarifeinheit im Raum die Rede. Die Einführung von „Pflichtleistungen" und „Universaldiensten" geschah bemerkenswerterweise erst mit der Postreform 1989 und schließlich mit dem Telekommunikationsgesetz 1996.

Die Deutsche Post- und Fernmeldeverwaltung operierte über Jahrzehnte in ruhigen Bahnen nach dem Fernmeldeanlagengesetz und dem Postverwaltungsgesetz. Anzumerken ist, dass in beiden Weltkriegen sowohl von der Feldpost als auch vom Fernmeldewesen außergewöhnliche Anstrengungen verlangt und erhebliche Folgelasten verursacht wurden. Sowohl die Reichspost als auch die Bundespost konnten sich also zunächst nicht auf die Deckung des privaten Bedarfs konzentrieren. Es ist auch unangemessen, der Leitung und den Bediensteten der Bundespost vorzuwerfen, sie hätten die Anforderungen der Bedarfsdeckung, der Bedarfsweckung, der Innovation und der internationalen Aktivität vernachlässigt. Derartige betriebswirtschaftliche Aspekte sind erst viel später zur Diskussion gestellt worden.

Solange lediglich die Anforderung des PostVwG zu erfüllen waren, die Anlagen in gutem Zustand zu erhalten und weiterzuentwickeln, war einfach die Aufgabenstellung enger zugeschnitten. Es handelte sich um die Gewährleistung eines staatlichen Infrastrukturangebotes. Ein werbendes Verhalten, das auf den Bedarf mit allen seinen Unterschieden eingeht, neue Marktnischen erschließt, Deckungsbeiträge erwirtschaftet und ein schnelles Wachstum anstrebt, war nicht Bestandteil der gesetzlichen Aufgaben.

Stattdessen wurden „Anträge" auf Bereitstellung eines Fernsprechhauptanschlusses hinsichtlich ihrer berechtigten Bedürfnisse überprüft und teilweise abgelehnt. Das Schild an den öffentlichen Fernsprechstellen „Fasse dich kurz!" dokumentiert die Bewirtschaftung eines staatlich angebotenen und in seiner Kapazität knappen Fernmeldedienstes.

Plötzlich kam jedoch Bewegung in den langfristig eingeschwungenen Zustand der Postverwaltung. Der 4. Deutsche Bundestag stellte am 16. April 1964 besorgt fest, dass die Deutsche Bundespost in eine Krise geraten war. Er forderte die Bundesregierung auf, eine Kommission mit der Untersuchung zu beauftragen, wie die Deutsche Bundespost ihre Aufgaben auf die Dauer in optimaler Weise ohne Defizit erfüllen kann.

Die Bundespost wies in den Jahren 1961 bis 1965 erhebliche Verluste aus. So wurde z.B. im Jahr 1962 bei einem Jahresumsatz von 6,3 Mrd. DM eine Unterdeckung in Höhe von 382 Mio., also eine negative Umsatzrendite von 6% erwirtschaftet. Trotzdem wurde nach § 21 PostVwG eine umsatzabhängige Ablieferung an den Bund in Höhe von 422,3 Mio. DM gezahlt.

Da eine Erhöhung der Post- und Fernmeldegebühren in dem notwendigen Umfange politisch nicht verantwortet werden konnte und eine Einschränkung des Dienstangebotes ebenfalls ausgeschlossen wurde, mussten neue Wege gesucht werden. Unter heutigem Aspekt ist bemerkenswert, dass eine Senkung der Kosten bei gleich bleibendem Leistungsvolumen nicht im Bereich des Denkbaren erschien. Man glaubte noch an die absolute Berechtigung von Kosten für eine bestimmte Leistungseinheit. Erst unter Wettbewerbsbedingungen hat sich gezeigt, dass die Kosten pro Leistungseinheit, allerdings unter entsprechenden Anstrengungen, drastisch gesenkt werden können.

Die „Sachverständigen-Kommission für die Deutsche Bundespost" (Mitgliederliste im Anhang 1) legte ihr Gutachten am 6. November 1965 vor (Florian 1966). Nach sorgfältiger Diskussion der einzelnen Dienstzweige des Post- und Fernmeldewesens gelangte die Kommission im Wesentlichen zu den folgenden Empfehlungen:

- Kostendeckung einschließlich einer angemessenen Verzinsung des Eigenkapitals für jeden Dienstzweig bzw. jede Gruppe von Dienstleistungen
- organisatorische Trennung der beiden Hauptdienstzweige Post- und Fernmeldewesen (getrenntes Rechnungswesen)
- Ablieferung an den Bund nicht in Relation zu den Betriebseinnahmen, sondern zum tatsächlich erwirtschafteten Erfolg
- Stundung der Ablieferung (Umwandlung in Eigenkapital) bis das Eigenkapital im Verhältnis zum Fremdkapital die Relation 1:1 erreicht hat
- Trennung der Betriebsaufgaben von den Hoheitsaufgaben
- Wahrnehmung der Hoheitsaufgaben durch den „zuständigen Bundesminister", der nicht zwingend mehr Bundesminister für das Post- und Fernmeldewesen sein sollte
- Betrachtung der Bundespost als öffentliches Unternehmen

- organisatorische Ausgliederung der Bundespost als nicht rechtsfähiges Sondervermögen des Bundes in einer bundeseigenen und bundesunmittelbaren Anstalt des öffentlichen Rechts
- Leitung der Deutschen Bundespost durch einen Vorstand, bestehend aus einem Generaldirektor und vier weiteren Vorstandsmitgliedern.

Obgleich die Sachverständigen-Kommission weder eine Privatisierung noch die Einführung von Wettbewerb, sondern ausdrücklich die Erhaltung des Monopols und der vollen Staatlichkeit der Bundespost empfahl, erklärte Bundespostminister Richard Stücklen bei der Übergabe des Berichts an den Deutschen Bundestag am 26. Januar 1966: „Die Bundesregierung sieht sich nicht in der Lage, zu derart weitgehenden Vorschlägen kurzfristig Stellung zu nehmen." Er wies darauf hin, dass die organisatorischen und strukturellen Veränderungen eine Neufassung des PostVwG notwendig machen würden und dadurch der Status der Deutschen Bundespost verändert würde.

Eine umfassende Würdigung des Gutachtens und eine deutliche Ablehnung der Empfehlungen legte Staatssekretär Hans Steinmetz im Februar 1967 vor (Steinmetz 1967, S. 1ff). In geschliffener Sprache und klarer inhaltlicher Fassung bietet er einen historischen Beleg für das Staatsverständnis gegenüber dem Post- und Fernmeldewesen im Jahr 1967:

Die Trennung von hoheitlichen und betrieblichen Aufgaben, insbesondere die Zuweisung der Hoheitsaufgaben an einen „zuständigen Bundesminister" werden mit der Begründung abgelehnt, dass damit der Einklang zwischen den Aufgaben im Post- und Fernmeldesektor mit den gesamtstaatlichen Aufgaben in Frage gestellt wird. Insbesondere gehe die Stimme eines Bundespostministers im Kabinett verloren (Steinmetz 1967, S. 9) „Hierauf ist vor allem das Postpersonal stolz und würde es als eine Abwertung seines Dienstherren betrachten, wenn dieser nicht mehr ein Bundesminister, sondern ein Verwaltungsvorstand wäre." (Steinmetz 1967, S. 23) Der Staatssekretär wusste sich im Einklang mit der Postgewerkschaft, die ebenfalls eine negative Stellungnahme vorlegte.

Es heißt weiter: „Selbst wenn sich eine parlamentarische Mehrheit für eine solche Änderung des PostVwG fände – was unter den gegebenen Umständen bezweifelt werden muss –, so würden die politischen Gremien sich niemals ihres heute gesetzlich verankerten Einflusses auf das Staatsunternehmen Bundespost in dem von der Sachverständigen-Kommission vorgesehenen Maße begeben." (Steinmetz 1967, S. 18)

Interessant ist auch, dass für die Beibehaltung der ungeteilten Hoheitsverantwortung das Argument verwendet wird, für wichtige Bereiche – den Briefdienst und den gesamten Fernmeldedienst – besitze die Post umfassende Ausschließlichkeitsrechte, also Monopole. Man konnte sich damals nicht vorstellen, das Monopol auch nur in Frage zu stellen. (Steinmetz 1967, S. 15).

Die schärfste, heute nicht mehr nachvollziehbare Argumentation findet sich in einer Fußnote. Steinmetz bezieht sich auf einen Aufsatz von Kämmerer (damals Präsident der Oberpostdirektion Frankfurt) über „Die Rechtsnatur der Bundespost" (Kämmerer 1966, S. 556ff). Dort bezeichnet Kämmerer die Rechtsform der Verwaltung als „dem Wesen der Post am gemäßesten". Steinmetz schließt wörtlich an: „Das ist sicherlich richtig, und man muss ihm auch in der Begründung folgen, wonach die Post als organisierte Nachrichtenverwaltung ihren ‚Ursprung nicht dem ureigenen Bedürfnis des Menschen nach Kommunikation, sondern dem Bedürfnis des Staates nach Aufrechterhaltung seiner Macht über das Staatsvolk im Staatsgebiet' verdankt." Obgleich Steinmetz im Anschluss daran eine gewisse Veränderung von der Hoheitsverwaltung in Richtung auf eine Betriebsverwaltung zugesteht, ist doch die prinzipielle Ablehnung jedweder Reform in Richtung auf Privatisierung und Wettbewerb überdeutlich (Steinmetz 1967, S. 7). Tonfall und innere Überzeugungskraft dieser offiziellen Stellungnahme des zuständigen Staatssekretärs werden nur verständlich, wenn man sich heute fragen würde, ob man das öffentliche Gesundheits- und Bildungswesen privatisieren und dem Wettbewerb aussetzen wolle. Einen seit Jahrzehnten gewachsenen Status quo in Frage zu stellen, erzeugt zunächst Verblüffung und Ablehnung. Aber auch diese Stufe zu überwinden ist wichtig, um schließlich die notwendige Reformreife erreichen zu können.

II. Öffentliche Unternehmung

1. Kommission Deutsche Bundespost

Man möchte meinen, dass nach einer derartigen Stellungnahme das Gutachten der Sachverständigen-Kommission ohne Folgen blieb. Dies ist insoweit auch richtig, als keinerlei Änderungen im PostVwG oder im FAG vorgenommen wurden. Auch blieb die Organisation der Deutschen Bundespost rechtlich unangetastet. Aber hinsichtlich der betriebswirtschaftlichen Empfehlungen folgte man weitgehend den Vorschlägen der Kommission:

- die kalkulatorische Trennung zwischen Post und Fernmeldewesen wurde verdeutlicht, einzelne Zweige getrennt abgerechnet und Kostendeckung möglichst in jeder Dienstleistung angestrebt
- unter Hinweis auf die Preiselastizität der Nachfrage wurden die Gebühren für bestimmte Dienste erhöht
- die Ablieferung an den Bund wurde in den Folgejahren drastisch gekürzt und zur Stärkung des Eigenkapitals im Unternehmen belassen
- das Rechnungswesen der Deutschen Bundespost wurde – neben der Haushaltsrechnung – einen weiteren Schritt in Richtung auf eine moderne Buchführung weiterentwickelt
- innerhalb des Bundesministeriums wurde eine organisatorische Neugliederung vorgenommen, die an den Dienstleistungsmärkten orientiert war und die Verantwortung für die Wirtschaftlichkeit verdeutlichte.

Damit hatten sich die Voraussetzungen für eine spätere Postreform – trotz der Beibehaltung der rechtlichen Rahmenbedingungen – verbessert. Die innere Ordnung und das tatsächliche Verhalten näherten sich dem Selbstverständnis einer öffentlichen Unternehmung, die zwar noch Bestandteil der Bundesverwaltung ist, aber bereits betriebswirtschaftlichen Vorstellungen über Kostendeckung, Preiselastizität, ausgewogener Finanzierung und einem modernen Rechnungswesen verpflichtet ist.

Dies wurde vollends deutlich, als Bundespostminister Georg Leber am 17. Dezember 1969 die „Kommission Deutsche Bundespost" berief.
In der Regierungserklärung von Bundeskanzler Willy Brandt am 28. Oktober 1969 heißt es:

| Telekommunikation: Vom Staatsmonopol zum privaten Wettbewerbsmarkt |

„Das Post- und Fernmeldewesen kann seine Aufgaben besser erfüllen, wenn die ministerielle Aufsicht sich auf das politisch Notwendige beschränkt. Dadurch wird die Eigenständigkeit gestärkt und eine wirtschaftliche Unternehmensführung erleichtert. Die Bundesregierung beabsichtigt daher, der Bundespost eine neue Rechtsform zu geben. Diese Änderungen, zu deren Vorbereitung eine Kommission eingesetzt wird, werden den Rechten der Postbediensteten ebenso wie den Interessen der Postkunden gerecht werden."

Mit diesen Worten wurden die Grundgedanken einer Reform anerkannt, die eine Trennung zwischen betrieblichen und hoheitlichen Aufgaben, die Eigenständigkeit der Bundespost und eine wirtschaftliche Unternehmensführung bewirken sollte. Während die Bundesregierung noch 1965 eine strikt ablehnende Haltung annahm, wurde der Reformwille bereits zu Beginn der Kommissionsarbeit deklariert.

Die Kommission Deutsche Bundespost wurde von Staatssekretär Kurt Gscheidle, dem späteren Postminister, geleitet. Sie bestand aus 24 Mitgliedern, darunter Vertreter der politischen Parteien, der Länder, der Wirtschaft, der Gewerkschaft und Professoren der Rechts- und Wirtschaftswissenschaften. Als Berater nahmen hohe Beamte des Post-, Wirtschafts-, Justiz-, Verteidigungs-, Finanz-, Innen- und des Verkehrsministeriums sowie des Bundeskanzleramtes und des Bundesrechnungshofs teil. Hier wurde wirklich ein umfassender Konsens angestrebt. (Mitgliederliste im Anhang 2)

Das Ergebnis der Kommissionsarbeit bestand nicht aus einem Gutachten mit Empfehlungen, sondern aus dem Entwurf eines Gesetzes (Drucksache VI/1385) über die Unternehmensverfassung der Deutschen Bundespost (PostVerfG). Im wesentlichen handelte es sich um die folgenden Punkte:

- Trennung zwischen dem „zuständigen Bundesminister" und der Deutschen Bundespost, also zwischen Aufsicht und Leitung;
- Die Deutsche Bundespost ist ein öffentliches Unternehmen in der Rechtsform einer teilrechtsfähigen Anstalt des Bundes.
- Die Deutsche Bundespost wird von einem Vorstand geleitet, der aus einem Vorsitzenden und 4 weiteren Mitgliedern besteht. Zweites Organ ist der Aufsichtsrat (statt bisher Verwaltungsrat).
- Der Aufsichtsrat besteht aus 24 Mitgliedern, 8 aus dem öffentlichen Leben, 8 aus der Wirtschaft und 8 aus dem Personal der Deutschen Bundespost oder den Gewerkschaften.
- Erstmals wird die Aufgabe formuliert: „Der Bedarf an Dienstleistungen des Post- und Fernmeldewesens ist nach Maßgabe der wirtschaftlichen Möglichkeiten der Deutschen Bundespost angemessen zu decken."
- „Der zuständige Bundesminister gibt dem Vorstand zur Wahrung der Grundsätze der Politik des Bundes die für die mittel- und langfristige Unternehmenspolitik bedeutsamen politischen Zielsetzungen der Bundesregierung bekannt und unterrichtet den Aufsichtsrat. Vorstand und Aufsichtsrat sind verpflichtet, diesen Zielsetzungen Rechnung zu tragen."
- Wird durch die Verwirklichung einer politisch vorgegebenen Zielsetzung die Wirtschaftsführung in den betroffenen Diensten nachhaltig und erheblich beeinträchtigt,

übernimmt der Bund den Ausgleich für die damit verbundenen Mehraufwendungen, Investitionsausgaben oder Mindererträge.
- Daneben sind Leistungen finanziell abzugelten, die der zuständige Bundesminister als Aufträge im öffentlichen Interesse an die Deutsche Bundespost vergibt.
- Der Wirtschaftsplan ist nach betriebswirtschaftlichen Grundsätzen zu gliedern.

Hier wird also ein Konzept des öffentlichen Unternehmens vorgelegt, das die vorher bestehenden Regelungen über die öffentliche Verwaltung grundlegend aufhebt. Wenn dieser Entwurf zum rechtskräftigen Gesetz geworden wäre, hätte es sich um ein tief greifendes Reformwerk gehandelt, das die Realität des FAG und des PostVwG beseitigt.

Einschränkend ist allerdings hinzuzufügen, dass auch dieser Neuansatz keine Privatisierung enthält und am Monopol im Briefdienst und in den Fernmeldediensten festhält.

2. Gescheitertes Postverfassungsgesetz 1970

Nach Vorlage des Kommissions-Entwurfes hat innerhalb der Bundesregierung eine kritische Diskussion stattgefunden, die insbesondere vom Bundesfinanzministerium und vom Bundesinnenministerium getragen wurde. Beide Ministerien waren traditionell gegenüber den Reformvorhaben kritisch eingestellt. Das Finanzministerium fürchtete einen Rückgang oder eine Beseitigung der Ablieferungen. Das Bundesinnenministerium war besorgt, dass die mit der betriebswirtschaftlichen Unternehmensführung verbundene Änderung der Personalpolitik (öffentliches Dienstrecht) auf andere Bereiche der öffentlichen Wirtschaft und der öffentlichen Verwaltung ausgedehnt werden könnte. Der Gesetzentwurf wurde dahingehend geändert (Drucksache 7/81), dass die Feststellung des Wirtschaftsplanes, die Aufnahme von Krediten, die Festlegung von Gebühren und die Vergütungen, Zulagen und sonstigen Belohnungen der Bediensteten der ministeriellen Genehmigung bedürfen. Damit war die beabsichtigte Trennung zwischen der Rechtsaufsicht und der Unternehmensleitung wieder verwässert.

Aber auch in dieser abgeschwächten Reformkonzeption fand das Gesetz keine Zustimmung im Deutschen Bundestag. Die parlamentarische Diskussion zog sich über 2 Legislaturperioden hin. Strittig blieb die Zusammensetzung des Aufsichtsrats. Die Deutsche Postgewerkschaft wünschte eine paritätische Mitbestimmung, während die SPD-geführte Bundesregierung nur eine Mitbestimmung durch ein Drittel der Sitze zugestehen wollte. Inzwischen liefen ja die Vorbereitungen zum Mitbestimmungsgesetz von 1976, die durch die Postreform nicht gestört werden sollten.

Die Zusammensetzung des Aufsichtsrats war jedoch nicht der einzige Grund für das Scheitern der Gesetzesvorlage. Wichtiger war die Tatsache, dass die Leitung der Deutschen Bundespost selbst nicht mehr wie noch im Jahr 1970 von dem Gesetzentwurf überzeugt war. Durch die Verstärkung der zustimmungsbedürftigen Geschäfte seitens der Bundesregierung war die beabsichtigte Trennung zwischen Hoheitsaufgaben und Betriebsaufgaben und damit der Kern des Reformprojektes, in Frage gestellt. Wenn also schon die Betroffenen nicht mehr für eine schnelle Verabschiedung des Gesetzes eintraten, konnte man dies von der SPD-Fraktion im Deutschen Bundestag kaum erwarten, zumal der Gewerkschaftsflügel nicht kompromissbereit war. Die CDU/CSU-Oppositon war ohnehin für das Reformwerk nicht zu gewinnen. Und der FDP ging die Liberalisierung nicht weit genug.

Also war das Reformwerk erneut gescheitert? Im Sinne der Postverfassung ist diese Frage zu bejahen, denn das PostVwG blieb bis 1989 und das FAG mit den Änderungen der Postreform I sogar bis 1996 gültiges Recht. Aber dennoch blieb der Reformansatz nicht ohne Wirkung.

Die meisten Grundgedanken der Kommission ließen sich auch ohne Veränderung der Gesetzeslage realisieren. In den Folgejahren hat sich die Deutsche Bundespost tatsächlich von der öffentlichen Verwaltung zum öffentlichen Unternehmen entwickelt und zwar sowohl in ihrem Selbstverständnis als auch in der Betrachtung aus der Sicht der Bundesregierung. Das Eigenkapital wurde erhöht. Geschuldete Ablieferungen wurden zur Stärkung des Eigenkapitals als Einlagen des Bundes dem Unternehmen belassen. In den Jahren 1975 bis 1977 wurde auf die Zahlung von Ablieferungen ganz verzichtet.

Die Position des Bundespostministers wurde lange Jahre in Personalunion mit dem Bundesverkehrsminister bzw. dem Bundesforschungsminister geführt. Es gab also praktisch den „zuständigen Bundesminister". Die im PostVwG vorgesehene Instrumentalfunktion gegenüber den allgemeinen politischen Zielsetzungen der Bundesregierung wurde nicht genutzt. Vielmehr erlaubte man der Bundespost, eine weitgehend selbständige und wirtschaftlich orientierte Unternehmenspolitik zu betreiben.

Man kann also feststellen, dass auch ohne Änderung der Gesetzeswerke bereits eine Entwicklung der Deutschen Bundespost in Richtung auf ein selbständiges Unternehmen stattfand. Von Jahr zu Jahr wandte sich die Aktivität immer deutlicher dem Bedarf von Wirtschaft und privaten Haushalten zu, entwickelte ein vorher nicht so deutlich ausgeprägtes Kostenbewusstsein, bemühte sich um die Rentabilität in jedem einzelnen Wirtschaftszweig und war nicht mehr bereit, sich den sektorfremden Anforderungen einer antizyklischen Konjunkturpolitik, der Arbeitsmarktförderungspolitik und der vom Staatsinteresse getragenen Sozialpolitik kritiklos hinzugeben.

III. Neue Märkte

1. Kommission für den Ausbau des technischen Kommunikationssystems (KtK)

Durch den technischen Fortschritt und die vielfältigen neu entstehenden Dienstleistungen des Fernmeldewesens (jetzt Telekommunikation) wurde deutlich, dass eine staatliche Verwaltung, die sich lediglich der Bereitstellung einer Infrastruktur als Daseinsvorsorge widmet, die neuen Herausforderungen nicht mehr bewältigen konnte.

Der Anstoß zur Neuorientierung kam aus einem Problemwinkel, der mit dem herkömmlichen Fernmeldewesen fast keine Berührung aufwies: Anfang 1974 stellte Radio Bremen bei dem damaligen Bundespostminister Horst Ehmke den Antrag, in einem Wohngebiet, das der Neuen Heimat gehörte, das Kabelfernsehen erproben zu dürfen. Minister Ehmke lehnte ab und verwies auf die von ihm soeben berufene „Kommission für den Ausbau des technischen Kommunikationssystems (KtK)", die Vorschläge für ein wirtschaftlich vernünftiges und gesellschaftlich wünschenswertes technisches Kommunkationssystem der Zukunft erarbeiten sollte. Es dürfe kein Präjudiz geschaffen werden, das durch die verschiedensten Initiativen von Rundfunkanstalten und Hauseigentümern „Wildwuchs" erzeugen könne.

Um den Vorgang durchschauen zu können, ist es notwendig, sich die rechtliche und organisatorische Verfassung des Rundfunks vor Augen zu führen. Nach dem 2. Weltkrieg lag die Entscheidung über die neu zu errichtenden Rundfunksender bei den Alliierten. Im Hinblick auf die Erfahrungen aus der nationalsozialistischen Zeit verlangte der britische Medienoffizier, dass die neu zu gründenden deutschen Rundfunksender nicht staatlich sein dürfen. Der französische Partner antwortete, dass sie aber auch nicht privat sein sollten, um nicht den kommerziellen Interessen ausgeliefert zu sein. Der Amerikaner verlangte schließlich, dass die Verantwortung für die Rundfunkorganisation bei den Ländern und nicht beim Bund liegen dürfe. Diesen drei Komponenten „verdanken" wir das auf der Welt einmalige deutsche Rundfunksystem. Es entstanden die öffentlich-rechtlichen Anstalten, die vom Staat nicht subventioniert, sondern über gesetzlich festgelegte Rundfunkgebühren finanziert werden. Später haben die Rundfunkanstalten im begrenzten Umfange kommerzielle Werbebotschaften zur Schließung von Finanzlücken aufgenommen. Im Übrigen waren sie durch ihre faktische Abhängigkeit von der jeweiligen Landtagsmehrheit nicht wirklich staatsfern.

Anlässlich der Entstehung des Zweiten Deutschen Fernsehens (ZDF) hat das Bundesverfassungsgericht 1961 in seinem ersten Fernsehurteil entschieden, dass die Länder für die Progamminhalte und der Bund für die technische Übertragung der Programme zuständig sind.

Ein Antrag von Radio Bremen, das Kabelfernsehen einzuführen, hätte sich also hinsichtlich der Programminhalte an das Bundesland Bremen und dieses wieder nach der Vereinbarung der Bundesländer an die für die Arbeitsgemeinschaft der Rundfunkanstalten Deutschlands zuständigen Institutionen wenden müssen. Offensichtlich hat jedoch Intendant Bölling unterstellt, dass er im Rahmen seiner öffentlich-rechlichen Rundfunkaufgabe zusätzliche Programme in ein Kabelfernsehnetz einspeisen dürfe.

Da es sich jedoch um „Kabel"-Fernsehen, also um eine neuartige Übertragungsform handelte, war der Bundespostminister zuständig. Dieser hätte die Genehmigung erteilen können, denn nach der Kompetenzzuweisung durch das Bundesverfassungsgericht hat der Bund im Bereich des Rundfunks eine dienende Funktion gegenüber den Ländern. Tatsächlich haben alle Bundesregierungen – unabhängig von ihrer Parteizugehörigkeit – einen starken faktischen Einfluss des Bundes auf die Massenmedien beansprucht. Minister Ehmke wollte Zeit gewinnen, um eine breite parlamentarische Basis für die Neugestaltung der Rundfunktechnik zu gewinnen. Später hat Bundeskanzler Helmut Schmidt die Pläne der Deutschen Bundespost zur Errichtung von Kabelfernsehnetzen in 11 deutschen Großstädten kurzerhand untersagt.In den 80er Jahren hat Bundesminister Schwarz-Schilling den technischen Teil des Kabelfernsehens eingeführt und damit die Länder veranlaßt nachzuziehen.

Von vornherein wurde die Kommission für den Ausbau des technischen Kommunikationssystems (KtK) also in der politischen Öffentlichkeit als Medienkommission verstanden. Tatsächlich traf dies nicht zu. Denn das Bundeskabinett hatte bereits vor der Initiative von Radio Bremen im Herbst 1973 die Einrichtung der Kommission mit einer sehr viel breiteren Aufgabenstellung beschlossen. Es sollte der Kommunikationsbedarf unter gesellschaftlichem, politischem und wirtschaftlichem Aspekt untersucht werden, die verschiedenen Kommunikationsformen analysiert, die finanziellen Aufwendungen erfasst und alternative organisatorische Rahmenbedingungen empfohlen werden. Damit bezog sich die Kommissionsaufgabe sowohl auf die Massenmedien (Fernsehen, Hörfunk, Presse) als auch auf die Individualkommunikation (Fernsprechen, Fernschreiben, Datenkommunikation).

Telekommunikation: Vom Staatsmonopol zum privaten Wettbewerbsmarkt

Die Initiative hierzu ging vom Bundeministerium für Forschung und Technologie aus. Da Horst Ehmke gleichzeitig Forschungsminister und Postminister war, wurde auf offiziellem Wege die Besorgnis eingespeist, die Deutsche Bundespost könne den Anschluss an die internationale Entwicklung der technischen Innovationen verpassen. Der Ausbau des technischen Kommunikationssystems wurde als dringend notwendig empfunden. Dabei spielte die sog. Breitbandtechnik, die insbesondere bewegte Bilder, aber auch den schnellen Datenverkehr ermöglichte, eine wesentliche Rolle. In der Kabinettsvorlage vom 22.10.1973 (Datenblatt-Nr.: VII/1041, S. 6) wurde als alternativer Träger von Kommunikationssystemen auch eine privatrechtliche Tochtergesellschaft der Bundespost erwähnt und damit ein schüchterner Privatisierungsansatz angedeutet.

Obgleich die Bundesländer durch Staatssekretär Hilf (Rheinland-Pfalz) und Staatsrat Schulze (Hamburg) vertreten waren und meine Stellvertreter im Vorsitz der Kommission wurden, protestierten die Länder gegen den Anspruch des Bundes, sich in Medienfragen beraten zu lassen. Ein technischer Pilotversuch der Bundespost mit Breitbandkabeln in Kassel wurde als „Kabelputsch" bezeichnet. Es wurde sogar an der Tatsache Anstoß genommen, dass in der KtK-Kommission Vertreter der Bundesparteien, der Wirtschaft, der Gewerkschaften, der Rundfunkanstalten, der Verleger, der Journalisten und Vertreter der verschiedenen Wissenschaften mitwirkten. (Mitgliederliste im Anhang 3) Dennoch konnte die Kommission – vielleicht gerade wegen der pluralistischen Zusammensetzung – ihre Arbeit über zwei Jahre fortsetzen und schließlich einen einstimmig beschlossenen „Telekommunikationsbericht" (Witte 1976) vorlegen.

Im Bereich der elektronischen Massenmedien bestand das Ergebnis der Kommission in der Empfehlung an die Länder, Pilotprojekte (Modellversuche) mit Kabelfernsehsystemen durchzuführen, um die Programmvielfalt von 30 Fernsehkanälen in Fernsehbandbreite (und entsprechend viele Hörfunkprogramme) testen zu können. Als Netzträger wurden die Deutsche Bundespost, die Gemeinden und auch Privatunternehmungen vorgeschlagen.

Die Pilotprojekte waren ein Kompromiß zwischen der unverzögerten Einführung des Kabelfernsehens und dessen sofortigem Verbot. Man stelle sich vor: eine medienpolitische Innovation sollte in der politisch aufgeheizten Medienwelt erprobt und im Falle negativer Wirkungen wieder zurückgenommen werden. Da die öffentlich-rechtlichen Rundfunkanstalten im Rahmen ihrer finanziellen Möglichkeiten nicht in der Lage waren, zusätzliche Fernseh- und Hörfunkprogramme anzubieten, bedeutete die Öffnung von 30 Kanälen von vornherein, dass private Fernseh- und Hörfunkunternehmen die medienrechtliche, also von den Ländern auszusprechende Befugnis erhalten sollten, ihre Sendungen der Öffentlichkeit anzubieten. Dieses war nach der deutschen Rundfunktradition eine ungeheuerliche Reformabsicht.

Es wurde erstmalig klar, dass mit der Öffnung von technischer Vielfalt das staatliche Angebotssystem in Frage gestellt wird. Die staatliche Daseinsvorsorge ist stets als Mindestangebot an die Bevölkerung verstanden worden, wobei Gleichbehandlung (Flächendeckung, Tarifeinheit) höhere Werte waren als die Befriedigung einzelner Bedarfsgruppen. Diese sind die Domäne privater Anbieter, die eben nicht der Gesellschaft als Ganzes, sondern einzelnen Bedarfsgruppen mit einem differenzierten Angebot gegenübertreten.

Dieselbe Grundeinsicht leitete auch die Empfehlungen der KtK im Bereich der Individualkommunikation. Hier lag das Schwergewicht der Kommissionsarbeit. Als wichtigste

Forderung wurde die Vollversorgung im Telefondienst formuliert. Hierzu hätte es allerdings keiner Kommission bedurft, die sich der neuen Vielfalt widmet. Die Vollversorgung der gesamten Bevölkerung wäre durchaus auch eine Aufgabe der staatlichen Bundespost gewesen. Aber das Denken in Bedarfsdeckung (anstelle der bereits zitierten Herrschaft über das Staatsvolk) bedurfte erst der Ermunterung. Tatsächlich ist der Vorschlag sofort bereitwillig aufgenommen und in kürzester Zeit realisiert worden. Es stellte sich heraus, dass mit der höheren Anzahl der Hauptanschlüsse eine exponentielle Steigerung des gesamten Nachrichtenverkehrs erreicht werden konnte, sodass sich auch diejenigen Anschlüsse schließlich lohnten, die als „Wenigsprecher" für sich genommen nicht kostendeckend waren.

Die KtK hat darüber hinaus empfohlen, neue Systeme des Textverkehrs (Teletex, Bildschirmtext, Datenkommunikation), den Telefaxdienst (damals Fernkopieren genannt), alle Formen der elektronischen Briefübermittlung und Konferenzschaltungen einzuführen.

Die Vorschläge der KtK sind sämtlich realisiert worden, auch diejenigen, die sich nicht als erfolgreich erwiesen (Teletex und vorübergehend Bildschirmtext). Die nachhaltige Wirkung der Vorschläge lag auch nicht im Detail, sondern in der Erkenntnis, dass die moderne Nachrichtentechnik, insbesondere in ihrer Verbindung mit der Datenverarbeitung, eine bisher nicht gekannte Vielfalt von Telekommunikationsformen und Endgeräten ermöglicht.

Als Schule der Marktwirtschaft erwies sich „Bildschirmtext". Trotz sorgfältiger Pilotprojekte und eines schon früh verfügbaren sicheren Zahlungsverkehrs wollte der neue „Dienst" nicht zur Erfolgsgeschichte gedeihen. Ein umständlicher CEPT-Standard und die geringe Nutzerfreundlichkeit der Endgeräte wurden beklagt. Der Hauptgrund aber lag in der staatlichen Trägerschaft, mit der die Anbieter von Datenbanken in der zügigen und bedarfsgerechten Handhabung behindert wurden. Daß heute jeder Internet-Kunde seine eigene Home-page anbieten kann, ohne die Behörde auch nur zu informieren, wäre damals unvorstellbar gewesen. Erst mit der Öffnung von T-Online für das weltweite Internet kam der Erfolg.

Über eine Änderung der Postverfassung, also z.B. die Trennung zwischen Ministerium und Betrieb oder die Einführung von Wettbewerb ist nicht explizit gesprochen worden. Es ging nicht um die Neufassung eines Gesetzes oder die Änderung der grundlegenden Organisation, sondern um die Leistungsprozesse und die Produkte der Deutschen Bundespost. Aber gerade durch diese Konzentration auf den Inhalt des Geschehens war die Kommission erfolgreich und hat die geistigen Grundlagen für die spätere Erkenntnis gelegt, dass Vielfalt am besten durch Wettbewerb bewältigt wird.

Aus heutiger Sicht bleibt die Frage offen, ob sich die Mitglieder der KtK bewusst waren, welchen Beitrag sie ohne Kenntnis der ordungspolitischen Konsequenzen geleistet haben. Wie kann man auf das Urteil von Experten vertrauen, bedarfsgerechte Leistungen und Innovationspotentiale für ein öffentliches Unternehmen zu benennen? Derartige Fragen zu beantworten ist in der modernen Wirtschaft die Sache der Marktforschung und der strategischen Markterschließung. Schon in der Berufung der Kommission lag eine Überschätzung der Fähigkeit von Sachverständigen und Interessenvertretern. Es mag uns ja schmeicheln, eine derart wichtige Rolle spielen zu können. Aber wir ersetzen damit nicht die Markterkundung und die unternehmerische Verantwortung für die Übernahme des Innovationsrisikos.

Glücklicherweise hat die Kommission realistische Empfehlungen vorgelegt, die sich aus den international bekannten Innovationsmöglichkeiten ergaben. Man sagt der KtK nach, dass sie ein besonders erfolgreiches Beratungsgremium war. Aber man muss heute erkennen, dass die wichtigste Wirkung in der Entkrampfung des Selbstverständnisses der Deutschen Bundespost als Infrastrukturverwaltung bestand. Der reformierende Beitrag ist schließlich nicht von der Kommission, sondern von der Bundespost selbst geleistet worden. Diese hatte erkannt, welche Entwicklungschancen in den neuen technischen Möglichkeiten liegen und welche organisatorischen Konsequenzen daraus zu ziehen sind. Die Reformreife war um einen weiteren Schritt vorangekommen.

2. Wettbewerb im Kabelfernsehen

Die Höhe der Innovationsbarriere lässt sich durch die politisch bedingte Verzögerung der Pilotprojekte des Kabelfernsehens erkennen. Obgleich sofort nach der Empfehlung durch die KtK im Jahr 1975 der Bund und die Länder ihre Zustimmung signalisiert hatten, dauerte es 7 Jahre bis der Innovationstest begann. Erst 1980 wurde die Finanzierung der Projekte sichergestellt und eine gemeinsame Medienkommission der Länder zur wissenschaftlichen Begleitung eingesetzt, die allerdings nach kurzer Zeit wegen chaotischer Diskussionen ergebnislos aufgelöst wurde. Die wissenschaftliche Begleitforschung wurde in getrennten Kommissionen für je ein Pilotprojekt durchgeführt. Daraufhin konnten die Projekte (in der Reihenfolge ihrer Realisierung) in Ludwigshafen, München, Dortmund und Berlin eingeleitet werden. Der Verlauf und die Ergebnisse der Medienversuche sind an anderer Stelle dokumentiert (Witte 1987 und 1997). Als technische Grundlage der neuen Medienvielfalt mussten in den genannten Städten zunächst Breitbandverteilnetze installiert werden, die 30 Kanäle in Fernsehbandbreite und eine große Anzahl von Hörfunkkanälen zuließen. Für das Angebot zusätzlicher Fernseh- und Hörfunkprogramme wurden private Unternehmungen (Verlage, Filmverleiher etc.) gewonnen. Sie waren bereit, eine völlig neue Programmproduktion einzurichten und zu finanzieren. Für die Pilotprojekte wurden Investitionen der Deutschen Bundespost in Höhe von ca. 90 Mio. DM vorgenommen. Der sog. Kabelgroschen (bundesweite Erhöhung der Rundfunkgebühr) erbrachte insgesamt 140 Mio. DM. Er wurde für die technischen Zentralen der vier Projekte, die Organisation des Feldversuchs und die Begleitforschung eingesetzt. Die Programmanbieter setzten während der Versuchsdauer Anlaufkosten, Investitionen und Filmrechte in Höhe von mindestens 300 Mio. DM ein.

Es handelte sich um das größte wirtschafts- und sozialwissenschaftliche Feldexperiment, das bisher in Deutschland stattgefunden hatte. Die Vorreiterrolle übernahmen im Frühjahr 1984 die Projekte Ludwigshafen und München. Im zwei- bis dreijährigen Experimentalverlauf wurden neben den bereits vorher empfangbaren 5 öffentlich-rechtlichen Programmen bis zu 15 zusätzliche Fernsehprogramme und 12 neue Hörfunkprogramme eingespeist.

Im Herbst 1982 wurde Christian Schwarz-Schilling zum Bundesminister für das Post- und Fernmeldewesen berufen. Die Pilotprojekte waren bis zu diesem Zeitpunkt zwar noch nicht begonnen worden, hatten sich allerdings bereits als durchführbar erwiesen, denn sowohl die Finanzierung war sichergestellt als auch die Bereitschaft privater Medienunternehmungen, das Risiko der Investition in neue Programmangebote zu übernehmen.

Für Minister Schwarz-Schilling bot sich die folgende Situation dar: Falls die Pilotprojekte auf einen entsprechenden Bedarf in der Bevölkerung stoßen sollten, wurde ein bundesweites Kabelfernsehnetz gebraucht, um die ökonomisch notwendige Anzahl von Teilnehmern erreichen zu können. Andererseits hatte ein derart investitionsintensives Netz nur dann einen Sinn, wenn die Kabelkanäle wirklich mit Inhalt gefüllt würden. Dieses Henne-Ei-Problem ist typisch für infrastrukturgebundene Dienstleistungen. Wer die Infrastruktur errichtet, muss darauf vertrauen, dass hinreichend viele Medieninhalte zur Ausfüllung der Kapazität bereitgestellt werden. Wer neue Medieninhalte produziert, ist darauf angewiesen, dass schließlich ein hinreichend großes Netz zur Verfügung stehen wird.

Nach unseren Amortisationsrechnungen (Witte 1984) konnte die Öffnung des Medienmarktes gelingen, wenn ca. 4,4 Mio. Haushalte (Wohneinheiten) an das Kabelnetz angeschlossen sein werden (Eintrittsschwelle). Nur dann konnten die neuen privaten Programmanbieter über Werbeeinnahmen ihre Investitions- und Betriebskosten decken. Auf der anderen Seite lohnte sich die Errichtung von Kabelfernsehnetzen für die Deutsche Bundespost nur bei einer Mindestanzahl von Wohneinheiten pro Übergabepunkt und einer Mindestbereitschaft der Haushalte, sich an ein verlegtes Kabelnetz anschließen zu lassen. Das Investitionsrisiko zur Errichtung der Infrastruktur war ökonomisch begrenzt und wurde politisch als tragfähig beurteilt. Allerdings konnten dünn besiedelte ländliche Gebiete nicht mit Kabelnetzen versorgt werden. Hier ergab sich eine sinnvolle Ergänzung durch Satellitenempfangsantennen, die eine individuelle Versorgung sicherstellten.

Der Bundespostminister hat daraufhin die bundesweite Verkabelung mit Breitbandnetzen beschlossen, also nicht die Erfahrungen aus den Pilotprojekten abgewartet. Obgleich die prinzipielle „Rückholbarkeit" der Pilotprojekte vorgesehen war, wurden die Bundesländer nun mit der Tatsache konfrontiert, dass in wenigen Monaten überall in der Bundesrepublik Deutschland (damals lediglich in den West-Ländern) Breitbandverteilnetze entstanden, die bis zu 30 fernsehtaugliche Kanäle aufwiesen. Damit war zwar die rundfunkrechtliche Ausfüllung der angebotenen Kapazität noch nicht präjudiziert. Aber faktisch begannen in den Bundesländern, die politisch mit der Initiative des Bundespostministers übereinstimmten, die Vorbereitungen für flächendeckende private Programmangebote. Die privaten Sender mussten nun nicht mehr befürchten, nach Abschluss der Pilotprojekte ihre innovativen Investitionen als Totalverlust abschreiben zu müssen.

Die Möglichkeiten der Technik hatten zu einer neuen Vielfalt geführt, gegen die man sich politisch nicht mehr wehren konnte.

Zwar wurde weiter befürchtet, dass mit der „Überflutung" durch die neue Medienvielfalt gesundheitliche Schäden für Kinder und politisch-gesellschaftliche Fehlentwicklungen entstehen. Aber das Kabelfernsehen war nicht mehr aufzuhalten. Nun ging es darum, das neue Medium nicht vollständig dem politischen Gegner zu überlassen. Es entstand ein Wettlauf der Standorte und der Medienunternehmen um die Beteiligung an der Programmproduktion. Hamburg, Köln, München und Berlin waren unter diesem Aspekt die Konkurrenten. Schließlich kam es zu einer ausgewogenen Verteilung der Gestaltungskräfte und der politischen Gewichte. Die prognostizierten Gesundheitsschäden bei Kindern und die befürchteten gesellschaftlichen Fehlentwicklungen traten nicht ein. Aber auch die Erwartung gegenüber den neuen Programmanbietern hinsichtlich der Unterstützung bürgerlicher Parteien wurde enttäuscht. Das Kabelfernsehen wurde – wie in anderen Ländern der Erde – zu einem auf den schlichten Bedarf aller Bevölkerungsschichten zugeschnittenen Unterhaltungsmedium. Der Wettbewerb führte zur stärkeren Berücksichtigung der Kundenwünsche. Er erwies sich als wirtschaftlich möglich und politisch ungefährlich.

Diese Erfahrung blieb nicht ohne Wirkung auch auf die Reformbereitschaft des Post- und Fernmeldewesens. Denn immerhin hatte der Staat in einem politisch sensiblen Wirtschaftsbereich seine Monopolansprüche aufgegeben und private Anbieter zugelassen. Dabei handelte es sich wohlgemerkt um Medieninhalte, die eine hohe Beeinflussungskraft gegenüber der Bevölkerung verkörperten. Demgegenüber war die Auflösung des Fernmeldemonopols oder des Briefmonopols geradezu als harmlos anzusehen. Denn hier ging es nur um die Transportfunktion der Inhalte. Die traditionsbewussten Kräfte konnten hier sogar weniger zwingende Gründe für die staatlichen Vorbehalte gegenüber einer marktwirtschaftlichen Lösung vorbringen. Allerdings bleibt einzuschränken, dass die öffentlich-rechtlichen Rundfunkanstalten nicht privatisiert wurden, ja sogar eine staatliche Bestands- und Entwicklungsgarantie erhielten, bevor sie sich bereitfanden, in den neuen Wettbewerb einzutreten.

Deshalb wurde es weiterhin als sinnvoll angesehen, die Deutsche Bundespost als öffentliches Unternehmen zu führen und nur mit einer eingeschränkten Selbständigkeit zu versehen. Dadurch blieb das Grundgesetz unangetastet. Allerdings mehrten sich bereits die Stimmen, die über eine ordungspolitische Lösung innerhalb der öffentlichen Wirtschaft hinausgehen wollten und sowohl die Privatisierung als auch die Beseitigung des Monopols verlangten.

3. Internationale Vorbilder

Bis zum Jahr 1982 bestand in allen entwickelten Industriestaaten das traditionelle Fernmeldemonopol, oft in der Form einer kombinierten Post- und Fernmeldeverwaltung (PTT). In den USA war das Monopolunternehmen AT&T zwar privat organisiert, verfügte aber praktisch über die gleichen Rechte wie ein Staatsmonopol und wurde von staatlichen Instanzen ziemlich rigide überwacht. Auch in Großbritannien und Japan bestand die alte Ordnung fort, obgleich verschiedene Ausgliederungen und Umgliederungen der staatlichen Post- und Telekommunikationsbetriebe vorgenommen worden waren.

Der Anstoß zum internationalen Reformprozess erfolgte in den USA durch die Divestiture (Zerlegung) von AT&T im Jahr 1983. Der Orts- und Nahverkehr wurde in 7 regionalen Holding-Gesellschaften (RBOCs) organisiert, die jeweils in ihrem geographischen Bezirk (innerhalb einer sog. LATA) weiterhin über ein faktisches Monopol verfügten. Dagegen wurde im Weitverkehr der Wettbewerb zugelassen. Neue Telefongesellschaften betraten den Markt und lieferten AT&T eine temperamentvolle Konkurrenz. Die US amerikanische Regulierungsbehörde (FCC) flankierte die Divestiture durch Deregulierungsmaßnahmen, d.h. die Zurücknahme des staatlichen Einflusses und die Vergabe von Lizenzen an weitere private Wettbewerber.

Dieses alles geschah in den USA ohne jede Änderung bestehender Gesetze. Erst am (vorläufigen) Ende des Reformprozesses wurde die Neuordnung im Telecommunications Act von 1996 festgeschrieben. Der Communications Act von 1934 bot einen soweitgefassten Rahmen, dass die Divestiture durch einen gerichtlichen Vergleich zwischen AT&T und dem Justizministerium bewältigt werden konnte. Der Zweck des Gesetzes von 1934 verlangte, „allen Bürgern der Vereinigten Staaten einen schnellen, effizienten, nationalen und weltweiten Kabel- und Funkkommunikationsdienst mit angemessenen Einrichtungen, zu vernünftigen Preisen verfügbar zu machen, . . ." (Art.1 Communications Act 1934). Maßstab und Ordnungskriterium für die Telekommunikation war also von vornherein der Bedarf des Bürgers und der Wirtschaft.

In Großbritannien wurde mit dem Telecommunications Act von 1984 das Staatsunternehmen British Telecom privatisiert. Die Anteile wurden mehrheitlich als Aktien an der Börse veräußert. Das Fernmeldemonopol wurde abgeschafft und die Regulierungsbehörde (Oftel) eingerichtet.

Ein Jahr später folgte Japan mit dem Telecommunications Business Law und dem NTT Company Law von 1985. Durch die parallele Gesetzgebung wurde besonders deutlich, dass Privatisierung und Wettbewerb zusammengehören.

Auch in den kontinentaleuropäischen Staaten regten sich erste Reformbemühungen. Im Jahre 1985 legte die Steenbergen-Kommission Vorschläge zur Neuorganisation des Niederländischen Post- und Fernmeldewesens vor. In Frankreich wurde eine Kommission für die Freiheit der Kommunikation (CNCL) eingerichtet. Die Schweiz bereitete ein neues Fernmeldegesetz vor, und in Schweden hat es nie ein gesetzlich verankertes Monopol gegeben.

Der faktische Reformfortschritt war jedoch in Europa – mit Ausnahme von Großbritannien – zunächst gering. Es blieb bei organisatorischen Ausgliederungen der Post und der Telekommunikation, teilweise in der Rechtsform einer Aktiengesellschaft, aber weitgehend noch im Staatsbesitz und mit Monopolrechten.

Durch die Vorbilder in den USA, Großbritannien und Japan wuchs auch in Deutschland die Erkenntnis, dass die Versorgung der Bevölkerung mit Fernmeldediensten nicht unbedingt eines staatlichen Monopols bedurfte, sondern sogar wirkungsvoller im Wettbewerb von privaten Unternehmungen sichergestellt werden kann. Es wurde auch deutlich, dass die liberalisierten Märkte bereits über 50% des weltweiten Telekommunikationsverkehrs umfassten, sodass Deutschland als eine führende Industrienation nicht auf der Seite der zögernden Staaten verharren durfte.

Hinzu trat der aktive Reformdruck aus den USA. Da die bedeutenden Handelspartner Großbritannien und Japan bereits dem USA-Beispiel gefolgt waren, richtete sich die Forderung nun auf Deutschland. Es wurde behauptet, dass durch die traditionsbehaftete Gesetzgebung der deutsche Markt für amerikanische Telekommunikationsgeräte und -dienstleistungen abgeschottet sei, während der USA-Markt der deutschen Wirtschaft offenstehe (factfinding-commission). Auch wenn manche Vorurteile und Behauptungen entkräftet werden konnten, verstärkte sich doch der Druck in Richtung auf die sog. Reziprozität, d.h. die wechselseitige Öffnung der Märkte. Diese verlangte gleichberechtigte und wirtschaftlich orientierte Partner, also Privatisierung und Abschaffung des Monopols.

Auch die Europäische Union hat schließlich durch Grünbücher und Richtlinien der Kommission und des Ministerrates den Marktöffnungsprozess unterstützt und in wachsendem Maße eindringlich vorangetrieben.

Später hat die Deutsche Bundesregierung eine Vorreiterrolle im Reformprozess übernommen und sowohl über die europäischen Institutionen als auch auf bilateralem Wege unterstützend auf die Reform in anderen Ländern eingewirkt.

4. Reformreife

Als Ergebnis ist festzustellen, dass 20 Jahre der Vorbereitung (von 1965 bis 1985) nötig waren, um die Reformbereitschaft und die Reformfähigkeit der Beteiligten zu erzeugen. Der bloße Wunsch, der Deutschen Bundespost durch Ausgliederung aus der Bundesverwaltung einen erweiterten unternehmenspolitischen Spielraum zu gewähren, genügte nicht, solange das Fernmeldemonopol und die staatliche Gesamtverantwortung für diesen Wirtschaftsbereich unangetastet blieben. Insofern sind die Reformkommissionen 1965 und 1970 gescheitert. Immerhin haben sie den Bewusstseinsprozess gefördert und Nachdenklichkeit erzeugt. Eine so tief greifende Reform verlangte ein grundsätzliches Umdenken innerhalb der deutschen Bundespost selbst und eine Veränderung der Zielsetzung im parteiübergreifenden politischen System.

Der Handlungsbedarf wurde vollends erkennbar, als die Innovationszwänge im Telekommunikationsnetz, die Vielfalt der neuen Dienstleistungen und die bedarfsgerechte Differenzierung der Endgeräte unter Einschluss der Datenverarbeitung und der Unterhaltungselektronik zutage traten. Die traditionelle Fernmeldeverwaltung konnte sich einer solchen Aufgabe nicht widmen. Sie war zwar geeignet, eine leistungsfähige Infrastruktur anzubieten, verlässliche Daseinsvorsorge zu betreiben, also flächendeckend die Grundversorgung sicherzustellen. Die Befriedigung von Sonderwünschen, die Bedienung spezifischer Zielgruppen und die Ausfüllung von Marktnischen waren jedoch nicht Sache einer auf Gleichbehandlung verpflichteten Staatsverwaltung.

Die Erkenntnis, dass zur Bewältigung der Bedarfsvielfalt eine entsprechende Vielfalt von Anbietern, also Wettbewerbern nötig war, entstand mit der Öffnung des Medienmarktes durch das Kabelfernsehen. Hier war der Modellfall gegeben, dass der Staat die alleinige Verantwortung für einen wichtigen Wirtschaftssektor aufgab und den Markt mit privaten Anbietern zu teilen bereit war.

Als schließlich durch die internationale Entwicklung der Beleg geliefert wurde, dass die Neuordnung der Telekommunikation im Sinne der Beseitigung des Monopols und der Privatisierung des Fernmeldebetriebes möglich war, ohne die Daseinsvorsorge zu gefährden, entstand zögernd die notwendige Reformreife.

Dennoch waren die Kräfte des Verharrens und die Argumente gegen Privatisierung und Wettbewerb noch stark und ernst zu nehmen, wie die Schwierigkeiten zeigen, die der Reformprozess schließlich zu bewältigen hatte.

C. Erste Marktöffnung

I. Regierungskommission Fernmeldewesen

1. Auftrag

Der effektive Start zu einer umfassenden Neuordnung der Telekommunikation trat ein, als Bundespostminister Schwarz-Schilling im Einvernehmen mit dem Bundesforschungsminister den Beschluss der Bundesregierung vom 13. März 1985 zur Einsetzung der „Regierungskommission Fernmeldewesen" herbeiführte. Nach der Öffnung des Medienmarktes mit Hilfe des Kabelfernsehens war jedermann klar, dass jetzt auch hier Ernst gemacht wird.

Die Kommission erhielt den weitgefassten Auftrag, die Aufgaben des Fernmeldewesens dahingehend zu untersuchen, welche Rolle dem Staat zufällt und inwieweit private Unternehmen an der Aufgabenerfüllung teilnehmen können. Die Kommission selbst hat dies so verstanden, dass sie die Möglichkeiten zur Öffnung des Marktes für den Wettbewerb und die organisatorische Neuordnung der Bundespost beraten sollte.

Dabei waren zwei Einschränkungen zu beachten: Die Arbeit sollte sich ausdrücklich auf das Fernmeldewesen beziehen. Die Brief- und Paketpost sowie die Postsparkasse und der Postgirodienst waren nicht Gegenstand der Beratungen. Wichtiger noch war die zweite Einschränkung: Die Empfehlungen der Kommission sollten von der bestehenden Verfassungslage, also insbesondere von Art. 73 und 87 GG ausgehen. Damit war eine Privatisierung von vornherein ausgeschlossen.

Trotz der verfassungsrechtlichen Restriktion sollten die Grenzen staatlicher Aufgaben und die staatliche Rahmensetzung für die Erfüllung von privaten Aufgaben untersucht werden. Diese Formulierungen klingen wie unüberwindbare Gegensätze. Und dennoch verstand sie damals jeder: es sollten unter weitestgehender Interpretation des Grundgesetzes die Möglichkeiten eines freien Wettbewerbs unter Teilnahme der Deutschen Bundespost ausgelotet werden.

Minister Schwarz-Schilling war sich bewusst, dass angesichts der Verfassungslage und der am Status quo hängenden politischen Kräfte das Problemfeld erst erschlossen werden musste, um eine entsprechende Reformgesetzgebung beginnen zu können.

Die Kommission bestand aus 12 Mitgliedern: 4 Vertretern der politischen Parteien, 5 Vertretern der Wirtschaft, der Wirtschaftsverbände und der Gewerkschaften sowie 3 Vertretern der Wissenschaften (Mitgliederliste im Anhang 4). Diese Zusammensetzung garantierte eine umfassende Einbeziehung der politischen und wirtschaftlichen Grundüberzeugungen. Allerdings war es zunächst nötig, die Struktur und die Inhalte der Reformaufgaben zu entdecken, die fachlich notwendigen Informationen, insbesondere auch die Erfahrungen aus dem Ausland zusammenzutragen und alternative Lösungswege zu erschließen. Dadurch wurde das Reformfeld für die politische Willensbildung aufbereitet. Die Entscheidung selbst kann von den Fachleuten ohnehin nicht getroffen werden. Hierzu bedarf es der parlamentarischen Legitimation und der daraus abgeleiteten Regierungsverantwortung.

Wenn also von „Entscheidungen" der Kommission die Rede ist, dann sind die realen politischen Reformschritte nicht vorweg genommen. Vielmehr handelt es sich nur um die Dokumentation der Beratungsergebnisse. Aber diese sind wichtig genug, weil sie über die Kommission hinaus auf den allgemeinen politischen Willensbildungsprozess einwirken.

Eine Kommission der Politikberatung steht unter dem heilsamen Zwang, Konsens herstellen zu sollen. Während Parlamentarier gewohnt sind, ihre Konflikte durch Mehrheitsabstimmung zu lösen, ist für eine Beratungskommission das Prinzip der Stimmenmehrheit untauglich. Es wäre niemandem geholfen, wenn eine starke Minderheit sich in dem Kommissionsergebnis nicht wieder finden würde. Zumindest muss erreicht werden, dass die tragenden Empfehlungen der Kommission von einer breiten Mehrheit unterstützt werden, während diejenigen, die nicht zustimmen können, untereinander gegensätzliche Standpunkte vertreten.

Telekommunikation: Vom Staatsmonopol zum privaten Wettbewerbsmarkt

Das Wichtigste zur Lösung neuartiger Probleme ist das gemeinsame Lernen. Es hilft, Vorurteile abzubauen und hartnäckige Standpunkte bloßzustellen. Im Rahmen einer zweijährigen Kommissionsarbeit wächst die Reformfähigkeit der Gruppe. Während die Mehrheit zu Beginn der Arbeit noch vom natürlichen Monopol der Telekommunikationsnetze überzeugt war, wurde bei der Beratung des Endergebnisses ernsthaft erwogen, das Netzmonopol zu beseitigen und auch auf dieser Ebene Wettbewerb zuzulassen.

Es erwies sich als notwendig, die von der Reform betroffene Institution in den gedanklichen Reifeprozess einzubeziehen und eine entsprechende Überzeugungsarbeit zu leisten. Deshalb war es wichtig, dass Vertreter der Deutschen Bundespost wiederholt und in wechselnder Zusammensetzung an den Beratungen der Regierungskommission teilnahmen. Es galt sicherzustellen, dass die Vertreter des Ministeriums und des Telekommunikationsbetriebs nicht durch einen von außen kommenden Reformimpuls überrascht wurden, sondern an der langsamen Entstehung der Reformgestalt mitwirkten. Im Übrigen lernten die Mitglieder der Kommission die Sprache der anderen Seite zu verstehen. In der Diskussion stellte sich wiederholt heraus, dass gegensätzliche Standpunkte nur einem Scheinkonflikt entsprungen waren. Konsenslinien ergaben sich oft von selbst. Andererseits war es notwendig, alternative und gegensätzliche Lösungsmöglichkeiten aufzudecken und auszudiskutieren. Gegenpositionen, die nur vorübergehend zum Schweigen gebracht werden, treten später mit umso größerem Nachdruck wieder zutage.

Sobald die Umrisse eines gemeinsamen Beratungsergebnissses erkennbar werden, entsteht eine zusätzliche Aufgabe: den gefundenen Konsens nach außen hin zu vertreten. Während der Kommissionsarbeit wächst der Unterschied zwischen den kommissionsinternen Einsichten und den Interessen der Institutionen, die die Kommissionsmitglieder nominiert hatten. Wenn eine Kommission zu gemeinsamer Arbeit gefunden hat, dann vertrauen sich die Mitglieder gegenseitig. Es werden Informationen und Bewertungen schließlich ernst genommen und geglaubt. Diesen gruppendynamischen Fortschritt haben die hinter den Mitgliedern stehenden Organisationen (politische Parteien, Fachverbände, Gewerkschaften) nicht mitvollzogen. Sie verharren auf einem Standpunkt, der vor dem konsensbildenden Prozess existierte.

Den Kommissionsmitgliedern obliegt nun die schwierige Aufgabe, als innere Gruppe sich nicht mehr von den Außeneinflüssen hindern zu lassen, dem Arbeitsergebnis zuzustimmen. Während zu Beginn der Kommissionsarbeit die außenstehenden Institutionen ihren Vertretern interessengeleitete Aufgaben mit auf den Weg geben, dreht sich nun die Beeinflussungsrichtung um: die Kommissionsmitglieder überzeugen ihre Herkunftsorganisationen, dass der gefundene Konsens eine akzeptable Lösung ist.

Damit wird deutlich, worin der Unterschied zu den wissenschaftlichen Beiräten der Bundesministerien besteht. Dort sind die Wissenschaftler unter sich und verfügen über das Recht der Zuwahl neuer Mitglieder. Gegenstand der Beratung sind bedeutende wirtschaftstheoretische und finanzwissenschaftliche Grundprobleme. Die Themen werden vom Beirat selbst bestimmt und im Seminarstil behandelt. Die Ergebnisse tragen zur wissenschaftlichen Reputation der Mitglieder bei.

Dem gegenüber waren die Kommissionen der Postreform 1965, 1970, die KtK 1975 und die Regierungskommission Fernmeldewesen 1987 durch einen gemischten Mitgliederkreis, bestehend aus Politikern, Vertretern der Interessenverbände (einschließlich der Gewerkschaften) und Wissenschaftlern, gekennzeichnet. Nur die beiden letztgenannten

Kommissionen wurden von einem Vertreter der Wissenschaft geleitet. Das Ziel bestand nicht in der Hervorbringung einer idealen Problemlösung, sondern in einem belastbaren Konsens, der allerdings einen Schritt in die „richtige", d.h. grundsätzlich angestrebte Richtung weist. Wissenschaftliche Konsequenz und pragmatische Rücksichtnahme standen in einem dauernden Konflikt zueinander. Auch kleine Schritte waren notwendig, irritierten jedoch manchen Wissenschafter, dem die politischen und interessengeleiteten Gegenargumente als sachfremd erschienen. Aber gerade diese Probleminventur wurde von der auftraggebenden Regierung gesucht. Nur in Kenntnis der Absichten und Abneigungen aller Verhandlungspartner konnten Gesetzentwürfe formuliert werden, die eine parlamentarische Mehrheit und schließlich die Akzeptanz in der Realität finden. Wenn Wissenschaft dabei überhaupt behilflich sein kann, muss sie breiter angelegt sein als die Modelle der Wirtschaftstheorie.

Im Folgenden werden die inhaltlichen Beratungsergebnisse und Empfehlungen der Regierungskommission Fernmeldewesen dargelegt und begründet.

2. Organisation

2.1. Hoheitsaufgaben

Kein Staat kann sich innerhalb seines Hoheitsgebietes in einen Wettbewerb stellen, der die Verwaltungsinstanz mit privaten Wettbewerbern auf eine Ebene stellt. Es galt also von vornherein, die hoheitlichen Aufgaben des Bundes genau zu umreißen und sie organisatorisch dort anzusiedeln, wo sie ihren einzig möglichen Platz finden: bei einer Bundesbehörde, möglichst einem Minister.

Zu den unveräußerlichen Staatsaufgaben gehören die Gesetzgebung, der Erlaß von Verordnungen, die Zulassung von Fernmeldeanlagen (insbesondere Endgeräte des Benutzers), die Frequenzverwaltung für Funkdienste, die Nummernverwaltung und die Regulierung des Telekommunikationsmarktes, insbesondere des marktbeherrschenden Anbieters. Außerdem hat das Ministerium (bzw. eine damit beauftragte Bundesbehörde) die Fragen des Parlaments zum Post- und Fernmeldewesen zu beantworten und die Bundesrepublik Deutschland in internationalen Gremien sowie gegenüber ausländischen Staaten zu vertreten.

2.2. Betriebsaufgaben

Demgegenüber konnten alle betrieblichen Aufgaben, d.h. die Hervorbringung von Leistungen gegen Entgelt, organisatorisch ausgegliedert werden, soweit es das Grundgesetz zuließ. Schon die Gründung einer rechtsfähigen Anstalt öffentlichen Rechts galt als verfassungsrechlich nicht mehr zulässig. Es wurden Konstruktionen gesucht, die das Gebot der „bundesunmittelbaren Verwaltung" nicht antasten und dennoch eine möglichst weitgehende Selbständigkeit des öffentlichen Betriebes Deutsche Bundespost ermöglichen. Deshalb sollte es bei dem (Teil-) Sondervermögen des Bundes bleiben. Für die Leitung wurde ein Vorstand vorgesehen, der nicht im Beamtenverhältnis, sondern in einem „öffentlich-rechtlichen Amtsverhältnis" stehen sollte. Damit wurde eine angemessene Besoldung der Führungskräfte möglich.

Telekommunikation: Vom Staatsmonopol zum privaten Wettbewerbsmarkt

Die Kommission Fernmeldewesen hat weiter vorgeschlagen, die Bereiche des Postwesens und des Fernmeldewesens voneinander zu trennen. Später wurde das Fernmeldewesen in mehreren Stufen noch tiefer untergliedert, um möglichst eindeutige Verantwortungsbezirke (Erfolgsbereiche) zu gewinnen.

Die mit der Postreform I erreichte Ausgliederung der Bundespost in drei getrennte öffentliche Betriebe für Telekommunikation, Post und Postbank unter Verbleib der Hoheitsaufgaben beim Ministerium war die weitestgehende Organisationsmaßnahme, die unter Respekt gegenüber dem unveränderten Grundgesetz möglich war.

Damit wird auch klar, weshalb die Regierungskommission nicht einfach dem britischen und japanischen Vorbild folgen konnte. Dort wurde gleichzeitig die Privatisierung der ehemaligen Monopolverwaltung und die Zulassung von Wettbewerb gesetzlich festgelegt.

Ein weiterer Denkansatz hätte darin bestehen können, die Infrastruktur des Fernmeldewesens (die Netze) von den Dienstleistungen zu trennen, also die Staatsverwaltung auf die Infrastrukturverantwortung zu begrenzen, um die Dienstleistungen dem Wettbewerb zu öffnen. Einen solchen Weg ist man für die Deutsche Bundesbahn gegangen. Auch für die Bundespost hätte diese Lösung nahe gelegen, weil das Postverwaltungsgesetz in § 2 (3) lediglich verlangte: „Die Anlagen der Deutschen Bundespost sind in gutem Zustand zu erhalten und ... weiterzuentwickeln ...". Von Dienstleistungen war also nicht die Rede. Jedoch ist die Kommission – abgesehen von den auch hier bestehenden verfassungsrechtlichen Bedenken – nicht zu der Empfehlung gelangt, Netz und Nutzung zu trennen. Der Grund lag in der technischen Argumentation, dass die maschinelle „Intelligenz" wahlweise in das Netz (Vermittlungsanlagen unterschiedlicher Ebenen), in die Software der Dienste und in die Endgeräte der Teilnehmer verlagert werden kann. Eine organisatorische Trennung von Infrastruktur und Dienstleistung hätte bedeutet, dass optimale Innovationslösungen zerschnitten und damit behindert worden wären.

Zu erwähnen ist schließlich, dass auch die US-amerikanische Trennung zwischen Weitverkehr (im Wettbewerb) und Nahverkehr (im Monopol) nicht in Frage kam. Abgesehen davon, dass die Bundesrepublik Deutschland nicht die Ausdehnung des nordamerikanischen Kontinentes besitzt, um eine regionale Differenzierung vorzunehmen, konnte eben überhaupt keine Privatisierung und damit auch nicht eine private Regelung für den Weitverkehr vorgenommen werden. Die Kommission stand also vor der Aufgabe, die in unserem Lande herrschenden Einschränkungen beachten zu müssen und dennoch eine soweit wie möglich gehende Neuordnung der Telekommunikation vorzuschlagen. Der Vorschlag wurde im Poststrukturgesetz vom 8. Juni 1989 realisiert.

3. Teilmärkte

Die Telekommunikationsmärkte beziehen sich auf drei Ebenen:

- die Endgeräte
- die Dienstleistungen
- die Netze

3.1. Endgeräte

Auf dieser Marktebene herrschte in verschiedenen Segmenten bereits Wettbewerb. Während das Telefon am Fernsprechhauptanschluss noch zwingend zum Monopol der Bundespost gehörte, weil die so genannte Schnittstelle zwischen Netz und Teilnehmer sich in diesem Gerät befand, waren andere Endgeräte bereits auf dem freien Markt erhältlich. Dies galt von jeher für Fernschreibgeräte (Telex) und für Endgeräte der Datenkommunikation. Hier war lediglich das MODEM als Verbindung zwischen Teilnehmer und Netz strittig.

Im Bereich der Nebenstellenanlagen, also der hausinternen Telefonnetze (PABX) war in Deutschland bereits seit dem Beginn unseres Jahrhunderts eine weitgehende Liberalisierung erfolgt. Dies war z.B. in den USA nicht der Fall. AT&T hat jahrelang Gerichtsverfahren geführt, um den Teilnehmern zu verbieten, eigene Endgeräte oder auch nur geringfügige Zusatzeinrichtungen an das AT&T-Gerät anzuschließen. Wenn also oft gesagt wird, dass in Mitteleuropa das Monopol besonders strikt gehandhabt wurde, so ist dies im Hinblick auf die Nebenstellenanlagen nicht der Fall. Die Fernmeldeindustrie hatte diesen Teilmarkt mit großem Erfolg für sich erobert, während die Deutsche Bundespost vor allem die kleinen Nebenstellenanlagen lieferte und betreute. In den großen Nebenstellenanlagen und Local Area Networks fanden die zukunftsweisenden Innovationen statt.

Die Liberalisierung der Endgeräte war in der Regierungskommission nicht strittig. Hier lag auch nicht die Domäne der traditionellen Postmonopole. Für jeden Diskussionspartner war klar, dass die hausinternen Geräte vom Teilnehmer gekauft, gemietet und gewartet werden durften, wie dies beim Fernsehgerät und anderen Haushaltsgeräten der Fall war. Auch die Freiheit des Handels und die Förderung des Mittelstandes (Handwerk) sprachen für diese Lösung. Deshalb konnte die Kommission einstimmig beschließen, den Gesamtmarkt der Endgeräte für den Wettbewerb zu öffnen. Die Deutsche Bundespost wurde durch diesen Vorschlag veranlasst, eine Steckdose als Netzabschluss zu installieren. Jeder Teilnehmer sollte berechtigt sein, ein beliebiges Gerät anzuschließen, soweit es amtlich zugelassen war. Die Zulassungsstelle sollte nicht mehr Teil der Bundespost sein, sondern dem Bundesminister für Post und Telekommunikation im Rahmen seiner Hoheitsaufgaben unterstellt werden. Als Zulassungskriterium wurde vor allem die Vermeidung von Störungen anderer Teilnehmer genannt. Eine Amtsbautechnik war auf diesem Gebiet nicht notwendig. Die langatmige Standardisierung durch die von den Staaten getragenen Institutionen (CEPT, CCITT) wurde durch eine schnellere und ökonomisch orientierte private Standardisierung (ETSI) ergänzt.

Die Bundespost selbst sollte am Wettbewerb der Endgeräte teilnehmen dürfen. Hier trat eine unterschiedliche Auffassung gegenüber den USA zutage. Während man in Deutschland fragte, welche Leistungen von der Privatwirtschaft erbracht werden dürfen, prüfte man nach der Divestiture in den USA, welche Leistungen man dem ehemaligen Monopolisten verbieten musste, um die neuen Wettbewerber nicht durch die Marktmacht des alten Wettbewerbers zu erdrücken.

3.2. Dienstleistungen

Mit dem Beginn der Datenkommunikation in den 50iger Jahren und den fortschreitenden Anforderungen an die Übertragungsgeschwindigkeit entstanden zunächst in den USA, dann aber sehr bald auch in Europa Local Area Networks (LANs). Diese wurden zu Metropolitan Area Networks (MANs) ausgedehnt.

Die Datenverarbeitungszentren wurden über Mietleitungen miteinander verbunden, sodass innerhalb der Betriebsstätten eines Unternehmens, dann aber bald auch zwischen mehreren und schließlich allen Unternehmen ein weitgehend liberalisierter Datenverkehr stattfand. Bei strikter Anwendung des Fernmeldeanlagengesetzes hätte die Bundespost hier einschreiten und ihre Monopolrechte reklamieren können. Tatsächlich hat sie dies nicht getan. Die Datenkommunikation wurde als ordnungspolitisch ungefährlich angesehen. Wer hätte damals daran gedacht, dass die Internet-Kommunikation zu einem weltweiten System werden könnte und schließlich auch den Sprachverkehr mit einschließt?

Ein wichtiges Ergebnis der Kommissionsarbeit bestand darin, den Wettbewerb auf der Ebene der Dienstleistungen zunächst auf die neuen Formen der Telekommunikation zu konzentrieren. Dort waren die zukunftsgerichteten Innovationen (Witte 1997 a) zu erwarten und dort sollte der Markt als Entdeckungsverfahren wirksam werden. Die Innovationskraft und die internationale Wettbewerbsfähigkeit der deutschen Telekommunikation waren ja das Hauptargument für die angestrebte Neuordnung. Der Randwettbewerb sollte schrittweise zum Kern des Marktes, also zum Telefondienst und zum Netz vordringen.

Die Auseinandersetzung konzentrierte sich auf die Frage, ob auch der Telefondienst (das einfache Fernsprechen) dem Wettbewerb geöffnet werden sollte. Über das Fernziel waren sich alle im Klaren. Im Kommissionsbericht heißt es unwidersprochen: „Ein allgemeines Monopol für die Dienstleistungen der Telekommunikation lässt sich nach Ansicht der Kommission heute weder begründen noch durchsetzen" (Witte 1987, S. 90). Dann folgt jedoch der Satz: „Die Kommission sieht lediglich eine vertretbare Begründung für die Beibehaltung des Monopols der TELEKOM am Telefondienst. Es handelt sich um einen infrastrukturnahen, jedermann anzubietenden Dienst, der traditionell als Staatsaufgabe verstanden wird. Er weist eine hohe Ertragskraft auf, die für die bevorstehende Bewältigung der Infrastrukturentwicklung benötigt wird."

Das Argument der Finanzierung von Infrastrukturaufgaben aus der Ertragskraft des Telefondienstes gab den Ausschlag für die folgende Empfehlung:

„E 10 Die TELEKOM behält das Monopol am Telefondienst. Alle anderen Dienstleistungen der Telekommunikation werden im Wettbewerb angeboten."

Im Jahre 1987 war eine Deregulierung des einfachen Sprachdienstes (POTS) politisch nicht durchzusetzen. Es wird ja in der Begründung ausdrücklich gesagt, dass der Telefondienst „traditionell als Staatsaufgabe verstanden wird".

Heute sind auch die liberalsten Zielvorstellungen der Vertreter des Wettbewerbs erfüllt, und es bleibt lediglich die Frage zu beantworten, ob man damals mutiger hätte vorgehen können.

Ein Konfrontationskurs zu den Vertretern der großen Parteien hätte die Postreform I wahrscheinlich verhindert, zumindest verzögert. Aber unabhängig von diesem politischen Kalkül, über das man streiten kann, war die damalige Problemeinsicht noch nicht reif. Der Wettbewerb im Telefondienst war auch für die Fachwelt so unvorstellbar, dass man keine konkreten Vorschläge formulieren konnte, wie neue Wettbewerber den Weg zu ihren Kunden finden sollten. Die Befürworter des Wettbewerbs gingen noch von der Vorstellung aus, jeder neue Wettbewerber müsse einen eigenen Netzzugang zu den privaten Teilnehmern errichten. Diese unrealistische Variante wurde erst sehr viel später durch die Reformentwürfe zu Interconnection, zum entbündelten Zugang zur Teilnehmeranschlussleitung, zu den Regelungen des Call-by-Call und der Preselection sowie schließlich zur Nummernportabiliät abgelöst. Ohne diese Regulierungsinstrumente hätte sich der Telefondienstwettbewerb nicht entfalten können, wie die Erfahrungen in anderen Ländern belegen. Idealistische Vorschläge, für deren Realisierung weder die technischen noch die organisatorischen Instrumente vorlagen, hätten sich im Deklamatorischen erschöpft.

Durch die heftige Diskussion über den Zusammenhang zwischen Monopolrechten und Versorgungspflichten wurde in der Postreform I eine echte Innovation in die deutsche Gesetzgebung eingeführt: Die Unterscheidung zwischen Monopolleistungen, Pflichtleistungen und freien Leistungen.

Die Monopolleistungen (Telefondienst und Mietleitungen) sind strikten staatlichen Auflagen und Regulierungsentscheidungen unterworfen. Wer sich also Sorgen macht, dass die Liberalisierung zu Lasten schwacher Bevölkerungskreise und ländlicher Gebiete gehen könnte, findet hier seinen Ansatz zur Sicherstellung des Gemeinwohls.

Die Pflichtleistungen werden von der TELEKOM im Wettbewerb mit privaten Unternehmen angeboten. Während diese jedoch in ihrem Leistungsangebot frei sind, hat die TELEKOM besondere Pflichten wahrzunehmen, z.B. Flächendeckung und Tarifbindung. Die Entscheidung, welche Leistungen als Pflicht auferlegt werden, traf fortan der Postminister und später die Regulierungsbehörde.

Die freien Leistungen können von der TELEKOM nach eigenem Ermessen und ohne jegliche Bindung angeboten werden. Der Wettbewerb ist hier für alle Marktteilnehmer unreguliert. Damit wurde ein Zusammenhang deutlich, der sowohl im Fernmeldeanlagengesetz als auch im Postverwaltungsgesetz bis zu diesem Zeitpunkt unbekannt war.

3.3. Netze

Das alleinige Recht, Netze des Fernmeldewesens errichten zu dürfen, gehörte im Selbstverständnis der Deutschen Bundespost zur Kernaufgabe der staatlichen Kompetenz. Im Gegensatz zu allen Dienstleistungen, die gegen Entgelt erbracht werden, war hier der Widerstand gegen Wettbewerb am stärksten. Es ging um die Infrastrukturverantwortung, die traditionell dem Staat oblag.

Deshalb hat in der Regierungskommission Fernmeldewesen zu diesem Punkt eine engagierte, von Grundüberzeugungen getragene Diskussion stattgefunden. Es gelang immerhin, die beiden Extrempositionen abzubauen, die darin bestanden, dass auf der einen Seite die völlige Freigabe der Errichtung von Netzen (ohne Lizenz) und auf der anderen Seite die unbefristete und uneingeschränkte Beibehaltung des Netzmonopols gefordert wurde.

Nach einer angemessenen Übergangszeit sollten Lizenzen zur Errichtung konkurrierender Netze neben den Netzen der TELEKOM zugelassen werden. Trotz dieser abgemilderten Formulierung erhielt der Vorschlag keine Mehrheit. Unter Stimmabgabe aller 12 Mitglieder der Regierungskommission kam es zum Stimmenverhältnis 6:6. Ich stimmte

Telekommunikation: Vom Staatsmonopol zum privaten Wettbewerbsmarkt

für den Netzwettbewerb und hätte nach der Geschäftsordnung als Vorsitzender den Ausschlag geben können. Jedoch stimmten auf der anderen Seite für die Beibehaltung des Netzmonopols die Vertreter der CDU, der CSU, der SPD, der Deutschen Postgewerkschaft, des ZVEI und der Nachrichtentechnik. Insbesondere die großen politischen Parteien waren noch nicht bereit, die Infrastrukturverantwortung in private Hände zu geben. Gegen diese ordnungspolitisch konservative Einstellung konnten die 6 Befürworter d.h. die Vertreter der F. D. P., des Bundesverbandes der Deutschen Industrie, des Deutschen Industrie- und Handelstages, des Verbandes von Telefonaufbaufirmen sowie die Vertreter der Rechtswissenschaft und der Betriebswirtschaftslehre nicht ankommen. Die Zeit war noch nicht reif.

Andererseits wurde in der Diskussion klar, dass die für den Wettbewerb wichtigsten Merkmale des Netzbetriebs gar nicht unter den Monopolvorbehalt fielen. Es wurde nämlich in der Empfehlung 1 einstimmig beschlossen, dass die TELEKOM das Netzmonopol nur behält, „solange sie Mietleitungen (Festverbindungen) zu angemessenen und wettbewerbsfähigen Bedingungen entsprechend dem qualitativen und quantitativen Bedarf anderen überlässt." Daran schloss sich sogar die Drohung an: „Im Falle einer nicht befriedigenden Marktentwicklung lässt die Bundesregierung die Errichtung konkurrierender Netze zu." Zwischen der ersten Formulierung „nach einer angemessenen Übergangszeit" und dem beschlossenen Text besteht nur ein Unterschied der Werthaltungen. In beiden Fällen wird das Netzmonopol in Frage gestellt.

In der Praxis der Überlassung von Mietleitungen hat diese prinzipielle Auseinandersetzung schließlich keine Rolle mehr gespielt. Strittig blieb lediglich der Preis für die überlassenen Festverbindungen: die Mietleitungstarife. Hier hatte die Bundespost geradezu prohibitive „Gebühren" festgelegt. Sie wurden später drastisch zurückgenommen.

Die Belassung des Netzmonopols bedeutete also nicht, dass die Bundespost ein ausschließliches Verfügungsrecht über die Netze behielt. Vielmehr bezog sich das Ausschließlichkeitsrecht lediglich auf die „Errichtung" von Netzen; denn die gemieteten Leitungen konnten natürlich von den Privaten „betrieben" werden. Dazu war es im Übrigen möglich und erlaubt, auch private Vermittlungsanlagen einzusetzen, die nicht von der Deutschen Bundespost errichtet waren. Das Netzmonopol erwies sich also eher als ein deklamatorisches Recht, sodass die privaten Betreiber von Mobilfunksystemen, Text- und Datennetzen sowie Nebenstellenanlagen zufrieden waren, wenn die Mietleitungspreise auf ein vernünftiges Niveau gesenkt wurden.

Erst als sich für die Mobilfunkanbieter und die Betreiber von Firmennetzen zeigte, dass eigene Richtfunkstrecken, Satellitenverbindungen und schließlich auch kabelgebundene Übertragungswege günstiger waren als Mietleitungen, entstand erneut der Streit um die Errichtung von Infrastrukturen.

Während im Frühstadium der Diskussion in den Jahren 1985–1989 von den beharrenden Kräften gefordert wurde, das Errichten von privaten Infrastrukturen zu verbieten, wurde 10 Jahre später beklagt, dass die neuen Wettbewerber nicht in befriedigendem Ausmaß an den Investitionen zur Fortentwicklung der Infrastruktur teilnehmen. Hier ist also die Argumentation auf den Kopf gestellt. Das Investitionsrisiko und die damit zusammenhängenden Finanzierungsfragen rücken in den Vordergrund und gelten als Belastung, nicht als Privileg. Heute verlangt man von den neuen Wettbewerbern, dass sie eigene Netze errichten. Sonst gelten sie als „Parasiten".

II. Der Durchbruch: Postreform 1989

Der Bericht der Regierungskommission Fernmeldewesen unter dem Titel „Neuordnung der Telekommunikation" wurde am 16. September 1987 an Bundeskanzler Helmut Kohl übergeben.

Die Feststellungen und Empfehlungen der Kommission trafen bei Minister Schwarz-Schilling auf Zustimmung und eine hohe Motivation, die Reformmaßnahmen mit Engagement einzuleiten. Der Minister stand für die Grundidee: Wettbewerb soll die Regel und Monopol die zu begründende Ausnahme sein.

Die parlamentarische Überzeugungsarbeit konnte nach der Bundestagswahl 1987 beginnen. Da die CDU/CSU/FDP-Koalition über die notwendige Mehrheit im Deutschen Bundestag (und zunächst noch im Bundesrat) verfügte, konnte das Gesetz zur Neustrukturierung des Post- und Fernmeldewesens und der Deutschen Bundespost (Poststrukturgesetz, PostStruktG) verabschiedet werden, ohne die Stimmen der Opposition gewinnen zu müssen. Da eine Änderung des Grundgesetzes nicht beabsichtigt und einstweilen auch nicht nötig war, bedurfte die Gesetzgebung lediglich der einfachen Stimmenmehrheit.

Das Poststrukturgesetz war ein Artikelgesetz, d.h. es bestand aus mehreren Teilgesetzen, u.a. einem Gesetz über die Unternehmensverfassung der Deutschen Bundespost und Änderungen der Gesetze über das Postwesen und über Fernmeldeanlagen.

In Art. 1, dem Gesetz über die Unternehmensverfassung der Deutschen Bundespost (Postverfassungsgesetz – PostVerfG) wurde die bisherige Post- und Fernmeldeverwaltung in drei Teilbereiche zerlegt und zu den öffentlichen Unternehmen Deutsche Bundespost POSTDIENST, Deutsche Bundespost POSTBANK und Deutsche Bundespost TELEKOM umorganisiert. Diese Neuordnung war eng an die Grenzen der Verfassung gebunden. Es blieb also formal bei der bundeseigenen Verwaltung und dem Sondervermögen des Bundes. Trotzdem war die faktische Befreiung der Betriebe von der Behördenbindung erstaunlich weit gelungen.

Jedes der drei Unternehmen wurde von einem Vorstand geleitet, der erstmalig in der deutschen Gesetzgebung verpflichtet wurde, die Nachfrage von Bürgern, Wirtschaft und Verwaltung nach Leistungen der Post-, Postbank- und Fernmeldedienste zu decken (§ 4 PostVerfG). In demselben Paragraphen heißt es anschließend: „In Wahrnehmung ihrer Aufgaben beteiligen sich die Unternehmen am Wettbewerb. Unter Berücksichtigung dieser Leitlinien sind die Unternehmen nach betriebswirtschaftlichen Grundsätzen zu führen."

In Sorge vor dem Bundesverfassungsgericht und in Anerkennung der von der SPD-Opposition geäußerten Wünsche wurde über den drei Unternehmen noch ein „Direktorium der Deutschen Bundespost" gebildet. Es bestand aus den Vorstandsvorsitzenden der drei Unternehmen. Hier sollten gemeinsame Grundsätze der Unternehmensführung, die wechselseitige Inanspruchnahme von Leistungen, die Vertretung der Deutschen Bundespost nach außen und ein gewisser Finanzausgleich beraten werden. Das Direktorium hat seine gesetzlichen Pflichten im notwendigen Mindestmaß erfüllt. Für die weitere Entwicklung des Reformprozesses hat es keine wesentliche Rolle gespielt. Die drei Unternehmungen sind sowohl in ihren strategischen Entscheidungen als auch in ihrem äußeren Erscheinungsbild sehr bald eigene Wege gegangen.

Die wettbewerbspolitische Neuregelung ist durch Änderungen des Fernmeldeanlagengesetzes vorgenommen worden. Damit blieb formal die alte Ordnung erhalten: Die Monopolrechte lagen weiterhin beim Bund, vertreten durch den Bundesminister für Post und Telekommunikation, wie er jetzt heißt. Dieser behielt auch die seit 1928 geltenden Rechte, die Befugnis zur Errichtung und zum Betrieb einzelner Fernmeldeanlagen zu verleihen. Es bestand also ein erheblicher ordnungspolitischer Spielraum.

Als völlige Neuorientierung ist hervorzuheben, dass in § 1 des Fernmeldeanlagengesetzes jetzt der Satz stand: „Jedermann ist berechtigt, Telekommunikationsdienstleistungen für andere über Fest- und Wählverbindungen, die von der Deutschen Bundespost TELEKOM bereitgestellt werden, zu erbringen." Hier ist Wettbewerb als Regel deklariert. Es folgt allerdings der Satz: „Dies gilt nicht für das Betreiben von Fernmeldeanlagen, soweit es der Vermittlung von Sprache für andere dient;". Der Gesetzgeber folgte den Vorschlägen der Regierungskommission Fernmeldewesen.

Nun könnte man meinen, damit sei der Reformprozess zur Ruhe gekommen, sodass sich alle Beteiligten zunächst auf die Erfüllung der neuen Rechtsnormen einrichten konnten. Tatsächlich war dies nicht der Fall. Sofort nach Inkrafttreten des Gesetzes begann das Bundespostministerium mit weiteren Reformschritten, die ohne Änderung des Gesetzes möglich waren.

Zur fachlichen Beratung und wissenschaftlichen Begleitung des weiteren Vorgehens wurde ein Beirat eingesetzt, der als „Forschungskommission für Regulierung und Wettbewerb" (Mitgliederliste im Anhang 5) dem Minister und seinen beiden Staatssekretären zugeordnet war.

Im Gegensatz zu den gemischten Kommissionen, die zur Änderung von Gesetzen führten, hat die – nur aus Experten bestehende – Kommission für Regulierung und Wettbewerb an der Ausfüllung geltender Gesetze durch Entscheidungen des Bundespostministeriums mitgewirkt. Sie hat nur selten Erklärungen nach außen abgegeben, wie z.B. bei der Begründung von Corporate Networks, der Behandlung des Universaldienst-Fonds und zur Regelung der Nummernportabilität.

An den Sitzungen nahmen häufig der Bundesminister und mindestens einer der beiden Staatssekretäre teil. Dies galt auch nach der Übergabe des Amtes an Minister Wolfgang Bötsch. Die jeweils betroffenen Ministerialdirektoren waren stets an den Beratungen beteiligt.

1. Mobilfunk

Der Mobilfunk wurde als öffentlicher Telekommunikationsdienst bis zum Jahr 1989 ausschließlich von der Deutschen Bundespost angeboten. Er hatte sich im Gegensatz zu den nordeuropäischen Staaten nur wenig entwickelt. Da es sich um einen Sprach-Telefondienst handelt, erwartete die Deutsche Bundespost TELEKOM wiederum ein Ausschließlichkeitsrecht, also ein Monopol zum Betreiben auch des digitalen Mobilfunks (GSM), der als technischer Standard im Jahr 1989, also kurz nach In-Kraft-Treten des Poststrukturgesetzes zur Verfügung stand.

Minister Schwarz-Schilling nahm die technische Innovation und die europaweite Standardisierung zum Anlass, für das digitale D-Mobilfunksystem das Instrument des Wettbewerbs einzusetzen, um den Markt wirksam zu erschließen.

Heute ist offenkundig, dass mit dem Wettbewerb zwischen D1 (Deutsche TELEKOM) und D2 (Mannesmann Mobilfunk), später auch E-Plus (VEBA und RWE) sowie VIAG Intercom erstmalig der Durchbruch vom Monopol zum Wettbewerb in der Telekommunikation erzielt wurde. Die Markterschließung wurde durch Service Provider unterstützt, die air-time von den Netzbetreibern einkauften und an ihre Kunden weiterverkauften. Hunderte von Einzelhandels- und Handwerksbetrieben boten die Endgeräte an und vermittelten neue Teilnehmer. Nun konnte jedermann erkennen, dass die Telekommunikation sich schneller, bedarfsgerecht, billiger und zur allgemeinen Überraschung auch flächendeckend entwickeln kann, ohne dass öffentlich Bedienstete das Gemeinwohl praktizieren.

2. Begrenzung des Monopols

Die Deutsche Bundespost hatte über Jahrzehnte hinweg bestimmt, welche Leistungen sie selbst erbringen und welche sie – auf dem Wege der Duldung – anderen überlassen wollte. Durch die Postreform I des Jahres 1989 waren nun die Hoheitsaufgaben beim Bundesminister für Post- und Telekommunikation angesiedelt, der festzulegen hatte, in welchen Grenzen die DBP-TELEKOM noch über ein Monopol verfügen durfte. Wenn man die Monopolrechte weit ausgelegt hätte, dann wäre zu befürchten gewesen, dass sich der beabsichtigte Randwettbewerb nicht entfalten würde.

Mit zunehmender Selbständigkeit des Unternehmens DBP TELEKOM mussten die disziplinierenden Kräfte des Wettbewerbs mobilisiert werden. Wenn es nicht gelang, den Wettbewerb herbeizuführen, dann würde das schlechteste aller möglichen Ergebnisse der Ordnungspolitik entstehen: ein privatisiertes Monopol in den Händen professioneller, international erfahrener Manager. Während das staatliche Monopol vorher von öffentlich Bediensteten verwaltet wurde, die zwar der Kostensteigerung nicht wirksam entgegengetreten sind, aber auch auf der Absatzseite eine unter kommerziellem Aspekt zurückhaltende Position eingenommen haben, muss bei einem privaten Monopolisten damit gerechnet werden, dass er seine Marktposition im Rahmen der gesetzlichen Grenzen soweit wie möglich ausnützt. Niemand könnte mit einem solchen ordnungspolitischen Rahmen dauerhaft zufrieden sein. Die gesetzlich zugelassenen Wettbewerber würden den Markt nicht betreten können oder vom Markt wieder verdrängt werden; die Verbraucher würden Monopolpreise für Monopolleistungen bezahlen, und das privatisierte Großunternehmen müßte schließlich befürchten, wieder stärker vom Staat reguliert zu werden. Es liegt in allseitigem Interesse, ein Gleichgewicht zwischen zunehmender Verselbständigung des entstaatlichten Betriebes und der Entstehung von vitalem Wettbewerb herbeizuführen.

Während des gesamten Reformprozesses ist gegenüber dem amerikanischen Liberalisierungsprozess ein deutlicher Unterschied praktiziert worden: während man in den USA die Macht des ehemaligen Monopolisten AT&T dadurch einschränken wollte, dass man ihm bestimmte Geschäftsfelder vorenthielt, ihm also z.B. verbot, in die Datenverarbeitung, in den Datenbankabruf, in den Mobilfunk oder in das Kabelfernsehen einzutreten, hat man in Deutschland (wie überhaupt in Kontinentaleuropa) dem bisherigen Staatsunternehmen alle Betätigungsfelder zugestanden. Es wurde umgekehrt gefragt, welche Dienste die neuen Wettbewerber anbieten dürfen. Dahinter steht die Sorge, das alte Großunternehmen könnte unter Wettbewerbsbedingungen Schaden nehmen. Erst im weiteren Verlauf des Reformprozesses wurde deutlich, dass es nicht so leicht ist, Wettbewerb auf einem bisher nicht dafür erschlossenen Markt zu erzeugen.

Schon bei der Einführung des Kabelfernsehens wurde von den Gegnern des Wettbewerbs befürchtet, die „Kommerzialisierung" habe gesellschaftlich schädigende Wirkung.

Telekommunikation: Vom Staatsmonopol zum privaten Wettbewerbsmarkt

Es wurde unterstellt, dass jeder Wettbewerber von vornherein mit einem unangemessen hohen Gewinn rechnen kann, während das ehemalige Staatsunternehmen unter der Last des Gemeinwohls leidet. Diese laienhafte Vorstellung von Unternehmungen und Märkten ist während des 10-jährigen Diskussionsprozesses nur langsam abgebaut worden.

Das Bundesministerium für Post- und Telekommunikation hat sich nach der Herauslösung der Bundespostunternehmen auf die Hoheitsaufgaben konzentriert und die Öffnung des Marktes als staatliches Gestaltungsziel verstanden. Nicht mehr die Identifizierung mit dem immer noch staatlichen Monopolunternehmen, sondern die Förderung der neu auf den Markt tretenden Wettbewerber stand nun im Vordergrund.

Ein für die DBP TELEKOM schmerzlicher Eingriff bestand darin, die Endgeräte-Zulassungsstelle in Saarbrücken dem Ministerium zu unterstellen. Die amtliche Zertifizierung wurde als Hoheitsakt verstanden. Dies bedeutete für die DBP TELEKOM, dass auch sie ihre Endgeräte von der Obrigkeit zertifizieren lassen musste, während sie bisher gewöhnt war, selbst über die technischen Standards zu entscheiden. Es ging auch nicht mehr um die gewohnte Amtsbautechnik und die Formulierung von Pflichtenheften, wie es das Fernmeldetechnische Zentralamt bisher besorgt hatte, sondern um die Prüfung der Geräte dahingehend, ob sie andere Teilnehmer in der Nutzung von Telekommunikationsdiensten stören oder nicht.

Eine weitere Diskussion bezog sich auf den Grundstücksbegriff. Schon nach altem Recht war es Unternehmungen und anderen privaten Institutionen erlaubt, auf ihrem eigenen Grundstück eine Fernmeldeanlage, also vor allem eine Nebenstellenanlage zu betreiben. Zwar hatte das Reichsgericht bereits am 7.12.1911 entschieden, dass nicht die grundstücksrechtlich enge Betrachtung, sondern die äußere Erscheinung des Grundstücks hinsichtlich seiner wirtschaftlichen Nutzung maßgeblich ist. Aber im Laufe der Jahrzehnte hatte die Deutsche Reichspost und später die Deutsche Bundespost eine zunehmend restriktive Auslegung des Grundstücksbegriffs durchgesetzt. Nach der Postreform I hat das Postministerium wieder eine weitgefasste Grundstücksbetrachtung vorgeschrieben, sodass Unternehmungen, deren Grundstücke durch öffentliche Straßen geteilt waren, wieder eine das Ganze versorgende Nebenstellenanlage betreiben durften. Sogar für Grundstücke, die weit voneinander entfernt liegen, wurden großzügige Genehmigungen erteilt.

Eine ausschlaggebende Förderung privater Telekommunikationsbetreiber bezog sich auf die Mietleitungen. Die privaten Betreiber von Mobilfunknetzen beklagten sich darüber, dass Mietleitungen nicht schnell genug, nicht in der notwendigen Qualität und vor allem nicht zu vertretbaren Preisen bereitgestellt wurden. Das Ministerium hat daraufhin die Kalkulation der DBP TELEKOM überprüft und eine drastische Preissenkung für Mietleitungen erzwungen.

Dazu waren umfangreiche Kostenerhebungen und Vergleiche zu den Mietleitungstarifen in anderen Ländern nötig. Die Mietleitungstarife wurden so bemessen, dass die TELEKOM auch unter Berücksichtigung ihrer Altlasten noch kostendeckend arbeiten konnte. Die Preise lagen noch deutlich über dem Niveau in Großbritannien und den USA. Um den privaten Wettbewerbern die Möglichkeit einzuräumen, sich durch eigene Investitionen günstiger mit Übertragungswegen zu versorgen, wurde zusätzlich die Erlaubnis erteilt, Richtfunkstrecken selbst zu bauen. Damit war das Netzmonopol, das noch in der Regierungskommission Fernmeldewesen derart umstritten war, in einem wesentlichen Punkt ausgehebelt.

3. Corporate Networks

Die wahrscheinlich wichtigste Fortentwicklung auf dem Wege zur Öffnung des Marktes bestand in der Einengung des Telefondienstmonopols. Nach § 1 des novellierten Fernmeldeanlagengesetzes hieß es, dass die „Vermittlung von Sprache für andere" dem Monopol der Deutschen Bundespost TELEKOM unterliegt. Nun wurde vom Bundespostministerium geregelt, ob „für andere" bedeutet, dass jeder andere oder nur jeder beliebige andere gemeint sind. Der beliebige andere ist die Öffentlichkeit, und darauf sollte sich das Telefondienstmonopol beziehen. Wenn dagegen ein Unternehmen mit bestimmten anderen, also regelmäßigen Kommunikationspartnern, z.B. den eigenen Außenstellen kommuniziert, auch wenn diese in anderer Rechtsform betrieben werden, oder wenn ein Industrieunternehmen mit seinen Zulieferern spricht, dann handelt es sich um Kommunikationsvorgänge innerhalb geschlossener Nutzergruppen. Diese Netze für Kommunikationsgemeinschaften (Forner 1992) wurden aus dem Telefondienstmonopol herausgenommen. Wohlgemerkt war bereits durch die Postreform I sichergestellt, dass derartige Kommunikationsformen, soweit sie sich auf Daten, Texte und Festbilder bezogen, ohnehin freigegeben waren. Das Zusätzliche bezog sich jetzt auf die Einbeziehung der Sprache, also des internen Telefondienstes. Damit war ein lukratives Marktsegment aus dem bisher noch umfassenden Telefondienstmonopol der DBP TELEKOM ausgegliedert. Nun nahmen alle Großunternehmen der Industrie, der Kredit- und Versicherungswirtschaft sowie des Handels wahr, dass sich der Markt veränderte und neue Chancen zur Teilnahme an der Telekommunikation entstanden.

Es erwies sich, dass die Corporate Networks das wirksamste Druckmittel für den schnellen Fortgang des Reformprozesses waren. Je länger man an den alten gesetzlichen Vorbehalten festhielt, desto umfangreicher wuchsen die Corporate Networks, sodass der TELEKOM erhebliche Deckungsbeiträge davonschwammen.

Für eine langfristig angelegte Ordnungspolitik waren die Corporate Networks nicht unbedenklich. Sie nahmen den höchstwertigen Kommunikationsverkehr der Wirtschaft in Anspruch. Wenn ihre Entwicklung über ein bis zwei Jahrzehnte weitergegangen wäre, hätte sich eine Beseitigung des Monopols der TELEKOM nur noch auf den Kommunikationsbedarf privater Haushalte bezogen. Denn die Unternehmungen wären schwerlich zu überzeugen gewesen, ihre inzwischen aufgebauten Inselnetze wieder aufzugeben. Da diese nicht dieselben Größenvorteile (Kostendegression) wie bundesweite Netze erreichen konnten, wäre eine wirtschaftlich nur zweitbeste Lösung realisiert worden. Glücklicherweise wurde der Reformprozess aber innerhalb weniger Jahre so schnell vorangetrieben, dass die Corporate Networks sich auf solche geschlossenen Benutzergruppen beschränkten, die einen besonders engen Kommunikationskontakt zueinander besitzen (Selbstversorger). Es blieb gleichsam noch hinreichend viel Markt übrig für die Gesamtreform.

Diese verzweigten Argumentationen und zu lösenden Teilaufgaben waren zu Beginn des Reformprozesses nicht bekannt. Sie wurden erst im Verlauf der schrittweisen Aufdeckung des Problemfeldes ersichtlich. So entstanden auch neue Reformaufgaben, je nachdem welcher Pfad der Verselbständigung der Bundespost und der Öffnung des Marktes eingeschlagen wurde.

In überzeugender Weise wurde deutlich, dass die Reform des Post- und Fernmeldewesens aus einem langwierigen Prozess bestand, der nicht durch einen einzigen umfassenden Änderungsakt und auch nicht durch eine einzige Gesetzgebung bewältigt werden konnte. Vielmehr musste jeweils nach dem Erreichen einer Reformstufe ein weiterer darauf aufbauender Schritt konzipiert werden. Wichtig war nur, dass die einzelnen Reformimpulse in die gleiche Richtung zielten und jede einzelne Maßnahme die Zustimmung oder zumindest die Duldung der betroffenen Interessenpositionen fand.

Hierzu hat das Bundesministerium für Post und Telekommunikation (BMPT) ein transparentes Verfahren zur Diskussion mit der betroffenen Öffentlichkeit entwickelt. Vor jedem Reformschritt, der entweder aus einer fortschreitend liberalen Interpretation des bestehenden Gesetzes oder aus der Vorbereitung einer Verordnung bestand, wurden die beabsichtigten Maßnahmen veröffentlicht. Es schlossen sich schriftliche und mündliche Anhörungen an, die auch ausländische Interessenvertreter einbezogen. Daraufhin wurde eine Dokumentation des Meinungsbildes erarbeitet und die schließlich getroffene Entscheidung mit den angeführten Begründungen in der „Informationsserie zu Regulierungsfragen" (siehe Verzeichnis der zitierten Quellen) publiziert. Eine derart offene Vorbereitung ministerieller Entscheidungen war für die deutsche Verwaltungspraxis bisher ungewöhnlich und führte zu einer erkennbaren Absenkung des Reformwiderstandes.

Jetzt traten auch erstmalig die neuen Wettbewerber in die öffentliche Diskussion ein. Sie hatten sich vorher zurückgehalten und den lautstarken Gegnern der Reform das Feld überlassen.

D. Privatisierung und vollständige Marktöffnung

I. Grundgesetzänderung 1994

Durch die bisherigen Reformschritte war die Interpretationsfähigkeit des Grundgesetzes bis zur Dehnungsgrenze eingehalten worden. Dies gilt wohlgemerkt nicht für die Begründung von Wettbewerb, denn ein Monopol des Post- und Fernmeldewesens war niemals Bestandteil der deutschen Verfassung. In Art. 87 des Grundgesetzes von 1949 wurde lediglich verlangt, dass die Deutsche Bundespost „in bundeseigener Verwaltung mit eigenem Verwaltungsunterbau" geführt werden muss. Damit ist verlangt, dass jedes Postamt in der Fläche ein Bestandteil der Bundesverwaltung und nicht der Verwaltung des betreffenden Bundeslandes ist. Zusätzlich zu dieser Kompetenzzuordnung wurde von der herrschenden Meinung der Juristen anerkannt, dass eine Privatisierung der Deutschen Bundespost (und ihrer Teile) nur bei einer Änderung dieser grundgesetzlichen Bestimmung möglich sei.

Die Privatisierung war notwendig, wenn man die Deutsche TELEKOM (und die Deutsche Post sowie die Postbank) in den internationalen Wettbewerb stellen wollte. Denn es ist schwer vorstellbar, dass eine bundesunmittelbare Verwaltung auf ausländischen Märkten tätig wird (Witte 1993, 1994), ganz abgesehen davon, dass sie durch ihre enge Bindung an das öffentliche Haushalts- und Dienstrecht in ihrer Wettbewerbsfähigkeit stark behindert war.

Bereits Bundespostminister Schwarz-Schilling hat im Anschluss an die Postreform I, die mit einfacher parlamentarischer Mehrheit beschlossen worden war, den Prozess zur Grundgesetzänderung eingeleitet. Er stieß auf starken Widerstand, der insbesondere von der Deutschen Postgewerkschaft abgestützt wurde. Diese befürchtete, dass eine privatisierte Deutsche TELEKOM (und noch mehr eine Deutsche Post) die über Jahrzehnte errungenen arbeitsrechtlichen und mitbestimmungsrechtlichen Vereinbarungen und Gewohnheitsrechte aufheben würde. Allenfalls sei eine Anstalt öffentlichen Rechts erträglich. Diese Ansicht wurde von Teilen der SPD-Fraktion geteilt und auch vom Deutschen Beamtenbund vertreten.

Der Nachfolger im Amt Bundespostminister Wolfgang Bötsch hat dennoch die Grundgesetzänderung durchgesetzt. Wie im Anschluss zu zeigen ist, musste ein politischer Preis bezahlt werden.

Die Neufassung des Art. 87 f vom 30. August 1994 lautet:

„(1) Nach Maßgabe eines Bundesgesetzes, das der Zustimmung des Bundesrates bedarf, gewährleistet der Bund im Bereich des Postwesens und der Telekommunikation flächendeckend angemessene und ausreichende Dienstleistungen.

(2) Dienstleistungen im Sinne des Absatzes 1 werden als privatwirtschaftliche Tätigkeiten durch die aus dem Sondervermögen Deutsche Bundespost hervorgegangenen Unternehmen und durch andere private Anbieter erbracht. Hoheitsaufgaben im Bereich des Postwesens und der Telekommunikation werden in bundeseigener Verwaltung ausgeführt.

(3) Unbeschadet des Absatzes 2 Satz 2 führt der Bund in der Rechtsform einer bundesunmittelbaren Anstalt des öffentlichen Rechts einzelne Aufgaben in Bezug auf die aus dem Sondervermögen Deutsche Bundespost hervorgegangenen Unternehmen nach Maßgabe eines Bundesgesetzes aus."

Die in Absatz 3 von Art. 87 f GG genannte bundesunmittelbare Anstalt des öffentlichen Rechts blieb als Verhandlungsergebnis erhalten, obgleich die drei Nachfolgeunternehmen der Deutschen Bundespost in die Rechtsform der Aktiengesellschaft überführt wurden. Die Anstalt hält die Bundesbeteiligungen an den Aktiengesellschaften und verwaltet die Sozialeinrichtungen der früheren Bundespost.

Die Nachfolgeunternehmen der Deutschen Bundespost erbringen ihre Dienstleistungen als privatwirtschaftliche Tätigkeit neben anderen privaten Anbietern. Während das Monopol vorher nicht in der Verfassung genannt war, ist nun sogar der Wettbewerb – wenn auch nicht als Wort – enthalten. Hier hat der Verfassungsgeber also überdeutlich formuliert, was er meint. Eine Streichung der alten Bestimmung des Grundgesetzes hätte es wohl auch getan. Dies war jedoch nicht möglich, weil die Daseinsvorsorge (Witte 1997 b) als zweite Hälfte des über die Parteigrenzen hinweg gefundenen Kompromisses ebenfalls Verfassungsrang erhalten sollte. In Art. 87 f Abs. 1 wurde daraufhin die Gewährleistungspflicht des Bundes gegenüber den sog. Universaldiensten formuliert. Dabei bezieht sich die „Angemessenheit" auf die Qualität der Leistung (Beschaffenheit) und das „Ausreichende" auf die notwendige Quantität (Menge). Die sozialpolitisch besorgten Verhandlungspartner befürchteten, dass eine Privatisierung ohne Verpflichtung zum Gemeinwohl Nachteile für einkommensschwache Bevölkerungsgruppen und für den ländlichen Raum nach sich ziehen könnte.

Diesem Argument wurde entgegengehalten, dass die Marktwirtschaft erfahrungsgemäß zur Überversorgung neigt und schließlich auch bei elementaren Versorgungsgütern (Ernährung, Bekleidung) zu einer flächendeckenden Bedürfnisbefriedigung geführt habe. Auch sei Deutschland so gleichmäßig besiedelt und wirtschaftlich erschlossen, dass es – im Gegensatz zu Ländern mit dünn besiedelten Gebieten – nicht zu regionaler Unterversorgung kommen werde. Als Antwort wurde betont, dass bei einer hinreichenden Grundversorgung die staatliche Gewährleistungspflicht eben nicht eintritt. Wer an die positive Sozialwirkung der Marktwirtschaft glaube, könne der Universaldienstverpflichtung des Staates zustimmen, weil diese praktisch nicht relevant werde. Aber sicherheitshalber bleibe die gemeinwirtschaftliche Verpflichtung verfassungsrechtlich geschützt.

Die beiden Grundüberzeugungen blieben bis zur gemeinsamen Verabschiedung der Verfassungsänderung bestehen. Wettbewerb und Universaldienst stehen also nun nebeneinander im Grundgesetz. Der parteiübergreifende Konsens bestand nicht in der Erkenntnis, beide Bestimmungen seien nötig. Vielmehr hat jede der beiden Seiten geglaubt, dass die von ihr geforderte Formulierung notwendig und die Formulierung der Gegenseite unschädlich sei. Es handelt sich um ein interessantes Ergebnis parlamentarischer Übereinkunft. Man kann gespannt sein, welchen Weg die reale Entwicklung findet.

Die Verpflichtung, allen Bürgern die Telekommunikation zu angemessenen Bedingungen anzubieten, ist allerdings in den Telekommunikationsgesetzen der meisten Staaten enthalten, auch derjenigen, die den Markt für den Wettbewerb geöffnet haben. Das Recht auf Telekommunikation ist bereits im Communications Act der USA von 1934 enthalten. Sogar in Neuseeland, wo auf eine staatliche Regulierung völlig verzichtet wurde, ist die Universaldienstverpflichtung des marktbeherrschenden Netzbetreibers gesetzlich vorgeschrieben. In den kontinentaleuropäischen Staaten wurde früher eine gesetzliche Verpflichtung zur Gewährleistung des Gemeinwohls für entbehrlich gehalten, weil der Staat selbst als Betreiber der Fernmeldeverwaltung für ein flächendeckendes Angebot sorgen konnte.

Umso mehr ist hervorzuheben, dass in Deutschland nach der Privatisierung und nach der Zulassung weiterer privater Anbieter nicht nur eine gesetzliche, sondern darüber hinaus eine verfassungsrechtliche Verankerung vorgenommen wurde. Insgesamt hat sich das deutsche parlamentarische System am Beispiel der Ordnungspolitik zum Post- und Fernmeldewesen hervorragend bewährt. Trotz aller Unterschiede des politischen Parteienspektrums hat man sich auf eine zukunftssichere Grundordnung geeinigt. Dies ist auch im Ausland mit Respekt bemerkt worden.

II. Telekommunikationsgesetz 1996

1. Universaldienst

Die Handhabung der grundgesetzlichen Gewährleistung von Universaldiensten ist im Telekommunikationsgesetz (TKG) vom 25.7.1996 detailliert geregelt:

Für den Fall einer Versorgungslücke ist ein formalisiertes und transparentes Regulierungsverfahren vorgesehen. Als erster Schritt ist durch die Regulierungsbehörde festzustellen, „auf welchem sachlich und räumlich relevanten Markt eine Universaldienstleistung nicht angemessen oder ausreichend erbracht wird oder auf welchem sachlich und räumlich relevanten Markt zu besorgen ist, dass eine solche Versorgung nicht gewährleistet sein wird." (§ 19 (1) TKG). Diese Feststellung ist in ihren qualitativen und quantitativen Merkmalen zu veröffentlichen. Gleichzeitig werden alle Anbieter auf dem Telekommunikationsmarkt aufgefordert, die (restliche) Universaldienstleistung ohne finanziellen Ausgleich zu erbringen.

Im zweiten Schritt kann die Regulierungsbehörde nach Ablauf der gesetzten Monatsfrist einen Lizenznehmer (Anbieter), der auf dem jeweiligen sachlich und räumlich relevanten Markt über eine marktbeherrschende Stellung verfügt, dazu verpflichten, diese Universaldienstleistung zu erbringen (§ 19 (2) TKG). Unter bestimmten Bedingungen können auch andere Anbieter in die Verpflichtung einbezogen werden (§ 19 (3) TKG). Macht ein Anbieter, der zur Erbringung der Universaldienstleistung verpflichtet werden soll, glaubhaft, dass die langfristigen zusätzlichen Kosten der effizienten Bereitstellung der Dienstleistung höher sind als die mit der zusätzlichen Universaldienstleistung erzielten Erträge (Defizit), kann ein finanzieller Ausgleich gewährt werden. Falls mehrere Anbieter zur Schließung der Deckungslücke verpflichtet wurden, wählt die Regulierungsbehörde dasjenige Unternehmen aus, das den geringsten finanziellen Ausgleich verlangt (§ 19 (5) und § 20 (2) TKG).

In einem weiteren Schritt wird geklärt, wie die finanziellen Mittel für die Erbringung der restlichen Universaldienstleistung aufgebracht werden (Universaldienstleistungsabgabe nach § 21 (1) TKG). Jeder Lizenznehmer (Anbieter), der auf dem jeweiligen sachlich relevanten Markt tätig ist und einen Anteil von mindestens 4% des Gesamtumsatzes dieses Marktes auf sich vereinigt, hat eine Universaldienstleistungsabgabe zu tragen (§ 21 (1) TKG). Der Anteil bemisst sich nach dem Verhältnis seines Umsatzes zum Gesamtumsatz des betreffenden Marktes. Im Ergebnis wird also das marktbeherrschende Unternehmen genauso zur flächendeckenden Versorgung herangezogen, wie dies für die frühere staatliche Fernmeldeverwaltung galt. Erst wenn sich der Wettbewerb voll entfaltet hat und mehrere Anbieter nennenswerte Marktanteile errungen haben, wird die Universaldienstabgabe wirklich auf verschiedene Schultern verteilt. Deshalb ist mittelfristig zu erwarten, dass der Altwettbewerber die flächendeckende Versorgung freiwillig übernimmt, denn andernfalls wird er über die Universaldienstleistungsabgabe ohnehin zur Übernahme des größten Teils der finanziellen Lasten verpflichtet.

Der präzise und detaillierte Umgang mit diesem Zentralproblem der Telekommunikationspolitik war erst in einer zeitlich fortgeschrittenen und in der geistigen Durchdringung reifen Phase des gesamten Reformprozesses möglich. Diese Feststellung ist wichtig, weil oft gefragt wird, warum der Reformprozess von 1985–1996 dauern musste. Es wäre unmöglich gewesen, im Zuge der ersten Postreform eine solche Integration der Pflichten und Rechte zu konstruieren. Man war allseits noch in der Stufe der Entdeckung und Durchdringung des Gesamtproblems. Es wurden ja auch die Pflichtleistungen bereits beim Namen genannt; aber ihre praktische Ausgestaltung und vor allem die Prozedur zur gerechten Verteilung der Pflichten konnten erst nach Vorliegen der ersten Erfahrungen mit dem Wettbewerb konzipiert werden.

Die transparente und in Stufen erfolgende Bewältigung des Universaldienstproblems ist vor allem deshalb wichtig, weil die staatliche Gewährleistungspflicht nicht zur staatlichen Wirtschaftslenkung missbraucht werden darf. Ob ein Universaldienst vorliegt oder nicht, entscheidet die Mehrheit der Abnehmer auf dem Telekommunikationsmarkt. Erst wenn sich ein Dienst soweit durchgesetzt hat, dass er unzweifelhaft einem breiten Bedarf gewidmet ist, besteht Veranlassung, eine noch nicht erfolgte „Restversorgung" sicherzustellen.

Mit dem Telekommunikationsgesetz von 1996 wird der Markt für alle Telekommunikationsleistungen, auch für die Errichtung von Netzen vollständig freigegeben, allerdings für den Telefondienst erst zum 1. Januar 1998. Der Gesetzgeber hat also in Übereinstimmung mit der Europäischen Union eine gewisse Übergangszeit im Interesse der Planungssicherheit eingeräumt.

Die Forschungskommission für Regulierung und Wettbewerb hat sich insbesondere mit der Prozedur zur Gewährleistung von Universaldiensten, mit der Unabhängigkeit der neu zu schaffenden Regulierungsbehörde und mit dem Recht des Bürgers zum Wechsel des Netzbetreibers (Call-by-Call, Preselection, Nummernportabilität) beschäftigt und entsprechende Vorschläge unterbreitet.

2. Regulierung

Schon das Wort „Regulierung" (Witte 1996) war in der Sprache der deutschen Gesetzgebung zunächst ein Fremdkörper. Erst mit dem Gesetz über die Regulierung der Telekommunikation und des Postwesens vom 14. September 1994 wurde der Begriff in das deutsche Rechtssystem eingeführt. Die in Großbritannien und in den USA seit vielen Jahrzehnten gepflegte Regulierungspraxis folgt dem Gedanken, rechtswirksame Maßnahmen durch eine politisch unabhängige Behörde entscheiden zu lassen und damit einen staatlichen Eingriff „etwas unterhalb der Gesetzgebung" zuzulassen. Hinter den Regulierungsentscheidungen der amerikanischen Federal Communications Commissions (FCC) und des britischen Office of Telecommunications (Oftel) stand stets die Drohung, durch die stärkere Waffe der Gesetzgebung unterstützt zu werden. Der Vorteil dieser „Eingriffe der leichten Hand" liegt in der Möglichkeit, eine Fehlentscheidung schneller zurücknehmen zu können, als dies bei einer Gesetzesnovellierung möglich ist.

Deshalb ist es richtig, die nach der Privatisierung der Bundespost-Unternehmen verbliebenen Hoheitsaufgaben des Staates einerseits auf ein Bundesministerium (BMWi) und andererseits auf eine sektorspezifische Regulierungsbehörde (RegTP) zu verteilen. Das Bundesministerium für Wirtschaft ist nach der Auflösung des Postministeriums für Gesetzgebung und Verordnungen sowie insgesamt für das Verhältnis zum Parlament und zur Vertretung der Bundesrepublik Deutschland gegenüber dem Ausland zuständig. Die Regulierungsbehörde soll weitgehend unabhängig die kontinuierlichen ordnungspolitischen Maßnahmen zur Öffnung des Marktes für den Wettbewerb ergreifen.

Die Unabhängigkeit sollte so verstanden werden, dass die Regulierungsbehörde im Rahmen des Gesetzes nach freiem Ermessen entscheidet. Die von der Regulierungspolitik (Witte 1998) betroffenen Unternehmen sind daran zu hindern, Einfluss auf die Regulierungsinstanz zu nehmen. Sie sind auf den Rechtsweg verwiesen. Auch die fiskalischen Interessen des Staates, die aus dem noch verbliebenen Aktienbesitz entstehen, sollten von der Regulierungsbehörde ferngehalten werden.

Allerdings kann es in der parlamentarischen Demokratie keine Regulierung geben, die außerhalb der Verantwortung gegenüber dem Parlament steht. Deshalb gibt das TKG § 66 (5) dem Bundesministerium für Wirtschaft das Recht, allgemeine Anweisungen für den Erlass oder die Unterlassung von Entscheidungen der Regulierungsbehörde vorzugeben. Die Weisungen sind schriftlich zu formulieren und im Bundesanzeiger zu veröffentlichen. Damit ist die Anbindung der Regulierung an das parlamentarische Verantwortungssystem sichergestellt, die notwendige Transparenz herbeigeführt und vor allen Dingen wird verhindert, dass einzelne Interessengruppen, politische Richtungen oder nicht legitimierte Instanzen einen informalen, nach außen hin nicht erkennbaren Einfluss nehmen.

Die Regulierung des Telekommunikationsmarktes ist kein einmaliger Hoheitsakt, der endgültig und unkorrigiert verordnet wird. Es handelt sich vielmehr um einen permanenten Lernprozess. Die Regulierungsaufgabe ist erst erfüllt, wenn der Markt seine selbstregulierende Kraft gewonnen hat.

3. Wettbewerb

Ein für die Zukunft der Telekommunikation ausschlaggebender Reformschritt ist die Herbeiführung der sog. Nummernportabilität. Diese bedeutet, dass der Teilnehmer seine Rufnummer im Ortsnetz beibehalten kann, wenn er den Netzbetreiber (die Telefongesellschaft) wechseln möchte. Selbst wenn er ihn nicht grundsätzlich, sondern nur für ein einzelnes Gespräch wechseln möchte, dürfen ihm keine Nachteile entstehen. Es handelt sich um die beiden Wettbewerbsformen der dauerhaften Voreinstellung (Preselection) der Telefongesellschaft oder deren Auswahl lediglich für ein einzelnes Gespräch (Call-by-Call). Insbesondere die dauerhafte Voreinstellung hätte für den Teilnehmer den Nachteil, seinen Geschäftskunden und anderen Kommunikationspartnern die neue Nummer mitteilen zu müssen, Adressen und Werbebotschaften zu ändern etc.

Wenn die Nummernportabilität nicht sichergestellt wird, kann mit der Bereitschaft zum Wechseln der Telefongesellschaft kaum gerechnet werden. Es würde sich um eine Eintrittsbarriere für jeden neuen Diensteanbieter handeln.

Obgleich die Anforderung der Nummernportabilität einfach und überzeugend klingt, ist sie doch organisatorisch, wirtschaftlich und sogar technisch schwer zu vollziehen. Es bedurfte deshalb der Einsetzung eines Expertengremiums für Numerierungsfragen beim Bundesministerium für Post und Telekommunikation (Mitgliederliste im Anhang 6), um die damit zusammenhängenden Probleme zu erkennen, die Teilfragen auszudiskutieren und mit den Beteiligten soweit wie möglich zum Konsens zu gelangen.

Unter dem Aspekt der Reihenfolge und der Geschwindigkeit des Reformvorgangs ist festzustellen, dass eine derart tiefgreifende Konzeption der Numerierung in einer frühen Phase des Reformprozesses nicht hätte bewältigt werden können. Dies bedeutet, dass eine Öffnung des Telekommunikationsmarktes für den einfachen Telefondienst im Rahmen der Postreform I schon aus organisatorisch-technischen Gründen nicht möglich gewesen wäre oder erhebliche Fehler enthalten hätte. In Großbritannien hat man es 1984 versucht und kämpft heute noch mit dem Problem der Nummernportabilität.

Die Würdigung des Reformprozesses kann nicht abgeschlossen werden, ohne auf eine Periode höchster ordnungspolitischer Gefahr hinzuweisen: Es handelt sich um die Zeit zwischen Verabschiedung der Grundgesetzänderung 1994 und der Verabschiedung des Telekommunikationsgesetzes 1996. In dieser Zwischenzeit wurde die Gründung der Aktiengesellschaften, insbesondere der deutschen TELEKOM AG und deren Börsengang intensiv betrieben. Die Beamtenverhältnisse wurden mit einem „Beleihungsmodell" aufgefangen und die Loslösung der Unternehmen von der Bundesverwaltung vollzogen.

So sehr dies begrüßt wurde, musste doch daran erinnert werden, dass die Privatisierung nur mit der gleichzeitigen Beseitigung der Monopolrechte vertretbar war. Wenn es nicht gelungen wäre, den Wettbewerb herbeizuführen, also den Markt für neue Anbieter zu öffnen, dann wäre ein privatisiertes Monopol entstanden, also derjenige Zustand, der in den USA im Jahre 1982 als unerträglich angesehen wurde und zur Divestiture führte.

Telekommunikation: Vom Staatsmonopol zum privaten Wettbewerbsmarkt

Wenn sich die mühsam herbeigeführte Einigkeit der großen Fraktionen des Deutschen Bundestages mit der Grundgesetzänderung 1994 erschöpft hätte und das Telekommunikationsgesetz (z.B. wegen des Widerstandes im Bundesrat) gescheitert wäre, dann hätte der Reformprozess die falsche Richtung eingeschlagen. Kein Ministerium und keine – im Übrigen dann auch noch nicht existente – Regulierungsbehörde hätte durch Entgeltregulierung, Interconnetion-Bestimmungen und Universaldienstentscheidungen die disziplinierende Macht des Wettbewerbs ersetzen können.

Während also in verschiedenen Phasen des Reformprozesses keine Eile bestand, die beteiligten Interessenvertreter zu schnellem Handeln anzuregen, war nach der Grundgesetzänderung eine hohe Dringlichkeit für ein Marktöffnungs- und Regulierungsgesetz gegeben. Mit dem Telekommunikationsgesetz von 1996 ist diese Anforderung erfüllt worden.

Der Gesetzgeber hat auch erkannt, dass mit dem TKG nicht das letzte Wort gesprochen sein kann. Dazu ist der betroffene Teil der Volkswirtschaft viel zu sehr in Veränderung befindlich. Neue Fragen werden auftreten und bedürfen der ordnungspolitischen Entscheidung.

Schon warten die Einbeziehung der sog. Content-Medien (Electronic Commerce, Video-on-demand, vielleicht auch der Rundfunk insgesamt) sowie die Reziprozität zwischen den Staaten der Europäischen Union auf eine grenzüberschreitende Neuordnung. Oder sollte uns gar das Internet zwingen, eine weltweite Telekommunikationsordnung anzustreben?

Aber diese neuen Fragen sind nicht bedrohlich, denn heute stehen die Instrumente zur Verfügung, schwierige Reformaufgaben lösen zu können. Das Regulierungsregime für Telekommunikation und Post (RegTP) hat sich bewährt und wird von den Parteien des Deutschen Bundestages abgestützt. Eine Rücknahme der Privatisierung und der Deregulierung wird von keiner Seite verlangt. Die Bevölkerung hat erlebt, wie der Wettbewerb die Preise senkt und die Kundenorientierung fördert.

Die Deutsche Telekom AG hat ihre Vergangenheit als öffentliche Verwaltung bemerkenswert schnell überwunden. Obgleich bei der Privatisierung mehr als 200 000 öffentlich Bedienstete übernommen wurden, gelang die innere Umorientierung und die äußere Hinwendung zum Kunden in wenigen Jahren. Dabei half der wachsende Konkurrenzdruck und die beginnende Internationalisierung. Für den Betriebswirt ist offenkundig, dass erst mit dem Entstehen eines wettbewerblichen Umfeldes von einer Unternehmung gesprochen werden kann.

Der neu geöffnete Telekommunikationsmarkt wurde von einer Vielzahl sehr unterschiedlicher Unternehmen betreten. Zwar nimmt der frühere Monopolist immer noch in vielen Bereichen eine marktbeherrschende Position ein. Aber bei den Endgeräten und den Nichtsprachdiensten sowie im Mobilfunk findet bereits ein vitaler Wettbewerb statt.

Im Telefondienst ist zwischen dem Weitverkehr und dem Ortsverkehr zu unterscheiden. Im Orstnetz bestehen noch Reste des „natürlichen Monopols". Hier wird erwartet, dass neue Techniken (Funkstrecke, Fernsehkabel, Stromleitung) den alternativen Zugang zum Kunden öffnen. Inzwischen wird die gemeinsame Nutzung der bestehenden Infrastruktur durch eine detaillierte Regulierung (Entbündelung der Teilnehmeranschlussleitung, Entgelte nach den Kosten der effizienten Leistungsbereitstellung, Zusammenschaltungsbedingungen etc.) erreicht. In den Geschäftszentren der Großstädte entstehen moderne Inselnetze mit Hochgeschwindigkeitsstrecken in Ringstruktur. Zusätzlich werden von einigen Gemeinden flächendeckende Netze errichtet (City-Carrier).

Im Weitverkehr sind mehrere große Industrieunternehmen aktiv. Sie bauen die bereits seit Jahrzehnten existierenden Netze der Bahn und der Energieversorgung weiter aus und erreichen fortschreitend die Endkunden. Zusätzlich haben sich neugegründete Telefongesellschaften mit originellem Unternehmensprofil und aggressiver Preispolitik etabliert. Gegenüber ausländischen Investoren wurden keinerlei Hürden aufgebaut. Im Gegensatz zu anderen Ländern ist Deutschland offen für den Erwerb von Aktien der Deutschen Telekom AG und für eine beliebige Beteiligung an den neuen Wettbewerbern.

Auch die Errichtung von Netzen, die noch in den 80iger Jahren umstritten war, steht unter den liberalen Lizenzbedingungen jedem Investor offen. Tatsächlich wird davon auch zunehmend Gebrauch gemacht. Denn die eigene Infrastruktur bietet neue strategische Spielräume, während eine Beschränkung auf reine Dienstleistungen zu ständigen Konflikten bei der Mitbenutzung der fremden Infrastruktur (Mietleitungen, Interconnection-Preise) führt.

Diese Vielfalt von Wettbewerbern – vom global operierenden Großunternehmen bis zum Start-up-Gründer – lässt sich aus der Realität nicht mehr verdrängen. Der Markt wächst mit vorher nicht gekannten Wachstumsraten. Die Nachfrage wird differenzierter und anspruchsvoller. Selbst Rückschläge können die Entwicklung zum privaten Wettbewerbsmarkt nicht mehr aufhalten. Jedenfalls erhält der Bürger jetzt eine Fülle von Dienstleistungen der Telekommunikation in höherer Qualität und zu erheblich niedrigeren Preisen als zu Zeiten des Staatsmonopols.

Anhang 1

Mitglieder der Sachverständigen-Kommission für die Deutsche Bundespost 1964/1965:

1. Helmut Ammon, Ministerialdirektor a.D.
2. Dr.-Ing. Volker Aschoff, Professor für Fernmeldetechnik an der Technischen Hochschule Aachen
3. Dr. sc. pol. Albrecht Düren, Hauptgeschäftsführer des Deutschen Industrie- und Handelstages
4. Ernst Falkenheim, Direktor
5. Karl Glaser, Direktor und Vorstandsmitglied der Maschinenfabrik Weingarten AG
6. Dr. Walter Hamm, Professor für Volkswirtschaftslehre an der Universität Marburg/Lahn
7. Dr. Gert von Kortzfleisch, Professor für Betriebswirtschaftslehre an der Wirtschaftshochschule Mannheim

Anhang 2

„Kommission Deutsche Bundespost" 1969/1970

Sitzungsleiter:	Staatssekretär Kurt Gscheidle
	Staatssekretär Prof. Dr.-Ing. Hans Pausch

Mitglieder

Ammon, Helmut	Ministerialdirektor a.D.
Apel, Hans, Dr.	MdB, Stellvertretender Vorsitzender der Sozialdemokratischen Bundestagsfranktion und Vorsitzender des Ausschusses für Verkehr und für das Post- und Fernmeldewesen beim Deutschen Bundestag
Arndt, Rudi	Minister für Wirtschaft und Verkehr des Landes Hessen
Berding, Franz, Dipl.-Volksw.	MdB, Hauptgeschäftsführer i.e.R. der Handwerkskammer Münster
Breit, Ernst	Vorsitzender des Hauptpersonalrats beim Bundesministerium für das Post- und Fernmeldewesen
Fehrenbach, Gustav	2. Vorsitzender der Deutschen Postgewerkschaft
Hamm, Walter, Prof. Dr.	Professor der Universität Marburg
Hesselbach, Walter, Dr. h.c.	Vorsitzender des Vorstands der Bank für Gemeinwirtschaft AG und Vorsitzender des Verwaltungsrats der Deutschen Bundespost

Jentzsch, Wilhelm, Dr.	Generalbevollmächtigter der „Orion" Schiffahrtsgesellschaft Reith & Co., Hamburg/Kiel, und Vorsitzender des Arbeitsausschusses des Verwaltungsrats der Deutschen Bundespost
Kienbaum, Gerhard, Dipl.-Ing.	MdB, Staatsminister a.D.
Lennertz, Josef, Prof. Dr.-Ing.	Geschäftsführer und p.h.G. der Telefonbau und Normalzeit GmbH
Lurch, Carl-Heinz	Rechtsanwalt, Geschäftsführer des Bundesverbandes des Deutschen Groß- und Außenhandels e.V.
Minde, Johannes	Vorsitzender des Deutschen Postverbandes
Peiffer, Karl	Rechtsanwalt und Abteilungsleiter im Bundesverband der Deutschen Industrie e.V.
Salzwedel, Jürgen, Prof. Dr.	Professor der Universität Bonn
von Sanden, Dieter, Dipl.-Phys.	Direktor, Fa. Siemens AG
Schlegelberger, Hartwig, Dr.	Minister des Innern des Landes Schleswig-Holstein
Schlieker, Willy	Unternehmensberater
Skusa, Werner, Dipl.-Kfm.	Geschäftsführer der Hauptgemeinschaft des Deutschen Einzelhandels e.V.
Stenger, Carl	1. Vorsitzender der Deutschen Postgewerkschaft
Stücklen, Richard	MdB, Bundesminister a.D.
Titz, Hans-Joachim	Vorsitzender des Personalrats des Bundesministeriums für das Post- und Fernmeldewesen
Wachsmann, Gerhard	Präsident der Oldenburgischen Industrie- und Handelskammer und Vorstandsmitglied der Bremer Landesbank/Staatliche Kreditanstalt Oldenburg/ Bremen
Witte, Eberhard, Prof. Dr.	Professor der Universität München

Anhang 3

Kommission für den Ausbau des technischen Kommuniktionssystems 1974/1975 – KtK –

Vorsitzender :	Prof. Dr. Eberhard Witte
Stellverteter:	Staatssekretär Willibald Hilf
	Staatsrat Dr. Harald Schulze

| Telekommunikation: Vom Staatsmonopol zum privaten Wettbewerbsmarkt |

	Mitglied	**Ständiger Vertreter**
Parteien	Klaus-Jürgen Hoffie, MdB, FDP	Dr. Burkard Hirsch, MdB, FDP (bis April 1975)
		Prof. Dr.-Ing. Karl-Hans Learmann, MdB, FDP (ab August 1975)
	Dr. Peter Glotz, MdB, SPD (bis Juni 1974)	Lothar Schneider, SPD
	Dipl.-Phys. Oskar Lafontaine SPD (ab Oktober 1974)	
	Christian Lenzer, MdB, CDU	Hans Bachem, Leitender Ministerialrat, CDU
	Richard Stücklen, MdB, CSU	Dr. Reinhold Kreile, MdB, CSU
Länder	Willibald Hilf, Staatssekretär, Rheinland-Pfalz	Dr. Waldemar Schreckenberger, Ministerialdirigent, Rheinland-Pfalz
	Dr. Harald Schulze, Staatsrat, Freie und Hansestadt Hamburg	Hans-Joachim Kruse, Senatsdirektor, Freie und Hansestadt, Hamburg
Gemeinden	Dr. Bruno Weinberger, Bundesvereinigung der kommunalen Spitzenverbände	Hermann Scheffler, MdB, Bundesvereinigung der kommunalen Spitzenverbände
Wirtschaft	Prof. Dr. Karl F. Hagenmüller, Gemeinschaftsausschuß der Deutschen Gewerblichen Wirtschaft	Dr. Hans Stork, Gemeinschaftsausschuß der Deutschen Gewerblichen Wirtschaft (ab Mai 1975)
		Dipl.-Volksw. Ernst W. David, Gemeinschaftsausschuß der Deutschen Gewerblichen Wirtschaft (ab Mai 1975)
	Wolfgang Schmidt, Gemeinschaftsausschuß der Deutschen Gewerblichen Wirtschaft	Hermann Hoffmann, Gemeinschaftsausschuß der Deutschen Gewerblichen Wirtschaft

Hersteller nachrichtentechnischer Anlagen	Karl Edmund Michel, Verein Deutscher Maschinenbau-Anstalten	Dipl.-Kfm. Heinz Bubenheim Verein Deutscher Maschinenbau-Anstalten
	Dipl.-Phys. Dieter von Sanden, ZVEI	Dipl.-Ing. Joost von Wrangel ZVEI
Gewerkschaften	Günter Stephan, DGB	Dr. Detlef Hensche, DGB
	Dipl.-Pol. Fritz Weise, DAG	Hans-Werner Burmeister, DAG
Rundfunkanstalten	Prof. Dr. Hans Bausch, Arbeitsgemeinschaft der öffentlich-rechtlichen Rundfunkanstalten der Bundesrepublik Deutschland	Manfred Jenke, Arbeitsgemeinschaft der öffentlich-rechtlichen Rundfunkanstalten der Bundesrepublik Deutschland
	Prof. Dr. Karl Holzamer, ZDF	Dr. Ernst W. Fuhr, ZDF
Verleger	Dr. Johannes Binkowski, Bundesverband Deutscher Zeitungsverleger	Karl-Friedrich Göltz, Bundesverband Deutscher Zeitungsverleger
Journalisten	Werner Ernenputsch, Deutscher Journalistenverband	Dr. Hermann Meyn, Deutscher Journalistenverband
Wissenschaften		
Elektrische Nachrichtentechnik	Prof. Dr.-Ing. Wolfgang Kaiser, Universität Stuttgart	
Volkswirtschaft	Prof. Dr. Bernd-Peter Lange, Universität Osnabrück	
Kommunikationswissenschaft	Prof. Dr. Wolfgang R. Langenbucher, Universität München	
Rechtswissenschaft	Prof. Dr. Peter Lerche, Universität München	
Betriebswirtschaft	Prof. Dr. Eberhard Witte, Universität München	

Anhang 4

Mitgliederliste Regierungskommission Fernmeldewesen

Vorsitzender:

Prof. Dr. Dres. h.c. Eberhard Witte,
Institut für Organisation, Universität München

Stellvertretende Vorsitzende:

Albert Stegmüller
Stellvertretender Vorsitzender der Deutschen Postgewerkschaft

Dr. jur. Edmund Stoiber
MdL (CSU), Staatsminister, Leiter der Bayerischen Staatskanzlei

Dr. jur. Jürgen Terrahe
Vorstandsmitglied der Commerzbank AG

Mitglieder:

Dieter Fertsch-Röver
Vorsitzender des Bundesfachausschusses für Wirtschaft und Verbraucher der FDP

Dr. phil. Peter Glotz
Bundesgeschäftsführer der SPD

Hansheinz Hauser
Stellvertretender Vorsitzender der CDU/CSU-Fraktion des Deutschen Bundestages

Prof. Dr. jur. Wernhard Möschel
Lehrstuhl für Bürgerliches Recht, Handels- und Wirtschaftsrecht, Juristische Fakultät der Universität Tübingen

Dipl.-Volkswirt Dr. h.c. Tyll Necker
Präsident des Bundesverbandes der Deutschen Industrie

Prof. Dr.-Ing. Ingolf Ruge
Lehrstuhl für Integrierte Schaltungen Technische Universität München, Fraunhofer Institut für Festkörpertechnologie, München

Horst Schwabe
1. Vorsitzender des Verbandes von Aufbaufirmen für Fernmeldeanlagen

Dr. rer-pol. Gerd Wigand
Vorstandsvorsitzender des Fachverbandes Informations- und Kommunikationstechnik im Zentralverband der Elektrotechnischen Industrie (ZVEI); Präsident des Dachverbandes der europäischen Kommunikations- und Elektronikindustrie (ECTEL)

Anhang 5

Mitgliederliste
Forschungskommission für Regulierung und Wettbewerb beim BMPT 1990–1998

(seit 1998 wissenschaftlicher Arbeitskreis für Regulierungsfragen)

Vorsitzende:	Prof. Dr. Eberhard Witte	(1990 bis Juni 1998)
	Prof. Dr. Arnold Picot	(seit Juli 1998, Mitglied seit 1997)
Mitglieder:	Prof. Dr. Charles Blankart	(seit Mai 1997)
	Prof. Dr. Alexander Broich	(1993–1997)
	Prof. Dr. Walther Busse von Colbe	(seit Januar 1997)
	Prof. Dr. Jürgen Doeblin	(1998)
	Prof. Dr. Juergen B. Donges	(seit 1990)
	Prof. Dr. Torsten J. Gerpott	(seit 1998)
	Prof. Dr. Herbert Giersch	(1998)
	Prof. Dr. Ludwig Gramlich	(seit 1993)
	Dr. Hubert Hoffmann	(1993–1997)
	Michael Jungblut	(1990–1993)
	Prof. Dr. Ernst-Joachim Mestmäcker	(1998)
	Dr. Werner Neu	(seit 1993)
	Dr. Karl-Heinz Neumann	(1990–1993)
	Prof. Dr. Joachim Scherer	(1990–1993)
	Prof. Dr. Stephan Schrader	(gestorben 1997)
	Gerhard Unholzer	(1990–1993)
	Prof. Dr. Peter Vary	(seit 1990)

Anhang 6

Mitgliederliste
Expertengremium für Numerierungsfragen beim Bundesministerium für Post und Telekommunikation 1995

Vorsitzender:	Prof. Dr. Dres. h.c. Eberhard Witte, Universität München
Stellvertreter und federführend für den Abschlußbericht	Prof. Dr. Stephan Schrader, Universität München
Mitglieder:	Ministerialdirektor Klaus-Dieter Scheurle Bundesministerium für Post und Telekommunikation
	Dr. Werner Neu, Geschäftsführer des Wissenschaftlichen Instituts für Kommunikationsdienste GmbH

Telekommunikation: Vom Staatsmonopol zum privaten Wettbewerbsmarkt

Dr. Hagen Hultzsch, Mitglied des Vorstandes der
Deutschen Telekom AG

Dr. Horst Lennertz, Mitglied der Geschäftsführung der
E-Plus Mobilfunk GmbH

Harald Stöber, Mitglied der Geschäftsführung der
Mannesmann Mobilfunk GmbH

Gerd Eickers, Vorsitzender des Verbandes der
Telekommunikationsnetz- und Mehrwertdienstanbieter

Verzeichnis der zitierten Quellen

Bundesministerium für Post und Telekommunikation: Informationsserie zu Regulierungsfragen

1. Ausgabe, Mai 1991
Erläuterung und Zusammenfassung des Eckpunktepapiers
„Telefondienstmonopol"

2. Ausgabe, September 1991
Ergebnis der öffentlichen Befragung zum Thema
„Pflichtleistungen für die Unternehmen
der Deutschen Bundespost"

3. Ausgabe, September 1991
Regulierung und Wettbewerb in der Telekommunikation
„Neue Rahmenbedingungen für den Markt"

4. Ausgabe, Oktober 1991
Regulierungen zum Netzmonopol des Bundes
Durch das Inkrafttreten des Telekommunikationsgesetzes
(1.8.1996) nicht mehr aktuell

5. Ausgabe, Dezember 1991
Überlegungen zur Festlegung von Pflichtleistungen
für die Unternehmen der Deutschen Bundespost
„Analyse und Bewertung"

6. Ausgabe, April 1992
Genehmigungskonzept bezüglich der Tarife für
allgemeine Mietleitungen, die dem Netzmonopol des
Bundes zuzuordnen sind
Durch das Inkrafttreten des Telekommunikationsgesetzes
(1.8.1996) nicht mehr aktuell

7. Ausgabe, Juni 1992
Lizenzierungen und Regulierungen im Mobil- und
Satellitenfunk

	8. Ausgabe, September 1992 Regulierungen zum Telefondienstmonopol des Bundes März 1993, Aktualisierte Beilage
	9. Ausgabe, März 1993 Price-cap-Regulierung für Monopoldienstleistungen für Zwecke des digitalen zellularen Mobilfunks
	10. Ausgabe, Mai 1993 Genehmigungskonzept des BMPT für die Entwicklung der Telefontarife der Deutschen Bundespost Telekom
	11. Ausgabe, Dezember 1993 Genehmigungskonzept des BMPT für die Entwicklung der Telefontarife der Deutschen Bundespost Telekom
	12. Ausgabe, Juni 1997 Private Funknetze in der Bundesrepublik Deutschland
Florian, Winfried	Das Gutachten der Sachverständigen-Kommission für die Deutsche Bundespost, Jahrbuch des Postwesens 1966, S. 9ff
Forner, Helmut (Hrsg.)	Corporate Networks, Veröffentlichungen des Münchner Kreises R. v Decker's Verlag, Heidelberg 1992
Kämmerer, Ludwig	Die Rechtsnatur der Bundespost, Archiv für das Post- und Fernmeldewesen 1966, Seite 556 (566)
Steinmetz, Hans	Bundespostminister oder Generalpostmeister? In: Archiv für das Post- und Fernmeldewesen 19. Jahrgang, Bonn 1967, Seite 1ff
Witte (Vorsitzender)	Telekommunikationsbericht, Kommission für den Ausbau des technischen Kommunikationssystems – KtK – Verlag Dr. Hans Heger, Bonn Bad Godesberg, 1976
Witte, Eberhard	Neue Fernsehnetze im Medienmarkt – Die Amortisationsfähigkeit von Breitbandverteilnetzen, R. v. Decker's Verlag, Heidelberg 1984
Witte, Eberhard	Kabelpilotprojekt München, Kommunalschriften-Verlag, J. Jehle, München 1987
Witte, Eberhard	Neuordnung der Telekommunikation Bericht der Regierungskommission Fernmeldewesen R. v. Decker's Verlag, Heidelberg 1987
Witte, Eberhard (Hrsg.)	Telekommunikation auf der Schwelle zum Europäischen Binnenmarkt Veröffentlichungen des Münchner Kreises Springer-Verlag, Heidelberg 1993

Telekommunikation: Vom Staatsmonopol zum privaten Wettbewerbsmarkt

Witte, Eberhard (Hrsg.)	Global Players in Telecommunications Veröffentlichungen des Münchner Kreises Springer-Verlag, Heidelberg 1994
Witte, Eberhard (Hrsg.)	Regulierung und Wettbewerb in der Telekommunikation Veröffentlichungen des Münchner Kreises R. v. Decker's Verlag, Heidelberg 1996
Witte, Eberhard	Feldexperimente als Innovationstest – Die Pilotprojekte der neuen Medien – Zeitschrift für betriebswirtschaftliche Forschung (ZfbF) 1997, S. 419ff
Witte, Eberhard (1997a)	Der Zusammenhang zwischen nachrichtentechnischen Innovationen und Veränderungen der Marktordnung Verlag der Bayerischen Akademie der Wissenschaften C. H. Beck'sche Verlagsbuchhandlung, München 1997
Witte, Eberhard (1997b)	Bleibt das Gemeinwohl auf der Strecke? Zur Deregulierung der Telekommunikation Zeitschrift für öffentliche und gemeinwirtschaftliche Unternehmen 1997, S. 434ff
Witte, Eberhard	Regulierungspolitik in Jung, Volker und Warnecke, Hans-Jürgen (Hrsg.) Handbuch für die Telekommunikation Springer-Verlag, Heidelberg 1998, S. 6–35ff

Zusammenfassung

Angesichts der umfassenden Monopolrechte konnte der Fernmeldebereich der Deutschen Bundespost nicht ohne weiteres privatisiert werden. Es wäre ein privates Monopol entstanden, das alle Marktkräfte erdrückend beherrscht hätte. Auch genügte es nicht, die gesetzlichen Monopolrechte aufzuheben. Denn das verbleibende faktische Monopol hätte neue Wettbewerber, die ihre Position erst langsam aufbauen mussten, abgeschreckt.

Das Werk ist durch ein schrittweises und wechselseitiges Vorgehen gelungen, indem die sich gegenseitig bedingenden Prozesse der Marktöffnung und der Privatisierung aufeinander abgestimmt wurden. Je mehr neue Wettbewerber den Markt betreten und Marktanteile gewinnen, desto größere unternehmerische Freiheit kann dem ehemaligen Monopolisten eingeräumt werden.

Summary

The liberalisation of the telecommunications division of the Deutsche Bundespost was not easily to be performed due to the exensive monopoly rights. A private monopoly would have been created, with an overwhelming power on all market forces. A pure cancellation of the monopoly rights would also not have brought efficient results. The remaining virtual monopoly would have deterred new competitors, who need time to build up their position.

The attempt of deregulation succeeded due to a stepwise coordination of market opening and liberalisation, two processes mutually dependent on each other. The more new competitors go into the market and gain market shares the grater are the entrepreneurial liberties for the former monopolist.

02: *Verkehrs- und Nachrichtenwesen (JEL L90)*
014: *Volkswirtschaftlicher Rahmen (JEL P00)*

Die Bahnreform in Deutschland
Von Horst Albach[1]

Überblick

- Der Aufsatz gibt einen Überblick über die Privatisierung der Deutschen Bundesbahn
- Es werden die Grundkonzepte der Prinzipal-Agenten-Theorie angewendet
- In der Praxis scheint das Grundkonzept der Regierungskommission Bahn zehn Jahre nach der Veröffentlichung des Kommissionsberichts schon vergessen. Manche erfinden das Rad neu – ohne die theoretischen Grundlagen und die praktischen Erkenntnisse der Kommissionsempfehlungen zu kennen.
- Für die Wissenschaft sind die Privatisierungen von Bahn, Post und Telekommunikation hervorragende Beispiele für das zum Studium der Effizienzwirkungen von Organisationen.

Eingegangen: 25. Februar 2002

Professor Dr. Horst Albach, Waldstr. 49, 53177 Bonn.

© Gabler-Verlag 2002

A. Einleitung

„Von der Parteien Hass und Gunst verwirrt, schwankt sein Charakterbild in der Geschichte", heißt es im „Wallenstein". Die Bahnreform in Deutschland wird im Allgemeinen einheitlicher als „ein Jahrhundertwerk"[2] gewürdigt. Ausländer haben die Bahnreform sogar als einen Beleg für die Reformfähigkeit der Deutschen bezeichnet.[3] Als ein Jahrhundertwerk kann die Bahnreform aber auch deshalb bezeichnet werden, weil in Dezennien vorher eine Kommission nach der anderen Reformvorschläge gemacht hatte, die allesamt am Widerstand von Interessengruppen scheiterten. Generationen von Betriebswirten hatten sich gemüht, der Bahn zu einem Rechnungswesen zu verhelfen, das die kaufmännische Führung des Unternehmens ermöglichen sollte – vergebens.[4] Dass die Regierungskommission Bundesbahn etwas bewirkte, mutet heute noch, nach zehn Jahren, wie ein Wunder an: Noch während der Beratungen in der Regierungskommission Bahn drohte die Gewerkschaft der Lokomotivführer: Die Zahlen mögen noch so hoch und noch so rot sein – sie schrecken uns nicht. Wir werden gegen die Umsetzung der Empfehlungen der Kommission in den Generalstreik treten!

Dass die Bahnreform gelingen würde, war also keineswegs selbstverständlich. Den Erfolg allein auf die „leeren Kassen" von Bund und Ländern zurückführen zu wollen, wäre sicher falsch. Wichtiger waren meiner Überzeugung nach die marktwirtschaftliche Prinzipientreue der damaligen Regierung und der Mut einiger weniger Personen, die Bahnreform nach außen überzeugend zu vertreten und nach innen auch umzusetzen.[5]

Heute scheint es mir an der Zeit, an die Konzeption der Reform zu erinnern. Es mehren sich die Stimmen in Politik und Wirtschaft, die eine Reform der Reform fordern. Interessenpolitiker wittern Morgenröte, Aktionismus statt Prinzipientreue gewinnt die Oberhand. Der Bahn wird keine Zeit gelassen, die Reform nach innen zu vollenden. Von der Parteien Hass und Gunst verwirrt...!

Die folgende Darstellung der Bahnreform in Deutschland umfasst drei Kapitel:
– Die Notwendigkeit der Reform
– Das Reformkonzept und seine Umsetzung
– Die Kritik an der Bahnreform

B. Die Notwendigkeit der Reform

I. Der Bankrott der Deutschen Bundesbahn

1. Die Erkenntnis der Krise

Zu Beginn des Jahres 1989 war es der Bundesregierung klar, dass die Deutsche Bundesbahn in einer tiefen Krise steckte. Sie formulierte ihre Erkenntnis wie folgt: „Vor dem Hintergrund zunehmender finanzieller Risiken aus dem Verkehrssystem Schiene ist es erforderlich, eine tragfähige Grundlage für eine positive Entwicklung der DB unter verkehrspolitischen, raumordnungspolitischen und umweltpolitischen sowie ökonomischen und physikalischen Gesichtspunkten zu schaffen. Hierzu gehört, die Strecken- und Produktstruktur zu definieren, die auf lange Sicht qualitativ und preislich im Wettbewerb bestehen kann".

Im Jahre 1988 betrug der Jahresfehlbetrag der Deutschen Bundesbahn 3,9 Mrd. DM. Der Bund tätigte in diesem Jahr 13,9 Mrd. DM an finanziellen Leistungen für die DB. Das Eigenkapital betrug angeblich und ausweislich des Jahresabschlusses rund 15 Mrd. DM, die Verbindlichkeiten lagen bei rund 50 Mrd. DM.

2. Die Gewinnentwicklung

Die Bundesregierung wusste zu diesem Zeitpunkt wohl, dass diese Zahlen nicht verlässlich waren, sie kannte aber das Ausmaß der Krise, in welcher die DB steckte, nicht. Das Bundesbahngesetz (BbG) vom 13. Dezember 1951 legte nämlich in § 32, Abs. 1, Satz 2 fest: „Die Vorschriften des Handelsrechts gelten nicht für die Aufstellung des Jahresabschlusses der Deutschen Bundesbahn". Diese Vorschrift, die im Übrigen die Zustimmung des Bundesrechnungshofs hatte, öffnete dem Vorstand der Bahn Tür und Tor für „kreative Buchhaltung", man darf auch sagen: Bilanzfälschungen großen Ausmaßes, obwohl § 32 Abs.2, Satz 1 BbG bestimmte: Die Betriebsergebnisse sollen „zuverlässig und vollständig" erkennbar sein. Schließlich wusste wohl auch der Vorstand nicht mehr, wie schlecht die wahre Lage der DB war.

Die Regierungskommission Bundesbahn, die auf Vorschlag von Bundesverkehrsminister Zimmermann von der Bundesregierung am 12. Juli 1989 eingesetzt wurde, stellte in ihrem Bericht vom Dezember 1991 fest, dass der Vorstand der DB unter dem Schutz des § 32 BbG „Bilanzsünden" von insgesamt 148,9 Mrd. DM begangen hatte mit der Folge, dass das Eigenkapital von DB und Deutscher Reichsbahn zusammen nicht 28 Mrd. DM betrug, sondern minus 120,9 Mrd. DM. Nach verschiedenen Bilanzhilfen des Bundes in einer Gesamthöhe von 45,1 Mrd. DM betrug das Eigenkapital immer noch minus 75,8 Mrd. DM. Die Deutsche Bundesbahn war nach kaufmännischen Gesichtspunkten bankrott.

Die Bilanzsünden setzten sich aus den folgenden Posten zusammen:

Unterlassene Bildung von Pensionsrückstellungen	DM 80,5 Mrd.
Überbewertung der Sachanlagen	DM 50,2 Mrd.
Unterlassene Bildung von Sozialplanrückstellungen	DM 23,9 Mrd.
Unterbewertung von Verbindlichkeiten	DM 3,0 Mrd.
Summe	DM 157,6 Mrd.
Überbewertung von Rückstellungen für unterlassene Instandhaltung	DM 8,7 Mrd.
„Bilanzsünden"	DM 148,9 Mrd.

Wie offensichtlich die Verstöße gegen die Grundsätze kaufmännischer Rechnungsführung waren, mögen zwei Beispiele belegen:
- Lokomotiven wurden über eine angenommene wirtschaftliche Lebensdauer von 100 Jahren abgeschrieben
- Laufende Ausgaben für die Wartung des Gleiskörpers wurden werterhöhend in das Anlagevermögen gebucht.

Praktisch aktivierte der Vorstand der Bahn Verluste und finanzierte diese aktivierten Verluste mit Bankkrediten. § 3 Abs. 2 BbG lautete: „Für die Verbindlichkeiten der Deutschen Bundesbahn haftet der Bund nur mit dem Bundeseisenbahnvermögen". Der Ausweis dieses Vermögens in der Bilanz aber verstieß gegen alle „betriebswirtschaftlichen Grundsätze" mit der Folge, dass die Finanzlage der Bahn nicht mehr „jederzeit mit Sicherheit festgestellt werden" konnte, wie es § 29 BbG vorschrieb. Der Bund haftete mit einem Nonvaleur für die Kredite, die der Vorstand der Bahn aufgenommen hatte.

Nach den Berechnungen der Regierungskommission war eine Sanierung der Bahn ohne eine grundsätzliche Reform nicht zu erwarten. Ohne eine solche Reform würden die Verluste der Bahn von 11,8 Mrd. DM im Jahre 1991 auf 41,9 Mrd. DM im Jahre 2000 steigen. Tabelle 1 zeigt die Entwicklung der Jahresergebnisse von 1991 bis 2000 in ihren wichtigsten Bestandteilen.[6]

Tab. 1: Jahresergebnisse von Bundesbahn und Reichsbahn ohne Reform (Trend) in Mrd. DM

Jahr	Umsatzerlöse	Personalaufwand	Jahresverlust	Finanzergebnis
1991	19,2	23,7	11,8	./. 3,4
1992	19,2	25,7	14,7	./. 4,0
1993	19,5	27,4	17,8	./. 5,2
1994	19,8	28,7	21,4	./. 6,8
1995	20,2	30,1	24,7	./. 8,8
1996	20,5	30,6	26,9	./. 11,0
1997	21,1	31,2	32,4	./. 13,5
1998	21,7	31,7	35,7	./. 16,2
1999	22,4	32,0	38,7	./. 19,0
2000	23,2	32,5	41,9	./. 22,0

Ein Unternehmen, dessen Personalaufwand die Umsatzerlöse übersteigt, kann nicht kaufmännisch geführt werden. Die Führung der Bahn war ein eklatanter Verstoß gegen § 28 BbG, dessen Absatz 1 lautete: „Die Deutsche Bundesbahn ist unter der Verantwortung ihrer Organe wie ein Wirtschaftsunternehmen mit dem Ziel bester Verkehrsbedienung nach kaufmännischen Grundsätzen so zu führen, dass die Erträge die Aufwendungen einschließlich der erforderlichen Rückstellungen decken; eine angemessene Verzinsung des Eigenkapitals ist anzustreben".

Wenn die Verluste der Bahn wie bis zum Jahre 1990 als Anlagevermögen aktiviert und mit Krediten finanziert würden, dann würde, wie aus Tabelle 1 ersichtlich, der Schuldendienst der Bahn von 3,4 Mrd. DM im Jahre 1991 auf 22 Mrd. DM im Jahre 2000 ansteigen. Man stelle sich ein Unternehmen vor, dessen gesamten Einnahmen aus der Umsatztätigkeit zu Zinszahlungen auf die eingegangenen Verbindlichkeiten benötigt werden!

3. Die finanzielle Entwicklung

Im Jahre 1988 betrugen die Zuweisungen des Bundes an die Deutsche Bundesbahn, wie bereits gesagt, insgesamt 13,9 Mrd. DM. Darunter waren Ausgaben der Bahn zum Ausgleich gemeinwirtschaftlicher Lasten und von Wettbewerbsverzerrungen in Höhe von

8,7 Mrd. DM.[7] In der ersten Hälfte der sechziger Jahre hatten die jährlichen Zuweisungen noch bei rund 1 Mrd. DM gelegen. Es war abzusehen, dass der Finanzbedarf der Bahn ohne eine Reform in der Zukunft dramatisch steigen würde. Die Regierungskommission Bahn errechnete, dass die Bundesregierung für die Deutsche Bundesbahn und für die Reichsbahn zusammen in den Jahren von 1991 bis 2000 insgesamt 417 Mrd. DM an finanziellen Leistungen erbringen müsste. Tabelle 2 zeigt die Entwicklung der finanziellen Leistungen insgesamt und einzelne ihrer Komponenten.

Tab. 2: Finanzbedarf der Deutschen Bahnen, der vom Bund zu decken ist (ohne Reform)

Jahr	Finanzbedarf insgesamt	Kapitaldienst	Versorgungs- leistungen	ertragsbezogene Bundesleistungen
1991	26,9	7,1	5,3	6,1
1992	31,2	9,0	5,5	6,1
1993	30,3	7,4	5,6	6,5
1994	33,2	9,8	5,8	6,6
1995	36,6	12,6	6,0	6,8
1996	40,3	14,5	6,0	7,0
1997	47,6	21,7	6,1	7,0
1998	52,1	26,3	6,2	7,0
1999	55,5	29,6	6,4	7,0
2000	63,5	37,6	6,5	7,0

Unter der Position „Versorgungsleistungen" sind überhöhte Versorgung, Zusatzversorgung und betriebsfremde Versorgung zusammengefasst.

Die finanzielle Krise der Bahn war das Ergebnis der wirtschaftlichen Krise. Die wirtschaftliche Krise ihrerseits war die Folge des anhaltenden Verlustes der Bahn an Wettbewerbsfähigkeit.

4. Verlust der Wettbewerbsfähigkeit

Die Bahn hatte zwar ein Monopol auf dem Schienennetz in Deutschland, nicht jedoch ein Monopol auf dem Verkehrsmarkt.

4.1. Verlust der Wettbewerbsfähigkeit im Personenverkehr

Die Regierungskommission Bahn stellte in ihrem Bericht fest: „Im insgesamt stark wachsenden Personenverkehr ist der Schienenverkehr der DB in den letzten 40 Jahren zu einem Nischenprodukt geworden".

Die folgenden Abbildungen 1 und 2, die dem Bericht der Regierungskommission entnommen sind, zeigen die Marktentwicklung der Bahn im Vergleich mit ihren Wettbewerbern zwischen 1979 und 1989 im Personennahverkehr und im Personenfernverkehr. Die Marktanteile betrugen im Jahr 1989 nur noch 4% im Personennahverkehr und 6% im Personenfernverkehr.

Abb. 1: Marktentwicklung (Umsätze) im Personennahverkehr in den alten Bundesländern (1979 zu Preisen von 1989)

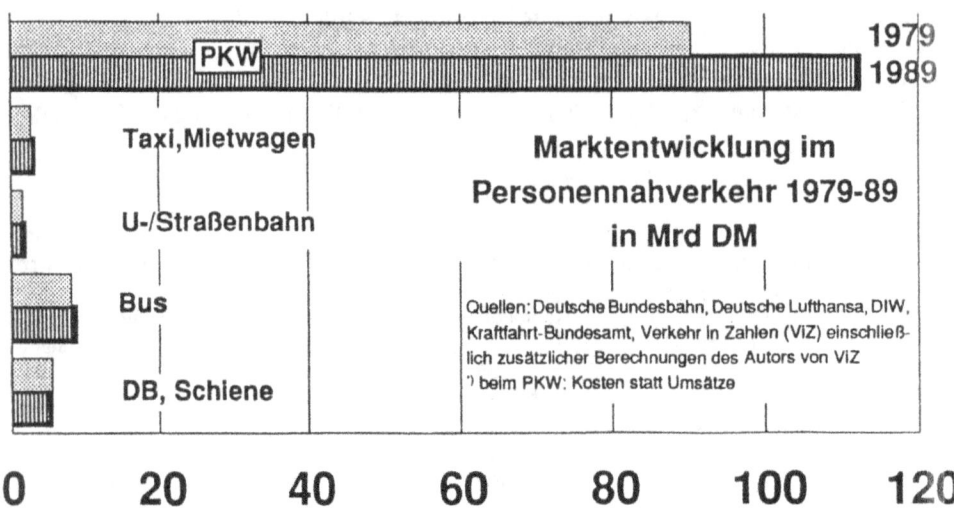

Abb. 2: Marktentwicklung (Umsätze) im Personenfernverkehr in den alten Bundesländern (1979 zu Preisen von 1989)

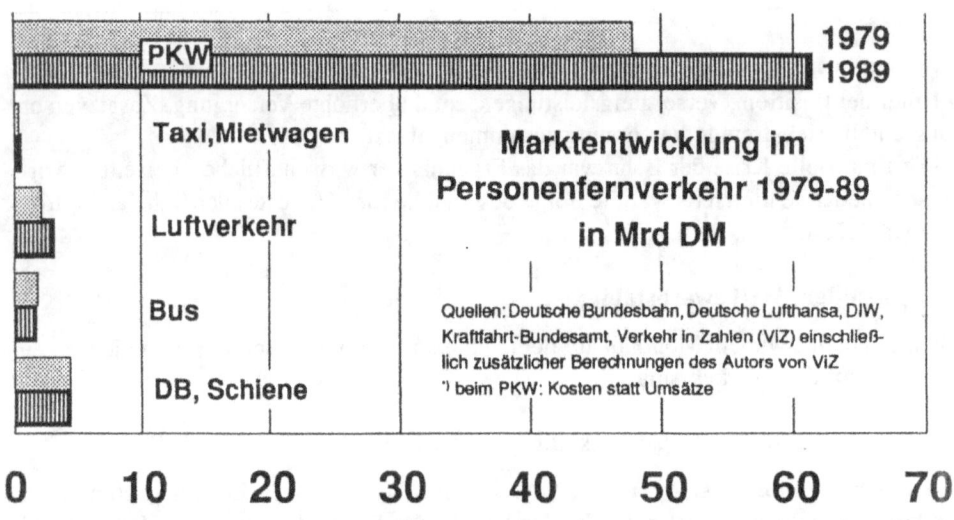

4.2. Verlust der Wettbewerbsfähigkeit im Güterfernverkehr

Auch im Güterfernverkehr musste die Bahn zwischen 1950 und 1990 ganz erhebliche Marktanteilsverluste hinnehmen: Von 63 % sank ihr Anteil auf 23 % ab, während der Anteil der Güterfernverkehrsleistungen, der von Lastkraftwagen abgewickelt wurde, von 13 %

Abb. 3: Marktentwicklung (Umsätze) im Güterfernverkehr in den alten Bundesländern (1979 zu Preisen von 1989)

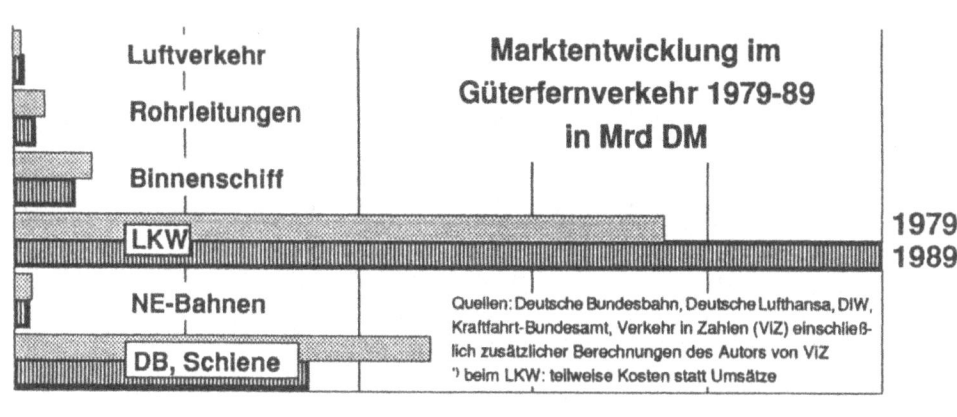

auf 27% anstieg. Abbildung 3 zeigt die Marktentwicklung der verschiedenen Verkehrsträger im Güterfernverkehr für die Jahre 1979 und 1989. Der Marktanteilsverlust allein in diesen zehn Jahren betrug 12 Prozentpunkte. Dieser setzt sich zusammen aus einem Verlust an Transportmenge von 6% und einem Preisverfall von inflationsbereinigt 25%.

Als Ergebnis ist festzuhalten: Die Bahn war im Jahre 1989 in allen Bereichen ihrer Verkehrsdienstleistungen nicht (mehr) wettbewerbsfähig. Nur noch auf Nischenmärkten waren ihre Verkehrsleistungen gefragt. Da die Bahn mit einem Fixkostenblock, der rund 80% der Gesamtkosten betrug, bei rückläufigen Mengen und Preisen sehr schnell sehr hohe Verluste machte, war die wirtschaftliche Lage der Bahn katastrophal. Durch gesetzlich sanktionierte Bilanzfälschung und steigende Verschuldung hatte sich dies eine Weile verschleiern lassen, die dramatische Entwicklung der finanziellen Lage aber machte der Bundesregierung deutlich, dass eine grundsätzliche Reform der Bahn und entschlossenes Handeln geboten waren.

Entschlossenes Handeln setzt die Kenntnis der Ursachen des Bankrotts der Bahn voraus. Diesen wollen wir uns nun zuwenden.

II. Das Management der Bahn

1. Der Eigentümer der Bahn

1.1. Das Sondervermögen des Bundes

Die Eisenbahnen in Deutschland sind als Unternehmen in privatem Eigentum entstanden. Sie unterlagen nur dem staatlichen Konzessionierungszwang. Das führte gelegentlich dazu, dass zwei Bahngesellschaften fast parallele Strecken bauten, wie z.B. die Rheinische Eisenbahngesellschaft, die von Düsseldorf über Altenessen nach Dortmund führte, und die Bergisch-Märkische Eisenbahngesellschaft, die von Düsseldorf über Essen

(Hauptbahnhof) nach Dortmund lief. Die von Mevissen und Hansemann gegründete Eisenbahngesellschaft verband Köln mit Aachen und erweiterte damit den Wirtschaftsraum von Köln. Aachen, das bisher in den Wirtschaftsraum von Maastricht eingebunden war, orientierte sich nun wirtschaftlich stärker zum Rheinisch-Westfälischen Wirtschaftsraum. Die privaten und die staatlichen Interessen ließen sich nicht immer sauber voneinander trennen. Das wird besonders deutlich, wenn man die Geschichte des „Eisenbahnkönigs" Bethel Henry Strousberg studiert.[8]

Erst als die strategische Bedeutung der Bahn erkannt wurde, bemühten sich die deutschen Staaten, das Eigentum an den Bahnen zu erwerben. Seither wurden immer wieder Versuche unternommen, das staatliche Eigentum an den Bahnen auch ökonomisch zu rechtfertigen mit dem Argument, die Bahn sei ein natürliches Monopol und diene der Daseinsvorsorge. Diese Auffassung wurde noch von den Schöpfern des Grundgesetzes geteilt. Artikel 87 GG lautete: „In bundeseigener Verwaltung mit eigenem Verwaltungsunterbau werden geführt . . . die Bundeseisenbahnen . . .". Im Bundesbahngesetz heißt es in § 1: „Die Bundesrepublik Deutschland verwaltet unter dem Namen „Deutsche Bundesbahn" das Bundeseisenbahnvermögen als nicht rechtsfähiges Sondervermögen des Bundes mit eigener Wirtschafts- und Rechnungsführung". Die Aufgabe der Bahnen, der Daseinsvorsorge zu dienen, insbesondere alle Bürger gleichmäßig mit Transportleistungen zu gleichen Tarifen zu bedienen, folgte aus § 4 des Allgemeinen Eisenbahngesetzes (AEG), der auf die Wahrung des „Allgemeinwohls und des öffentlichen Verkehrsbedürfnisses" abstellte. Dies war umso bemerkenswerter, als die Rechtfertigung für staatliches Eigentum an der Bahn mit der Motorisierung entfallen war und der intermodale Wettbewerb sich als außerordentlich funktionsfähig erwiesen hatte.

1.2. Die Aufgaben der Bahn

Das Allgemeine Eisenbahngesetz (AEG) formulierte die Aufgaben der Bahn wie folgt (§ 4 AEG, § 4 BbG):

1. Bedienung und Ausgestaltung des Reise- und Güterverkehrs,
2. Ausbau des Netzes
3. Anpassung des Netzes an die Entwicklung
4. Erhaltung der Anlagen, der Fahrzeuge und des Zubehörs in gutem, betriebssicherem Zustand
5. Erneuerung, Ersatz, Weiterentwicklung der Anlagen, Fahrzeuge und des Zubehörs nach dem jeweiligen Stand der Technik
6. Sichere Führung des Betriebs.

1.3. Die Regulierung der Bahn

Der Bundesminister für Verkehr als Verwalter des Eisenbahnvermögens war ermächtigt, durch Rechtsverordnung Rahmenbedingungen für den Betrieb der Bahn zu setzen. Dazu gehörten nach § 3 AEG

1. die einheitliche Regelung der Anforderungen an den Bahnbau, die Ausrüstung und die Betriebsweise der Bahn,

2. der Erlass einheitlicher Vorschriften für die Beförderung der Personen und Güter entsprechend den Bedürfnissen von Verkehr und Wirtschaft,
3. der Erlass notwendiger Vorschriften zum Schutz der Anlagen und des Betriebs gegen Störungen und Schäden,
4. die einheitliche Regelung der Eisenbahnstatistik,
5. der Schutz vor schädlichen Umwelteinwirkungen,
6. der Erlass von Emissionsgrenzwerten.

Aus diesen Regelungen folgte, dass bei der Bedienung und Ausgestaltung des Reise- und Güterverkehrs das „Allgemeine Wohl", das „Öffentliche Verkehrsbedürfnis", die „Bedürfnisse des Verkehrs (-gewerbes) und die „Bedürfnisse der Wirtschaft" berücksichtigt werden sollten. Diese vielfältigen Interessen fanden ihre Entsprechung in den Organen der Bahn. Der Ausgleich so verschiedener Interessen in einem Gremium ist nicht leicht. Der Theorie des Multi-Objective Programming verdanken wir die Erkenntnis, dass ein optimaler Ausgleich nicht zustande kommt, wenn sich die Beteiligten nicht auf die Gewichtung ihrer Interessen in einem Gremium einigen können. Die Teamtheorie vermittelt die Einsicht, dass ein optimaler Ausgleich der Interessen möglich ist, wenn die Banken ihn finanzieren. Genau das war bei der Bundesbahn der Fall. Zwar sollte der Bund nach dem bereits zitierten § 3 BbG nur mit dem bundeseigenen Bahnvermögen für die Verbindlichkeiten der Bahn haften, aber die Kreditinstitute gingen wohl davon aus, dass die Bahn nicht konkursfähig war. Hätten sich die privaten Kapitalgeber geweigert, der Bahn „die erforderlichen Mittel zur Erfüllung ihrer Aufgaben" bereitzustellen, hätte der Bund das Eigenkapital aufstocken oder Darlehen aus Haushaltsmitteln gewähren müssen (§ 28 Abs.2 BbG). Es lag also für die privaten Kapitalgeber gar kein Sinn darin, der Bahn weitere Kredite zu verweigern, selbst wenn sie erkannten, dass sie Verluste finanzierten. Die Organisation der Bundesbahn hatte also einen gravierenden Strukturfehler: sie führte zu einer ständigen Erhöhung der Verschuldung der Bahn.[9]

2. Die Organe der Deutschen Bundesbahn

2.1. Der Verwaltungsrat

Es liegt nahe, dass der Eigentümer der Bahn die Wahrung der sehr unterschiedlichen Interessen, die mit der staatlichen Bahn verfolgt werden sollten, einem Gremium übertrug, in dem diese Interessen personell vertreten waren. Dieses Gremium war der Verwaltungsrat.

2.1.1. Die Zusammensetzung des Verwaltungsrats

Der Verwaltungsrat umfasste nach § 10 BbG vier Gruppen zu je fünf Mitgliedern, und zwar

1. Die Vertretung der Länderinteressen durch auf Vorschlag des Bundesrates von der Bundesregierung ernannte Mitglieder,
2. Die Vertretung der Interessen durch auf Vorschlag der Spitzenverbände der Wirtschaft von der Bundesregierung ernannte Mitglieder,
3. die Vertretung der Interessen der Mitarbeiter durch auf Vorschlag der Gewerkschaften von der Bundesregierung ernannte Mitglieder,

4. die Vertretung der Interessen des Allgemeinwohls durch auf Vorschlag des Bundesverkehrsministers von der Bundesregierung ernannte Mitglieder.

Die Vertreter der Interessen der Wirtschaft setzten sich aus Vertretern der gewerblichen Wirtschaft, der Landwirtschaft, des Verkehrs, des Handels und des Handwerks zusammen. Jeder Spitzenverband schlug zwei Vertreter vor, von denen einer von der Bundesregierung ernannt wurde. Wie es angesichts einer so heterogenen Zusammensetzung des Verwaltungsrats zu einer einheitlichen Willensbildung kommen sollte, blieb der Geschäftsordnung überlassen (§ 10, Abs. 11 BbG). In welcher Weise die Mitglieder der Bundesregierung, die an allen Sitzungen des Verwaltungsrats teilnehmen und das Wort ergreifen konnten, zur einheitlichen Willensbildung in diesem Gremium beitragen konnten, lässt sich aus dem Regelwerk für die Bundesbahn nicht erkennen. Es liegt aber auf der Hand, dass immer dann Konsens erzielt werden kann, wenn jede Fraktion ihre Interessen durchsetzen kann. Das ist jedoch nur dann möglich, wenn im Zweifelsfalle die Bahn eben nicht „wie ein Wirtschaftsunternehmen ... nach kaufmännischen Grundsätzen" zumindest kostendeckend geführt wird. Die Öffnungsklausel für ein solches Verhalten lieferte § 28 BbG selbst: Dem „Wirtschaftsunternehmen" war nämlich das „Ziel bester Verkehrsbedienung" vorgegeben. Da jede Gruppe im Verwaltungsrat unwidersprochen von sich behaupten konnte, diesem Ziel zu dienen, sahen sich die Mitglieder des Verwaltungsrats offenbar nicht verpflichtet, kostendeckend zu wirtschaften, zumal es in § 33 Abs. 2 BbG lapidar hieß: „Über die Deckung oder über den Vortrag eines Fehlbetrages auf neue Rechnung beschließt die Bundesregierung" und § 28 Abs. 2 BbG eine unbeschränkte Nachschusspflicht des Bundes vorsah.

2.1.2. Die Aufgaben des Verwaltungsrates

Zu den Aufgaben des Verwaltungsrates gehörten u.a. folgende Beschlüsse (§ 12 BbG):

1. Jahresabschluss
2. Wirtschaftsplan
3. Stellenplan
4. Bau neuer Bahnen, grundlegende Neuerung oder Änderung technischer Anlagen
5. Eisenbahntarife
6. Errichtung, Verlegung, Aufhebung oder wesentliche organisatorische Veränderung einer Eisenbahndirektion oder eines Zentralamtes
7. Ernennung und Abberufung von Vorstandsmitgliedern
8. Vorschläge zur Besetzung der leitenden Dienstposten der Hauptverwaltung und der Präsidenten der Eisenbahndirektionen und Zentralen Ämter im Einvernehmen mit dem Vorstand
9. Grundsätzliche Fragen des Personalwesens.

Angesichts der viertelparitätischen Besetzung des Verwaltungsrates sind die Rechte des Verwaltungsrates im Personalwesen sehr weitreichend. Die Beschlussfassung über den Stellenplan und über die organisatorische Gestaltung der Personalstruktur auf der Ebene der Eisenbahndirektionen und der Zentralämter gab den Gewerkschaften weitreichende Mitwirkungsrechte. Sie konnten ferner auf die Bildung von Koalitionen mit Vertretern der Länder im Verwaltungsrat setzen, die an der Erhaltung von unrentablen Strecken und damit an der Weiterbeschäftigung von eigentlich nicht mehr benötigtem Personal durchaus Interesse hatten. Nimmt man hinzu, dass die Vertreter der Wirtschaft (vielleicht mit Ausnahme des Speditionsgewerbes) ein Interesse an günstigen Eisenbahntarifen hatten, dann ist theoretisch (wie offenbar auch praktisch) nicht verwunderlich, dass sich Koalitionen aus ertragsbeschränkenden und kostentreibenden Interessen im Verwaltungsrat bilden konnten, die zu Beschlüssen führten, deren Folge steigende Verluste der Bahn und zunehmende finanzielle Ansprüche an den Bundeshaushalt waren.

2.2. Der Vorstand

2.2.1. Die Zielsetzung des Vorstands

Der Vorstand war an die Zielsetzung der Bahn gebunden, die in den bereits genannten gesetzlichen Vorschriften niedergelegt war, insbesondere also an

– die Erfüllung der gemeinwirtschaftlichen Aufgabe der Bahn
– die Gewährleistung „bester Verkehrsbedienung"
– die Bedienung des Reise- und Güterverkehrs
– den Ausbau des Netzes
– die Wahrung wirtschaftlicher Grundsätze
– die Beachtung der Grundsätze sicherer Betriebsführung.

2.2.2. Die einheitliche Leitung durch den Vorstand

Der Vorstand war nach § 9 BbG gemeinsam verantwortlich für die Führung der Geschäfte. Das bedeutet nach herrschender betriebswirtschaftlicher Meinung „Kassationskollegialität". Das Bundesbahngesetz betonte aber das Prinzip der Mehrheitskollegialität bei der Beschlussfassung und gab jedem Mitglied des Vorstands ausdrücklich die Befugnis, „seine abweichende Auffassung dem Verwaltungsrat bekannt zu geben". Ferner waren die Vorstandsmitglieder berechtigt, an den Sitzungen des Verwaltungsrates teilzunehmen und „jederzeit das Wort zu ergreifen".

Die Bundesbahn hatte also eine organisatorische Leitungsstruktur mit mehreren Prinzipalen: Eigentümer, Länder, Gewerkschaften, Interessenverbände, Öffentlichkeit. Diese Interessengruppen entsandten ihre Agenten in den Verwaltungsrat. Gegenüber dem Vorstand waren diese verschiedenen Agenten Prinzipale, die ihrerseits die Vorstandsmitglieder als ihre Agenten vorschlugen. Da der Bundesminister der Bundesregierung die Vorstandsmitglieder „im Einvernehmen mit dem Verwaltungsrat", also nicht nur „im Benehmen" mit ihm, der Bundesregierung zur Beschlussfassung vorschlug, konnten die Mitglieder des Verwaltungsrates durchaus sicher sein, dass jede Interessengruppe im Vorstand ihre Interessen als gewahrt ansehen durfte. Andererseits bedeutete das, dass sich die Vorstandsmitglieder hinsichtlich ihrer Wiederwahl ihrem jeweiligen Verwaltungsratsmitglied als Prinzipal verpflichtet fühlten und sich an dieses Mitglied auch wenden konnten, wenn im Vorstand Beschlüsse gefasst wurden, die den Interessen ihres Prinzipals zuwiderliefen. Ein Zwang zu einer einheitlichen Willensbildung im Interesse einer wirtschaftlichen Rechnungsführung mit Kostendeckung und Erzielung einer angemessenen Verzinsung des Eigenkapitals bestand für den Vorstand also nicht. Auch die Geschäftsordnung des Vorstands sah keinen Zwang zu einer einheitlichen Willensbildung vor. Im Gegenteil: Das

Gesetz verpflichtete den Vorstand auf eine Geschäftsordnung nach dem Prinzip der Ressortkollegialität (§ 9 Abs. 2 BbG). Dies führt in einer Organisation mit Funktionalprinzip zwangsläufig zu Interessenkonflikten im Vorstand und bei Rückdelegation an den Verwaltungsrat auch im Verwaltungsrat, die nur beigelegt werden können, wenn man sich auf meist sehr teuere Kompromisse einigt.

In der Zielsetzung der Bahn und in der Verankerung dieser Zielsetzung in der Leitungsstruktur der Bahn war also angelegt, dass die Bahn immer größere Verluste machte. Die finanziellen Konsequenzen dieser Verluste konnten zwar eine Zeit lang durch Kreditaufnahme verschleiert werden. Schließlich aber mussten sie zu untragbar hohen Belastungen des Bundeshaushalts führen. Die Bahn als Selbstbedienungsladen der verschiedenen Interessengruppen, allen voran der beteiligten Gewerkschaften und der Länder, war auf Dauer nicht zu finanzieren. Eine grundsätzliche Reform war geboten.

C. Das Reformkonzept für die Bahn und seine Umsetzung

I. Das Konzept der Regierungskommission Bundesbahn

1. Die Allgemeinwohl-Verpflichtung

Die Regierungskommission Bundesbahn ließ sich bei ihrer Arbeit von zwei grundsätzlichen Erkenntnissen leiten, die in allen Grundsatzprogrammen der großen Parteien niedergelegt waren:

1. Der Markt sorgt für die beste Vermehrung des Wohlstands der Menschen. Wir nennen diese Erkenntnis das Allokationsprinzip.
2. Es gibt einzelne Gruppen von Personen, die ohne Unterstützung nicht in der Lage sind, die am Markt sich bildenden Preise zu bezahlen. Wir nennen diese Erkenntnis das Distributionsprinzip.

Diese beiden Prinzipien sind die Grundpfeiler der Sozialen Marktwirtschaft, die nach dem Zweiten Weltkrieg in Deutschland verwirklicht wurde.

Wenn einem Unternehmen wie der Bahn die Aufgabe übertragen wird, beiden Prinzipien, dem Allokationsprinzip und dem Distributionsprinzip, gerecht zu werden, führt das zu „Organisationsversagen". Die Deutsche Bundesbahn war, wie wir gezeigt haben, ein Beispiel für Organisationsversagen.

Die erste Aufgabe muss daher einem Unternehmen übertragen werden, das sich ausschließlich am Markt orientiert. Die zweite Aufgabe muss Institutionen übertragen werden, welche die individuelle Bedürftigkeit von Personen prüfen und diesen die Mittel geben, mit denen sie die Marktpreise bezahlen können.

Eine Orientierung am Markt führt nur dann zu dem gewünschten Ergebnis effizienter Allokation, wenn der Markt funktionsfähig ist. Die Regierungskommission hielt das Argument, dass der intermodale Wettbewerb funktionsfähig sei, für notwendig, aber nicht hinreichend. Sie wollte mit ihrem Reformvorschlag auch den intramodalen Wettbewerb funktionsfähig machen.

Die Bahnreform in Deutschland

Der intermodale wie der intramodale Wettbewerb sind nur dann funktionsfähig, wenn die Bahn keinerlei Möglichkeiten hat, in die „deep pockets" der Bundesregierung zu greifen. Die Regierungskommission verfolgte daher den Grundsatz, jede Möglichkeit einer Inanspruchnahme von Subventionen durch die Bahn von vornherein zu unterbinden.

Aus diesen Grundsätzen folgte zwingend, dass das neue Unternehmen „Bahn" von der Allgemeinwohlverpflichtung befreit werden musste. Das umfasste die Aufhebung des Zwangs, gleiche Tarife in jeder Region Deutschlands zu erheben. Das umfasste die Möglichkeit, unrentable Strecken still zu legen. Solche Strecken waren bisher mit dem Argument der Allgemeinwohlverpflichtung weiterbetrieben worden. Nun musste gelten: Wer es vorzieht, sich in dünn besiedelten Gebieten anzusiedeln, weil dort die Grundstücks- und ggfs. auch die Baupreise niedriger sind, der soll auch höhere Preise für Fahrten in schlecht ausgelasteten Zügen bezahlen.

Die Kommission war der Auffassung, dass das traditionelle Verständnis des Allgemeinwohls, wonach jeder in Deutschland zu gleichen Verkehrstarifen bedient werden sollte, ein falsches Ziel für ein kaufmännisch geführtes Unternehmen im Verkehrsmarkt sei. Auf der Angebotsseite muss uneingeschränkt das Allokationsprinzip gelten. Seine Wahrung ist den Unternehmen übertragen. Das Distributionsprinzip zu wahren, ohne den Allokationsprozess zu stören oder gar außer Kraft zu setzen, ist Aufgabe des Staates. Er muss dabei auf der Nachfrageseite ansetzen. Die Regierungskommission schlug daher die Aufhebung des Art. 87 GG und die damit verbundenen Änderungen in den Einzelgesetzen vor: „Artikel 87 Grundgesetz wird in der Weise geändert, dass nur der sehr kleine Teil hoheitlicher Aufgaben und Zuständigkeiten beim Bund verbleibt, welcher der DEAG (Deutsche Eisenbahn-Aktiengesellschaft) auch nicht im Wege einer Beleihung übertragen werden kann. Es ist klarzustellen, dass Bau und Betrieb der Bundeseisenbahnen sich außerhalb der öffentlichen Verwaltung bewegen und juristischen Personen des Privatrechts übertragen werden können" (Bericht, S. 28).

Die Kommission stellte ausdrücklich fest: „Da gemeinwirtschaftliche Leistungen nur noch im Wege des Leistungseinkaufs erbracht werden, erübrigen sich Vorschriften über öffentliche Aufgaben der DEAG. ... Der Staat wird durch diese Regelung nicht aus seiner Verpflichtung zur Erbringung gemeinwirtschaftlicher Leistungen entlassen" (S.29). Hierin kommt deutlich die Trennung der marktwirtschaftlichen von den sozialpolitischen Aufgaben zum Ausdruck, die zu Beginn als die Grundpfeiler des Reformkonzepts bezeichnet wurden.

2. Die formelle Privatisierung

Die zweite Voraussetzung für eine kaufmännische Führung der Bahn war nach Ansicht der Kommission ihre formelle Privatisierung. Diese bestand in der Umwandlung der Deutschen Bundesbahn in eine rechtlich selbständige Aktiengesellschaft im Eigentum des Bundes.

2.1. Die Führungsstruktur

Die Aktiengesellschaft hat eine standardisierte Führungsstruktur. Die Organe sind Aufsichtsrat und Vorstand.

Die Mitglieder des Aufsichtsrats werden von der Hauptversammlung und von den Wahlmännern der Belegschaften gewählt. Die Arbeitnehmerbank konnte also mit der Umwandlung der Bahn in eine Aktiengesellschaft ihren Anteil von 25% auf 50% erhöhen. Allerdings sank die Anzahl der Gewerkschaftsvertreter im Aufsichtsrat von fünf auf zwei. Die Arbeitgeberbank hätte sich grundsätzlich nur aus Vertretern der Bundesregierung zusammensetzen müssen, denn der Bund war und ist Eigentümer der Bahn. Die Interessenvertreter der Wirtschaft, der Öffentlichkeit und der Länder im Verwaltungsrat der Bundesbahn hatten mit der formellen Privatisierung keinen Anspruch auf Vertretung im Aufsichtsrat. Tatsächlich bestand der erste Aufsichtsrat der Deutschen Bahn AG auf der Arbeitgeberseite aus folgenden Personengruppen:

1. Bundesregierung   3 Mitglieder
2. Wirtschaft   6 Mitglieder
3. Kreditwesen   1 Mitglied

und auf der Arbeitnehmerseite aus folgenden Gruppen
4. Gewerkschaft   3 Mitglieder
5. Belegschaft   6 Mitglieder
6. Leitender Angestellter 1 Mitglied

Die Mitglieder des Aufsichtsrats sind nur dem Wohl des Unternehmens verpflichtet. Sie dürfen keine eigenen Interessen vertreten. Mit der formellen Privatisierung war daher theoretisch jede Form der Vertretung von Partikularinteressen, wie sie das Bundesbahngesetz vorsah, ausgeschlossen. Eine Kaschierung von Einzelinteressen mit der Begründung, die Entscheidung diene dem „Allgemeinwohl", war unmöglich geworden.

Es blieb freilich das Problem des deutschen „Two-Tier-System": die Berücksichtigung der Interessen nicht nur des Eigentümers, sondern auch der Belegschaften durch die paritätische Mitbestimmung im Aufsichtsrat. In der Theorie war dieses Problem gelöst. Die Entscheidungen müssen nach dem erwerbswirtschaftlichen Prinzip der Erzielung eines möglichst hohen Gewinns getroffen werden. Die Berücksichtigung der Interessen der gegenwärtigen Arbeitnehmer bildet bestenfalls die Nebenbedingung, unter der diese Zielfunktion maximiert wird. Dabei muss gewährleistet sein, dass die Interessen zukünftiger Arbeitnehmer ausreichend berücksichtigt sind. Das führt, wenn die Nebenbedingung wirksam ist, zu einer Verteuerung der Entscheidung (durch die Opportunitätskosten der Nebenbedingung). Gegebenenfalls führt das auch zu einer anderen Entscheidung. In jedem Falle reduziert die Berücksichtigung der Nebenbedingung den Gewinn für den Eigentümer und damit den Wert des Unternehmens. Das wiederum verteuert die Aufnahme von Kapital am Kapitalmarkt und verzögert die materielle Privatisierung. Bei der Bahnreform war klar, dass die Weiterbeschäftigung von Mitarbeitern an unrentablen Arbeitsplätzen zu den Verlusten der Bahn geführt hatte und dass ein erheblicher Teil der Mitarbeiter entlassen werden müsste, wenn die Bahn als von staatlichen Subventionen unabhängiges Unternehmen kaufmännisch geführt werden sollte. Daher sah das Reformkonzept der Kommission vor, die Bahn von allen Mitarbeitern zu entlasten, die bei kaufmännischer Führung nicht mehr benötigt werden würden. Darauf wird noch einzugehen sein.

Der Aufsichtsrat bestellt den Vorstand. Der Vorstand hat nach dem Gesetz das Unternehmen in eigener Verantwortung zu leiten. Kein Mitglied des Vorstands ist einer „Bank" im Aufsichtsrat besonders verbunden. Auch der Personalvorstand kann mit den Stimmen der Arbeitgeber bestellt werden. Nach dem Aktiengesetz ist es auch nicht möglich, dass sich ein Vorstandsmitglied an ein Mitglied des Aufsichtsrats wendet mit dem Ziel, dass ein Interessenkonflikt im Vorstand in den Aufsichtsrat zurück delegiert wird.

Die Geschäftsordnung des Vorstands kann auch in der Aktiengesellschaft Ressortverantwortlichkeiten festlegen. Die Geschäftsordnung kann aber den Zwang zur Einigung im Vorstand bei allen Entscheidungen nicht beseitigen. Gut geführte Unternehmen interpretieren das Prinzip der Kassationskollegialität im Aktiengesetz als einen gesetzlichen Zwang zur Einstimmigkeit bei Vorstandsentscheidungen, und zwar selbst dann, wenn die Geschäftsordnung für den Vorstand Mehrheitsentscheidungen zulässt. Die formelle Umwandlung der Bahn in eine Aktiengesellschaft beseitigte also das Ressortdenken im Vorstand mit der Möglichkeit der Rückdelegation von streitigen Fragen an den Verwaltungsrat. Die Bildung rechtlich selbstständiger Tochtergesellschaften („Cargo"; „Reise und Touristik" etc.) unter der Mangement-Holding „Deutsche Bahn" hat das Ressortdenken inzwischen wieder verstärkt.

Einheitliche Leitung des Unternehmens durch den Vorstand kann in der Praxis auf verschiedene Weise erzwungen werden. Der Vorstandsvorsitzende kann auf Einstimmigkeit bestehen. Führung einer Sparte und einer Zentralabteilung in Personalunion ist ein anderer Weg, Einzelinteressen auf das Gesamtinteresse hin zu koordinieren. Das Recht jedes Vorstandsmitglieds, bis Freitagmittag Punkte auf die Tagesordnung der Vorstandssitzung am darauf folgenden Montagmorgen zu setzen, ist eine dritte Möglichkeit, Einmütigkeit herzustellen: Diese Regelung wirkt wie eine fleet-in-being oder wie ein sehr glaubwürdiges Damokles-Schwert, das über jedem Wochenende eines Vorstandsmitglieds (und seiner Mitarbeiter) schwebt, das mangelnde Kooperationsbereitschaft erkennen lässt. Die eingehende Diskussion der Auswirkungen von Partialinteressen auf das Gesamtergebnis ist eine weitere sehr wichtige Form der Koordination von Entscheidungen im Vorstand. Deshalb hat jedes gut geführte Unternehmen ein fachlich gutes und zugleich organisatorisch starkes Zentrales Controlling, im Vorstand vertreten durch den CFO. Wenn dieser im Vorstand die Auswirkungen von geplanten Investitionen in den Sparten auf die zukünftigen Jahresabschlüsse des Unternehmens vorlegt und eine eingehende Diskussion über diese Auswirkungen herbeiführen kann, dann wird schnell deutlich, ob die im Interesse der Sparte liegende Investition auch der Entwicklung des Gesamtunternehmens dient. Aus allen diesen Gründen kam die Regierungskommission Bundesbahn zu dem Schluss: „Die geeignete Organisationsform zur kaufmännischen Führung der Bahn ist die Aktiengesellschaft (AG)" (S.15).

2.2. Die Organisationsstruktur der Bahn

Das Reformkonzept der Regierungskommission Bundesbahn hielt die formelle Privatisierung für den ersten Schritt, dem die wirtschaftliche Privatisierung zwingend folgen müsse, wenn sichergestellt werden sollte, dass die Bahn von politischen Einflüssen befreit nach rein kaufmännischen Grundsätzen am Markt geführt werden sollte. Bei ihrem Vorschlag für eine neue Organisationsstruktur musste also Vorsorge getroffen werden, dass die Bahn AG selbst oder einzelne Teile derselben auch materiell privatisiert werden würden.

Damit schied eine funktionale Organisationsstruktur, wie sie bisher bei der Bahn geherrscht hatte, für die Zukunft der Deutschen Bahn aus. Nur bei Schaffung einer Spartenorganisation war daran zu denken, die bisher rechtlich unselbständigen Sparten rechtlich zu verselbständigen und schließlich an die Börse zu führen.

Abb. 4: Privatisierungs-Modell: Erste Stufe: Deutsche Bundesbahn AG mit drei Sparten

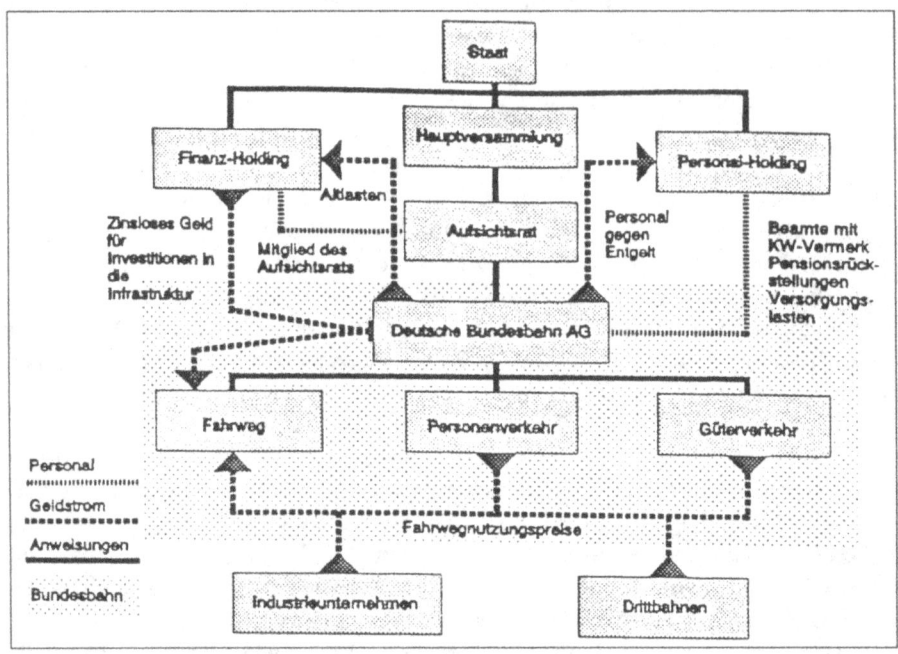

Ich habe seinerzeit ein „Dreistufen-Modell" vorgeschlagen[10], dessen erste Stufe in Abbildung 4 wiedergegeben ist. Auf der ersten Stufe wird die Bahn insgesamt formell privatisiert. Die Anteile liegen beim Bund. Die Finanzholding übernimmt die finanziellen Altlasten, die Personal-Holding übernimmt das Personal, das ein kaufmännisch geführtes Unternehmen nicht benötigt (Überbestände, Beamte). Die Deutsche Bundesbahn AG hat drei Sparten, den Fahrweg, den Personenverkehr, den Güterverkehr.

Auf der zweiten Stufe wird die Sparte Fahrweg in eine Aktiengesellschaft umgewandelt. Das Eigentum wird auf den Bund übertragen. „Es sollte jedoch erwogen werden, einen Teil der Anteile den Ländern und der Wirtschaft anzubieten etwa in dem Maße, dass der Aufsichtsrat der Fahrweg AG bei insgesamt zwölf Mitgliedern sechs Vertreter des Bundes, vier Vertreter der Länder und zwei Vertreter der Wirtschaft aufweist. Dies empfiehlt sich vor allem dann, wenn die Länder Strecken, welche die Fahrweg AG bei kaufmännischer Führung schließen würde, durch direkte Zuwendungen an die Fahrweg AG erhalten wollen. Auch die Wirtschaft kann Zuschüsse zur Aufrechterhaltung von unrentablen Strecken leisten, wenn die Wirtschaft der Region dies will und zur Finanzierung bereit ist. Hier böten sich die jeweiligen Kammern an" (S.17).

Auf der dritten Stufe werden die Verkehrsgesellschaften formell und materiell privatisiert. Ihre Aktien werden an der Börse eingeführt.

Die Regierungskommission Bundesbahn hat die Schaffung der Sparten Fahrweg, Personenverkehr und Güterverkehr vorgeschlagen (S.14). Dieses Organisationskonzept ließ sich nach Überzeugung der Kommission nur in die Realität umsetzen, wenn eine Reihe von wichtigen Bedingungen erfüllt wurden:

1. Alles Personal, das zur wirtschaftlichen Führung der Bahn im Zeitpunkt der Reform nicht benötigt wurde oder in einer Rechtsform beschäftigt war, die mit kaufmännischer Führung nicht vereinbar war (Beamtenstatus), müsste von einer Personal-Holding übernommen werden. Diese müsste das benötigte Personal zu marktüblichen Bedingungen an die Bahn ausleihen und die Differenz zu den tatsächlichen Zahlungen, die sie an die Mitarbeiter leistete, selbst tragen.
2. Alle Schulden, die aus Altlasten resultierten und die eine wirtschaftliche Führung der Bahn belasteten, müssten von einer Finanz-Holding des Bundes übernommen werden. Diese müsste den Schuldendienst für diese Verbindlichkeiten tragen.
3. Die Fahrwegsparte müsste Trassen am „Trassenmarkt" an die Transport-Gesellschaften der Bahn sowie an Dritte diskriminierungsfrei verkaufen und sich ausschließlich aus den Erlösen des Verkaufs der Trassen finanzieren. Zuschüsse des Eigentümers müssten ausgeschlossen sein.

Die Regierungskommission schlug ferner vor: Die Anzahl der Hierarchieebenen wird erheblich reduziert. Vorsichtig formulierte sie: „Insbesondere sollte angestrebt werden, dass die Sparten Güterverkehr und gegebenenfalls auch Personenverkehr rechtlich verselbständigt werden und Eigenkapital am freien Markt aufnehmen können".

Die Kommission war nicht überzeugt davon, dass die Fahrweg AG mit ihren Trassenpreisen so viel Gewinn erwirtschaften würde, dass sie auch materiell privatisiert werden könnte. Sie war andererseits sicher, dass die Fahrweg AG bei zinsfreier Bereitstellung von Darlehen für den Bau von Strecken, die volkswirtschaftlich, aber nicht betriebswirtschaftlich rentabel waren, ohne Subventionen – die ohnehin nach EG-Recht verboten waren – auskommen würde. Eine Trennung von Netzvorhaltung und Netzbetrieb schloss die Kommission aus (S. 17). Eines der Argumente gegen die Trennung lautete: „Während beim Bau neuer Strecken die Natur der Investitionen als „Herstellungsaufwand" (im steuerlichen Sinne) eindeutig ist, lässt sich dies bei Maßnahmen der Qualitätsverbesserung nicht mehr eindeutig feststellen. Die Abgrenzung zwischen Erhaltungsaufwand und Herstellungsaufwand wird hier erheblich schwieriger. Aufwand zur Verbesserung der Qualität der Strecken kann man als Investitionen in die Strecken ansehen, man kann sie aber auch als Unterhaltungs- und Modernisierungsaufwand ansehen. Streit um die Frage, ob eine Maßnahme Herstellungsaufwand oder Erhaltungsaufwand ist, ist vorprogrammiert, wenn Fahrweg und Betrieb nicht in einer Hand sind. Alle internationalen Erfahrungen zeigen, dass dort, wo der Staat für den Fahrweg und seine Veränderung verantwortlich ist und die Bahn den Betrieb und den Unterhalt des Fahrwegs übernimmt, die Bahn versucht, Unterhaltungsaufwand offen oder versteckt auf den Staat zu verschieben"[11].

Auf der dritten Stufe werden die Verkehrs-Aktiengesellschaften Personenverkehr und Güterverkehr materiell privatisiert. Die Aktien werden an der Börse eingeführt.

2.3. Das Rechnungswesen und das Zentrale Controlling

Kaufmännische Führung ist in einem so komplexen und großen Unternehmen wie der Bahn nur auf der Basis verlässlicher Soll- und Ist-Zahlen möglich. Das bisherige Rechnungswesen der Bahn war dafür ungeeignet. Es bestand aus drei parallel geführten Formen des Rechnungswesens, die der Desinformation nach außen und innen dienten und weder die gegenwärtige Finanz- und Ertragslage richtig wiedergaben, noch die Auswirkungen heutiger Entscheidungen auf die zukünftige Entwicklung der Bahn festzustellen in der Lage waren. Die bisherige Form der Investitionsrechnung hatte, wie eine Untersuchung ergab[12], nur ein Ziel: Die Subventionen des Bundes an die Bahn zu maximieren.

Eine grundsätzliche Neugestaltung des Rechnungswesens der Bahn war daher erforderlich. Die Regierungskommission formulierte ihren Vorschlag wie folgt: „Die Kostenrechnung der Bahn wird entscheidungsorientiert nach Verantwortungsbereichen neu aufgebaut. Jede Sparte hat eine eigene Spartenergebnisrechnung, innerhalb des Rechnungswesens jeder Sparte werden für die verschiedenen Dienst- und Transportleistungen die Ergebnisse periodisch errechnet. Betriebsstellen der Bahn, die primär als räumliche Einheiten abgegrenzt sind, werden den jeweiligen Sparten, für die sie ausschließlich oder überwiegend tätig sind, als Kosten- und nach Möglichkeit als Erfolgszentren zugeordnet. Jeder Betriebsstellenleiter sieht aus dem Rechnungswesen die von ihm beeinflussbaren Kosten (gegebenenfalls auch Erträge) und verantwortet sie. Die Kosten werden auf Betriebsstellenebene erfasst. Jede Betriebsstelle hat ihre eigenen Konten. Auch der Fahrweg der Bahn wird so nach Abschnitten und Knoten untergliedert, dass Aussagen über die Wirtschaftlichkeit von Einzelstrecken möglich sind. Das Rechnungswesen wird den unternehmerischen Anforderungen an ein Planungs-, Steuerungs- und Kontrollsystem gerecht und ist Grundlage für eine Preiskalkulation der Transportleistungen und für die interne Leistungsverrechnung (z.B. für Fahrplantrassen sowie für Leistungen zwischen Transportsparten). Eine solche Spartenerfolgsrechnung setzt die Bahn in die Lage, dezentral ergebnisorientiert zu agieren. ... Die aufwendige, vom öffentlichen Dienstrecht geprägte Verhaltenskontrolle wird durch Ergebniskontrolle ersetzt" (S. 31).

Das Rechnungswesen soll eine Vorausschau auf die Ergebnisse künftiger Jahre ermöglichen. Die Auswirkungen der Bahnreform sollen erkennbar werden. Der Einfluss von Änderungen im Umfeld und von strategischen Entscheidungen sollen in Form von Plan-Jahresabschlüssen darstellbar sein. Das erfordert die Integration von Aufwands- und Ertrags-Rechnung, Investitionsrechnung und Finanzierungsrechnung.

Das Zentrale Controlling sollte in der Lage sein, nicht nur Soll-Ist-Abweichungen monatlich auszuweisen. Es sollte auch Korrekturen der Annahmen über die zukünftige Entwicklung, die den Investitionsrechnungen zugrunde lagen, laufend ausweisen und damit rechtzeitig Entscheidungen über Anpassungsmaßnahmen herbeiführen können.

3. Die materielle Privatisierung

3.1. Die materielle Privatisierung der Transportsparten

Die Regierungskommission empfahl, wie bereits gesagt, letztlich die Börseneinführung der Aktien der Transport-Aktiengesellschaften. Die Kommission sah voraus, daß die Transportsparten sich Eigenkapital am freien Markt nur dann würden beschaffen können, wenn sie rentabel arbeiten und angemessene Dividenden ausschütten würden. Dazu kamen fünf Strategien in Betracht:

1. Rationalisierung der Dienstleistungsprozesse im Personen- und Güterverkehr
2. Verbesserung der Auslastung der Züge

3. Verbesserung der Qualität der Dienstleistungen mit dem Ziel, höhere Preise durchzusetzen,
4. Erhöhung der Kosten bei den Wettbewerbern
5. Senkung der Beschaffungspreise, insbesondere der Trassenpreise.

Rationalisierung der Dienstleistungsprozesse bedeutet einerseits Reduzierung der Personalkosten. Daher schlug die Kommission vor, von Anfang an alles Personal, das zur wirtschaftlichen Erbringung der Leistungen der Transportsparten (und des Fahrwegs) nicht benötigt wurde, einem Eisenbahn-Personalamt zu übertragen. Das Personalamt sollte die benötigten Arbeitskräfte an die Bahn ausleihen und dafür marktübliche Löhne von der Bahn erhalten. Höhere tatsächliche Lohnzahlungen an die Mitarbeiter würden zu Verlusten des Amtes führen, die als „Altlasten" vom Bund zu finanzieren wären.

Rationalisierung bedeutet andererseits Reduzierung der Beschaffungspreise für Material. Die Kommission erwartete nach Gesprächen mit den Verantwortlichen in der Bahn, dass durch internationale Ausschreibung bei der Beschaffung von Material erhebliche Einsparungen erzielt werden würden. Das Schlagwort von der „Dürr Milliarde" wurde durchaus ernst genommen. Eine Senkung der Materialkosten wurde auch von einem Übergang von der Eigenfertigung auf Fremdfertigung erwartet (S.47).

Das Kernproblem der Bahn ist die Auslastung der Züge im Personenverkehr. Die Kommission stellte fest, dass die Bahn im Mittel über alle Züge nur zu gut 20% ausgelastet war. Bei einem Unternehmen, das durch einen sehr hohen Anteil fixer Kosten geprägt ist, ist die Auslastung von zentraler Bedeutung. Unterhalb der kritischen Auslastung entstehen bei sinkender Auslastung hohe Verluste, oberhalb werden schnell hohe Gewinne erzielt. Die Bahn kann nun zwei Strategien anwenden, um die Auslastung der Züge zu erhöhen: die Anzahl der Züge verringern und die Anzahl der Passagiere je Zug erhöhen.

Die Anzahl der Züge kann dadurch verringert werden, dass Strecken stillgelegt werden und dass weniger Züge auf der Strecke fahren. Die erste Strategie ist natürlich die wirksamere. Die Kommission empfahl die erste Möglichkeit jedoch nicht. Das Streckennetz sollte aufrechterhalten bleiben. Die Kommission sah aber durchaus die Notwendigkeit, dass eine kaufmännisch geführte Transportsparte die Anzahl der Züge auf einer Strecke verringern muss, wenn die Auslastung der Züge unrentabel ist. Ein kaufmännisch geführtes Unternehmen würde dabei berücksichtigen, dass die Auslastung eines Zuges auf einer Trasse in einem netzökonomischen Unternehmen wie der Bahn nicht unabhängig von der Ausnutzung von Zügen auf anderen Trassen ist (Quellverkehre) und dass Auslastung und Frequenz von Zügen (Fahrplangestaltung) in Beziehung zu einander stehen. Die Frequenz von Zügen beeinflusst nämlich die Entscheidung der Kunden, die Bahn oder den Pkw zu benutzen.

Die Anzahl der Passagiere je Zug kann erhöht werden, wenn die Transportleistungen der Bahn für den Kunden attraktiver werden als andere Verkehrsmittel, insbesondere der Pkw, aber auch das Flugzeug. Hier sind Sicherheit und Pünktlichkeit die entscheidenden Kriterien. Die relative Pünktlichkeit, auf die es in diesem Zusammenhang ankommt, kann man durch Verbesserung der Pünktlichkeit der Bahn oder durch Erzeugung von Staus auf den Straßen steigern. Wer den Neu- und Ausbau der Straßen durch Einflussnahme auf den Bundesverkehrswegeausbauplan und in den Landesparlamenten behindert, verbessert die relative Pünktlichkeit der Bahn. Eine derartige Strategie war vor und während der Reformdiskussion durchaus zu erkennen. Dass die Bemühungen um die Durchsetzung einer solchen Strategie nach der Reform aufhören würden, konnte nicht angenommen werden, obwohl die Kommission alle Argumente für eine solche Strategie als haltlos bezeichnete.

Eine Verbesserung der Qualität der Dienstleistungen wurde als Ergebnis einer stärkeren Markt- und Kundenorientierung der Bahn bei wirtschaftlicher Selbständigkeit der Transportsparten erwartet. Die Kommission blieb in diesem Punkt bewusst allgemein in ihrer Konzeption. Sie vertraute auf stärker unternehmerisches Denken „vom Markt her", wenn die Transportsparten auch rechtlich-materiell privatisiert sein würden.

Die Kommission bewegte die Sorge, dass die Mitarbeiter in den Sparten den strategischen Wandel mit seinen Anforderungen an jeden einzelnen Mitarbeiter nur mit Schwierigkeiten oder gar mit inneren Widerstand bewältigen würden und die Führung der Bahn daher verstärkt den Versuch machen würde, die Kosten der Konkurrenten zu erhöhen. Die Kommission warnte davor, wie in der Vergangenheit mit bewusst falschen bzw. irreführenden Daten die Bundesregierung dazu zu bewegen, die konkurrierenden Verkehrsträger mit zusätzlichen Ausgaben zu belasten, um die eigene Wettbewerbsfähigkeit zu verbessern. Die Kommission stellte ausdrücklich fest: „Ein sachgerechter Vergleich der Primärenergieverbräuche zeigt nur noch im Güterverkehr nennenswerte Vorteile der Schiene" (S.52). Abbildung 5 zeigt den Primärenergieverbrauch der Bahn gegenüber dem Lkw. Dabei sind freilich die Energieverbräuche nicht berücksichtigt, die entstehen, wenn ein Versender oder Empfänger keinen Gleisanschluss hat.

Die Kommission ergänzte: „Im Personenfernverkehr liegt der Primärenergieverbrauch der Bahn – entgegen allgemeiner Erwartung – erschreckend hoch. Bezogen auf die gefahrenen Personenkilometer verbraucht der ICE etwa so viel Primärenergie wie der Pkw" (S.52). Das zeigt Abbildung 6.

Abb. 5: Primärenergiebedarf im Güterfernverkehr (1989)

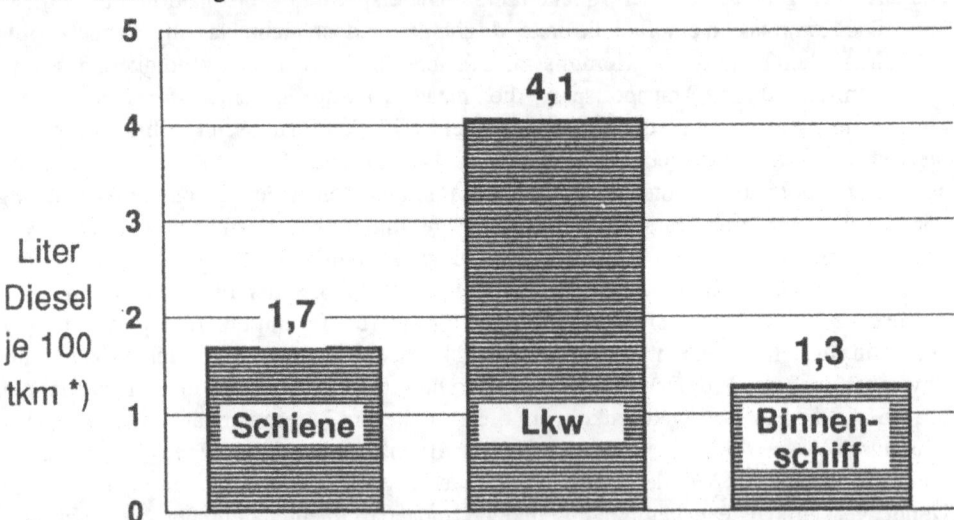

*) Der Primärenergiebedarf wird wegen der Anschaulichkeit durch ein vertrautes Energieäquivalent, Liter Diesel, ausgedrückt. Nicht berücksichtigt sind geringe Verluste zwischen Ölquelle und Zapfsäule, Kohlebergwerk und Kraftwerkeinsatz etc..

Abb. 6: Primärenergiebedarf im Personenfernverkehr
(Hochrechnung auf Ende der neunziger Jahre)

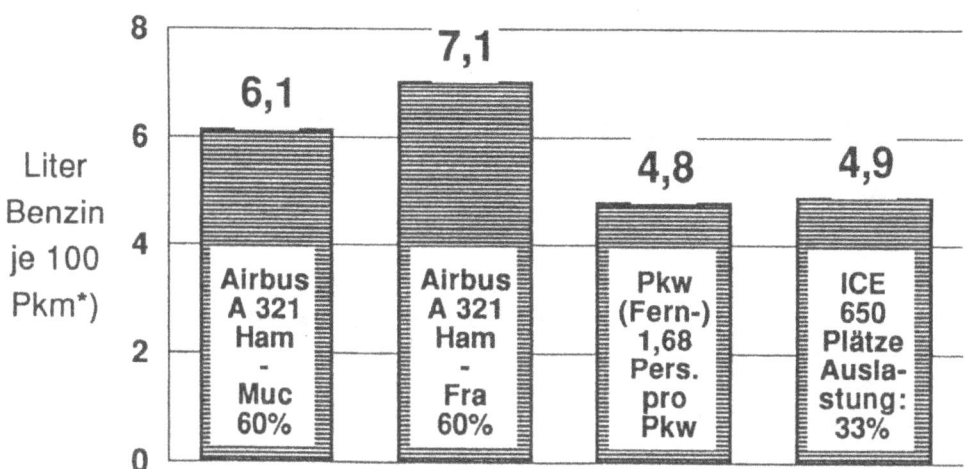

*) Der Primärenergiebedarf wird um der Anschaulichkeit willen durch ein vertrautes Energieäquivalent, Liter Benzin, ausgedrückt. Nicht berücksichtigt sind geringe Verluste zwischen Ölquelle und Zapfsäule, Kohlebergwerk und Kraftwerkeinsatz etc.. Die Auslastung im künftigen ICE-Netz ist mit 33% wie im IC-Netz '89 angesetzt.

Ein zweites Argument, mit dem die Strategie des „raising competitors' costs" betrieben wurde, lautete: „Die Bahn muss für den Fahrweg bezahlen, der Personenverkehr nicht!" Mit diesem Argument wurden Forderungen nach Erhöhung der Kfz-Steuer und auch der Mineralölsteuer begründet. Auch dieses Argument ist nach Meinung der Kommission nicht stichhaltig. Die Mineralölsteuer wurde zu dem Zweck eingeführt, Bau und Instandhaltung der Straßen zu finanzieren. Tatsächlich geht ihr Aufkommen heute weit über die Ausgaben hinaus, die Bund, Länder und Gemeinden für diese Zwecke tätigen.

Schließlich wird versucht, mit dem Argument der Umweltverträglichkeit zu begründen, dass der LKW-Verkehr und der Pkw-Verkehr mit erhöhten Abgaben belastet werden sollten. Die auch neuerdings wieder diskutierte Maut für Lkw ist ein typisches Beispiel für den Versuch, die Wettbewerbsfähigkeit der Transportsparte durch staatliche Regulierung zu erreichen, da dies offenbar mit eigenen Anstrengungen am Markt unmöglich ist. Die Kommission hat sich mit der Frage der unterschiedlichen Umweltbelastung durch die verschiedenen Verkehrsträger eingehend befasst. Sie kam nach meiner Erinnerung zu dem Ergebnis, dass alle vorliegenden Vergleichsrechnungen bestenfalls methodisch unbefriedigend und schlechtestenfalls interessenpolitisch verfälscht sind. Folglich hat sich die Kommission in ihrem Bericht auf solche Argumente überhaupt nicht eingelassen.

Die große Sorge der Kommission aber war, dass die Transportsparten in trauter Koalition mit den anderen Bahnen Druck auf die Trassenpreise machen könnten, um so den Wettbewerbsdruck von den Transportmärkten abzufangen. Die Fahrwegsparte würde dann versuchen, diesem Druck nachzugeben, indem sie die Ausschüttungen an den oder die Eigentümer der Fahrwegsparte verringerte. Die internationalen Erfahrungen lassen die Erwartung realistisch erscheinen, dass die Gewinnablieferungen an den Eigentümer im

Laufe der Zeit sinken und schließlich Verluste gemacht werden, die vom Eigentümer finanziert werden müssen. Die Kommission legte in ihrem Bericht daher besonderen Nachdruck darauf, jede Möglichkeit einer Verlagerung von Verlusten des Fahrwegs auf den Bundeshaushalt auszuschließen. Sie empfahl eine Selbstbindung der Bundesregierung an das Prinzip der Subventionsfreiheit. Im Klartext bedeutete das:

1. Die Bahn investiert nur in solche Strecken, die nach kaufmännischen Gesichtspunkten rentabel sind. Das heißt: Die Strecken müssen zumindest die marktmäßigen Kapitalkosten erwirtschaften.
2. Die Bahn ist nur bereit, Investitionen in Neubaustrecken vorzunehmen, die zwar die marktüblichen Zinsen nicht erwirtschaften, wohl aber bei einem Zinsfuß von Null rentabel sind, wenn sie vom Bund für die Vornahme dieser Investitionen zinslose Kredite erhält. Die Rückzahlung dieser Kredite muss aus den Abschreibungen erfolgen. Zinslose Kredite sind nach der Theorie öffentlicher Investitionen keine Subventionen, sondern berücksichtigen den Grundsatz, dass der Staat die gegenwärtige Generation nicht besser behandeln darf als zukünftige Generationen.
3. Die Regierung muss sich selbst binden, keine Investitionen in den Ausbau der Schienenwege in den Bundesverkehrswegeausbauplan einzustellen, die auch bei einem Zinsfuß von Null keinen positiven Nettokapitalwert erwirtschaften.

3.2. Die Fahrwegsparte

3.2.1. Anreize zur Rationalisierung des Fahrwegs

Die Kommission hatte sich im Zusammenhang mit der Privatisierung des Fahrwegs mit drei Fragen auseinanderzusetzen:

1. Wie wird bei rein formeller Privatisierung gesichert, dass der Fahrweg nicht von Subventionen durch den Eigentümer abhängig wird?
2. Wie wird bei materieller Privatisierung gewährleistet, dass nicht Dividenden mit Steuern finanziert werden?
3. Wie wird bei Re-Nationalisierung der Infrastruktur und materieller Privatisierung des Betriebs des Fahrwegs gewährleistet, dass es nicht zu Ineffizienz und Ausbeutung der Infrastruktur kommt?

Die dritte Frage ist bereits behandelt worden: Die Kommission kam zu der Überzeugung, dass eine Trennung von Infrastruktur und Betrieb ausgeschlossen werden müsse.

Die erste Frage ist ebenfalls bereits behandelt worden. Mit zinsfreien Darlehen für betriebswirtschaftlich nicht rentable Investitionen in den Fahrweg kann die Bahn auch solche Strecken betreiben, ohne auf Subventionen angewiesen zu sein. Dies wurde in der für die Bahn entwickelten kombinierten Investitions- und Finanzierungsrechnung nachgewiesen. Es blieb freilich das Problem, dass sich eine Neubaustrecke im Nachhinein als nicht einmal volkswirtschaftlich rentabel erwies. In diesem Falle muss die Strecke still gelegt und nicht mit staatlichen Zuschüssen weiter betrieben werden.

Was aber sollte geschehen, wenn sich eine Strecke, die ursprünglich als betriebswirtschaftlich nicht rentabel angesehen und daher mit zinslosen Krediten finanziert worden war, als sehr rentabel erwies? Solange die Fahrweg AG im Besitz des Bundes ist, gibt es kein Problem: alle Gewinne werden an den Eigentümer Bund ausgeschüttet. Die Gewinne, die auf der Neubaustrecke erzielt werden, kompensieren den Zinsaufwand, den der Bund für die zinslosen Kredite trägt. Wie aber ist zu verfahren, wenn der Fahrweg teilweise oder ganz materiell privatisiert ist? Hier sind drei Fälle zu unterscheiden: im ersten Fall erweist sich die Strecke auch volkswirtschaftlich als unrentabel: dieses Risiko muss das Unternehmen tragen. Die Aktionäre werden auf zügige Stilllegung der Strecke drängen. Im zweiten Falle erweist sich die Strecke auch als betriebswirtschaftlich rentabel. In diesem Fall muss der zinslose Kredit in einen marktüblichen Kredit umgewandelt werden, zweckmäßigerweise ex tunc. Im dritten Falle erwirtschaftet die Neubaustrecke eine Verzinsung zwischen Null und dem Kapitalmarktzins. Dann stellt sich die Frage: wem gehört dieser Gewinn? Den Kunden auf dieser Strecke, die einen höheren Trassenpreis bezahlen, als sie bezahlen müssten? Eine Reduktion des Trassenpreises unter das Ergebnis der Trassenpreisbildung am Markt ist auszuschließen. Dem Staat, auf dessen Veranlassung hin die Strecke gebaut worden ist? Dafür spricht, dass der Staat die gegenwärtige Generation nicht doppelt belastet: mit Steuern für die Finanzierung zinsloser Kredite an die Bahn und mit höheren Preisen für die Nutzung der Neubaustrecke. Den Aktionären, die auf diese Weise eine steuerlich subventionierte Überrendite erhalten? Diese Lösung bedeutet faktisch eine Teilung des Gewinns zwischen Staat und Aktionären: Der Staat erhält Körperschaftsteuern von der Bahn und Einkommensteuer (nach Maßgabe des Halbanrechnungsverfahrens) von den Aktionären, und die Aktionäre erhalten die Netto-Dividende. Das könnte durchaus eine „incentive-compatible" Lösung sein: sie verstärkt den Anreiz, auch solche Strecken ständig zu verbessern und zu rationalisieren. Die Kommission hat sich nicht entschieden gegen eine der letzten beiden Lösungen ausgesprochen, aber wohl doch präferiert, Dividendenausschüttungen nicht durch Zinsfreiheit zu ermöglichen. Das Kapitel des Berichts der Kommission, das mit „Technologie" überschrieben ist, zeigt aber, wie wichtig es für die Kommission war, dass der Bahn die richtigen Anreize gesetzt werden, modernste Technologie im Interesse einer Verbesserung der Wirtschaftlichkeit von Strecken einzusetzen.

3.2.2. Die Trassenpreise

Neben den Bemühungen um Rationalisierung des Fahrwegs sind es die Trassenpreise, die für die Rentabilität der Fahrweg-AG entscheidend sind. Unter der Überschrift „Entgeltlichkeit der Nutzung (des Fahrwegs)" hat die Kommission ihre Empfehlungen zur Gestaltung der Trassenpreise zusammengefasst: die Transportunternehmen zahlen „diskriminierungsfreie Fahrplantrassenpreise". „Solange kein funktionierender Wettbewerb auf der Schiene zustande kommt, werden den Transportsparten Preise berechnet, die sich am Verbrauch von Fahrplantrassen im Netz und den darauf anfallenden Kosten orientieren. Sobald Wettbewerb entstanden ist, werden die Fahrplantrassenpreise als Marktpreise freigegeben" (S. 25). Die Kommission stellte sich dies so vor, dass die Trassen zweimal jährlich versteigert werden. An eine Priorität des Personennahverkehrs bei der Vergabe von Trassen dachte die Kommission nicht. Sie ging vielmehr eindeutig von der Empfehlung aus, dass der Meistbietende den Zuschlag erhalten sollte und dass der Personennahverkehr auf der Schiene (vor allem der Schüler- und Berufsverkehr) eigene Parallelstrecken bauen würde, wenn er den Zuschlag nicht erhielte.

4. Die Sicherung der Wettbewerbsfähigkeit der Bahn

Die Wettbewerbsfähigkeit der Bahn konnte nur gesichert werden, wenn die Bahn die dafür erforderlichen Startbedingungen erhielt. Das bedeutete die Entschuldung der Bahn bis zu dem Punkt, an dem die Bahn mit einer Eröffnungsbilanz startete, wie sie vergleichbare kaufmännisch geführte Unternehmen aufweisen. Die Kommission formulierte dieses Erfordernis wie folgt: „Die Bahn hat ihre Verpflichtungen bisher wie eine Bugwelle vor sich her gedrückt. Sie (die Bugwelle, d.Vf.) wird immer größer und droht, über den Bahnen zusammenzuschlagen. Die Strukturreform setzt voraus, dass der Bund diese Bugwelle den Bahnen abnimmt" (S. 57).

Konkret bedeutete das nach den Empfehlungen der Kommission

1. die Übernahme von
   - Pensionsrückstellungen in Höhe von   MDM 80.545
   - nicht notwendiges Personal und Personalaufwand   MDM 24.133
   - Altlasten und Stilllegungen   MDM 7.173
   - Unterlassene Instandhaltung   MDM 3.081
   - Sonstiges   MDM 57

   Insgesamt   MDM 114.989

2. die Übernahme von Verbindlichkeiten in Höhe von   MDM 52.297

3. Summe   MDM 167.286

Aus diesen Entschuldungsmaßnahmen sollte dann eine Eröffnungsbilanz folgen, die folgende Struktur aufwies:

Aktiva	Eröffnungsbilanz der Deutsche Bahn AG (in Mio. DM)	Passiva	
Anlagevermögen	53.300	Eigenkapital	
		Grundkapital	23.117
Vorräte des Sachanlagevermögens	1.482	Rücklagen	21.275
Vorräte	374	Fremdkapital	
Forderungen aus Lieferungen und Leistungen	3.175	Baukostenzuschüsse von Dritten	10.278
Liquide Mittel	2.628	Rückstellungen	3.620
Rechnungsabgrenzungsposten	3.692	Verbindlichkeiten	6.160
		Rechnungsabgrenzungsposten	149
	64.652		64.652

Mit einer solchen Bilanzstruktur musste das Unternehmen bereits in den ersten Jahren nach der Reform Gewinne erzielen können. Das würde, so die Überzeugung der Kommission, einen Motivationsschub bei den Mitarbeitern bewirken und Zweifler von der Richtigkeit des eingeschlagenen Weges überzeugen.

Dieser Weg unterschied sich deutlich von der Privatisierung von Post und Telekommunikation. Hier wurde keine Entschuldung durch den Bund vorgenommen mit der Folge, dass den Unternehmen eine Zeitspanne gewährt werden musste, in der ihr Monopol aufrechterhalten blieb und sie in den Monopolbereichen Monopolrenten erzielen konnten, aus denen die Altlasten bestritten und die Alt-Verbindlichkeiten getilgt werden konnten. Während also im Falle der Bahn der Steuerzahler die aufgelaufenen Verluste der Vergangenheit bezahlen muss, ist es bei der Telekommunikation und der Post der Kunde, der die Schulden aus der Vergangenheit in Form von Monopolpreisen bezahlt.

II. Die Umsetzung des Reformkonzepts durch Bundesregierung und Parlament

1. Die Startbedingungen

Die Bahnreform trat schließlich am 1. Januar 1994 aufgrund des am 17. Dezember 1993 vom Deutschen Bundestag verabschiedeten Gesetzes zur Neuordnung des Eisenbahnwesens in Kraft. Insgesamt umfasste die rechtliche Reform das Änderungsgesetz zu Art. 87 GG sowie die Verabschiedung folgender neuer Gesetze:

1. Gesetz zur Zusammenführung und Neugliederung der Bundeseisenbahn,
2. Gesetz über die Gründung einer DBAG,
3. Gesetz über die Eisenbahnverwaltung des Bundes,
4. Regionalisierungsgesetz,
5. Neufassung des Allgemeinen Eisenbahngesetzes,
6. Gesetz zur Verbesserung der personellen Struktur beim Bundeseisenbahnvermögen und in den Unternehmen,
7. Bundesschienenwegeausbaugesetz.

Ferner wurden 134 Änderungen von Gesetzen und Verordnungen vorgenommen.

Die Sondervermögen der Bundesbahn und der Reichsbahn wurden zunächst in ein „Bundeseisenbahnvermögen" eingebracht. Anschließend wurde die Deutsche Bahn AG durch Ausgliederung des eigentlichen Eisenbahnverkehrs gegründet und zwar mit den Sparten Fahrweg, Personennahverkehr, Personenfernverkehr und Güterverkehr sowie den Zentralbereichen Traktion, Betriebswerke und Verwaltung. Später wurden noch die Immobilien in eine eigene Sparte eingebracht.

Es wurde ein Eisenbahnbundesamt geschaffen, das der von der Kommission vorgeschlagenen Finanz-Holding entsprach. Diesem Amt wurden alle Schulden der Bahn übertragen, sodass die Deutsche Bahn AG ganz schuldenfrei starten konnte. Eine Begründung für diese übermäßige Entschuldung wird darin gesehen, dass das Eisenbahnamt keine Bediensteten der Bahn übernahm, wie es die Kommission in einem Personalamt vorgeschlagen hatte, sondern nur die finanziellen Verpflichtungen, die sich aus dem Unterschied in den Lohn- und Gehaltsstrukturen des öffentlichen und des privaten Dienstes ergaben. Die Deutsche Bahn AG musste alle erforderlichen Entlassungen in eigener Regie und Verantwortung vornehmen.

Die hoheitlichen Aufgaben, die früher von der Deutschen Bundesbahn ausgeübt wurden, wurden nunmehr dem Eisenbahnbundesamt übertragen. Dieses übt die Eisenbahnaufsicht aus. Es nimmt die Planfeststellung für die Schienenwege vor. Es erteilt die Betriebsgenehmigungen. Es untersucht Störungen fachlich.

Die Transportgesellschaften sollen an Private veräußert werden. Die Mehrheit der Fahrweg AG soll dagegen beim Bund verbleiben. Dies entspricht durchaus dem Reformkonzept der Kommission. Laaser behauptet, die Regelung, dass der Bund die Mehrheit des Grundkapitals der Fahrweg AG halten sollte, sei ein Kompromiss zwischen dem Bund, der eine vollständige materielle Privatisierung anstrebte, und den Ländern gewesen, die forderten, dass die Netzinfrastruktur im Eigentum des Bundes verbleiben solle[13]. Wie dem im Einzelnen auch sei, der „Kompromiss" war im Konzept der Regierungskommission Bundesbahn die richtige Lösung. Sie reißt Infrastruktur und Betrieb nicht auseinander, und sie erzwingt auch für die Infrastruktur eine kaufmännische Führung, was Effizienzgewinne bei Investitionsentscheidungen zur Folge hat.

Die Kommission hatte ein eigenes Eisenbahnbundesamt als spezielle Kartellbehörde für überflüssig gehalten und die Wettbewerbsaufsicht ausschließlich dem Bundeskartellamt übertragen wollen. Dieser Empfehlung ist die Bundesregierung nicht gefolgt. Das Eisenbahnbundesamt ist für die Wettbewerbsaufsicht über die DBAG zuständig. Das ist meiner Ansicht nach ein schwerer Fehler gewesen. Die hoheitlichen Funktionen, die das Eisenbahnbundesamt ausübt, sind nicht von vornherein unvereinbar mit der Eignerfunktion des Bundes. Die Aufgabe, für mehr Wettbewerb auf der Schiene zu sorgen, bringt dagegen das Eisenbahnbundesamt in eine Situation, die mit der Eignerfunktion nicht vereinbar ist. Das faktisch unabhängige Bundeskartellamt übt diese Funktion überzeugender und kompetenter aus. Die bisherige Erfahrung zeigt auch – u.a. bei den Trassenpreisen – dass es zu Überschneidungen in den Aufgaben von Bundeskartellamt und Eisenbahnbundesamt kommen kann. Die Trennung von allgemeiner Wettbewerbsaufsicht, die das Bundeskartellamt ausüben soll, und spezieller Wettbewerbsaufsicht, die dem Eisenbahnbundesamt übertragen wurde, ist schlichtweg eine Fehlkonstruktion, die auf der irrigen Annahme beruht, dass das Bundesamt schneller von Diskriminierungstatbeständen erführe als das Bundeskartellamt. Oder sollte das Eisenbahnbundesamt alten Partikularinteressen aus der Zeit vor der Reform leichter zugänglich sein als das Bundeskartellamt? Die Novelle zum Allgemeinen Eisenbahngesetz, die im Jahre 2001 beschlossen wurde, erweitert nun sogar die dem Eisenbahnbundesamt übertragene Aufgabe, für einen diskriminierungsfreien Zugang zum Fahrweg zu sorgen, dadurch, dass das Bundesamt auch aktiv gegen die Deutsche Bahn AG und ihre Sparten vorgehen kann, wenn es von Diskriminierungstatbeständen erfährt.

Das Controlling der Bahn führte ein Rechnungswesen ein, das jeder Sparte und jeder Betriebsstelle zeigt, wo sie im Rahmen der Erfüllung des vereinbarten Planziels steht. Das Berichtssystem der Deutsche Bahn AG entspricht daher modernen Erfordernissen. Vergleicht man das gegenwärtige Controlling-System mit den verschiedenen Formen des Rechnungswesens bei der Bundesbahn, dann wird deutlich, welch enormer Fortschritt mit dem gegenwärtigen Controlling-System erzielt worden ist. Die Regierungskommission Bundesbahn hatte seinerzeit das Rechnungswesen der Bundesbahn als ein System gegeißelt, das nur einem Zweck diente: sich selbst und die Öffentlichkeit zu belügen. Das ist heute nicht mehr der Fall. Ob das moderne Controlling-System der DBAG aber auch das schon bewirkt hat, was ein Controlling-System als Führungssystem bezweckt, nämlich das Verhalten aller Mitarbeiter konsequent auf Gewinnerzielung im Wettbewerb auszurichten, kann noch nicht endgültig beantwortet werden. Zweifel erscheinen nicht unangebracht. Die Informationen des Monatsabschlusses „DB Konzern" lassen bei einem Außenstehenden möglicherweise die Vermutung entstehen, dass die alte „Bundesbahner-Mentalität" auch acht Jahre nach der Reform noch nicht ausgemerzt ist. Angesichts eines Rechnungswesens, dessen Zahlen verlässlich und geeignet sind, Führungsentscheidungen auf allen Ebenen des Unternehmens zu ermöglichen, ist die anscheinend nach wie vor vorhandene traditionelle Gleichgültigkeit gegenüber Ist-Zahlen und Plan-Zahlen nicht zu rechtfertigen. Aber auch die Controlling-Organisation der DBAG selbst befindet sich nach wie vor in einem Lernprozess vor allem auf den örtlichen Ebenen des Unternehmens. Dieser Lernprozess sollte vom Gesamtvorstand der Bahn unterstützt und beschleunigt werden. Die Verbindlichkeit der Pläne und die Verpflichtung zur Übernahme von Ergebnisverantwortung können wesentlich gestärkt werden, wenn das Besoldungssystem enger an die Planerfüllung geknüpft wird und wenn geeignete Sanktionen mit der Abweichungsanalyse verbunden werden.

Insgesamt ist über das Rechnungswesen der DBAG zu sagen: Es baut auf einem geschlossenen Planungssystem der Bahn und ihrer Geschäftsbereiche auf. Die Planung geht bis zu den Kostenstellen „hinunter", für die Pläne auf Monatsbasis erstellt werden. Die Ist-Ausgaben werden den Planausgaben gegenübergestellt. Das Zahlenwerk ist völlig konsistent. Die Ist-Zahlen der Kostenstellenrechnung gehen verdichtet in die Monatsabrechnung und schließlich in den Jahresabschluss ein. Das Controlling-System ist so gestaltet, dass aus allen Zahlen des internen Rechnungswesens, das Kostenrechnung und Investitionsrechnung umfasst, alle Zahlen des externen Berichtssystems (Gewinn- und Verlustrechnung, Bilanz) zwingend folgen. Der Holding-Vorstand erkennt jeden Monat, ob das Umsatzziel erreicht worden ist und in welchem Geschäftsbereich es nicht erreicht worden ist. Er erkennt, dass eine Abweichung von 2 % nach unten im Bereich Personenfernverkehr zur Folge hat, dass der Bereich um 80 % unter seinem Ergebnisziel bleiben wird. Das ist natürlich nicht überraschend bei einem Unternehmen mit sehr hohen Fixkosten. Aber es unterstreicht die Notwendigkeit, die Zahlen des Zentralen Controlling im Gesamtvorstand sehr eingehend zu diskutieren, wenn die Bahn die Bahnreform auch nach innen entschlossen umsetzen will.

Das Investitions- und Projekt-Controlling der DBAG ist voll in das Rechnungswesen integriert. Es wird großer Nachdruck auf in sich konsistente und verlässliche Daten gelegt. Planüberschreitungen bei Ausgaben für Investitionsprojekte werden offen gelegt. Ob ihnen vom Gesamtvorstand mit der notwendigen Härte nachgegangen wird, kann hier nicht abschließend beantwortet werden. Planüberschreitungen von 15 % und mehr leistet sich jedenfalls ein kaufmännisch geführtes Unternehmen nur einmal. Beim zweiten Mal werden sofort personelle Konsequenzen gezogen.[14]

Die Regionalisierung der Bahn fand ihren Niederschlag im sog. „Regionalisierungsgesetz". Das Konzept der Regierungskommission war einfach gewesen: Man darf den Anbieter nicht subventionieren, sondern nur die bedürftigen Kunden. Die Umsetzung dieses Prinzips hätte ein Recht bestimmter bedürftiger Nachfrager nach Verkehrsleistungen bedeutet, individuell zu subventionierten Tarifen Verkehrsdienstleistungen in Anspruch nehmen zu dürfen. Das Eisenbahnbundesamt hätte diese Anträge prüfen und genehmigen oder ablehnen müssen und bei Genehmigung den Differenzbetrag zwischen dem geltenden Marktpreis (Tarif der Eisenbahn) und dem zumutbaren Preis an den Kunden zu überweisen gehabt. Der bedürftige Kunde wäre gegenüber der Bahn wie ein ganz normaler Kunde aufgetreten. Die Kommission meinte aber, die Reform der Bahn nicht mit einem so großen bürokratischen Aufwand belasten zu sollen. Sie schlug deshalb vor, die Gemeinden, die Tarifverbünde oder zur Not auch die Länder als Treuhänder dieser bedürftigen Individuen auftreten und die Nachfrage in deren Namen ausüben zu lassen.

Die Kommission machte über die Höhe der Leistungen des Bundes für die Regionalisierung folgende Aussage: „Im Wege des Bund-Länder-Ausgleichs erhalten die einkaufenden Gebietskörperschaften die notwendige Finanzausstattung in der Größenordnung, wie sie der Bund sonst selbst zahlen müsste" (S.17). Und: „Im Rahmen des Bund-Länder-Ausgleichs werden die Länder mit den Mitteln ausgestattet, die bisher vom Bund für den Nahverkehr geleistet wurden ... Über die Anpassung dieser Bundesleistungen für den Personennahverkehr ist mit den Ländern zu verhandeln" (S.22). Die Kommission sah einen Betrag von 7,7 Mrd. DM als völlig ausreichend an. Dem hatte sich die Bundesregierung bei der Umsetzung des Regionalisierungskonzepts angeschlossen. Die Länder forderten 14 Mrd. DM und machten ihre Zustimmung zu der Bahnreform im Bundesrat davon abhängig, dass der Bund deutlich mehr bezahlte als die 7,7 Mrd. DM. Schließlich kam es zu einem Kompromiss, der Zahlungen in Höhe von 8,8 Mrd. DM (1996) und von 12 Mrd. DM jährlich ab 1997 vorsah. Die Zahlungen wurden an das Mehrwertsteueraufkommen gebunden.

2. Die Führungsstruktur der DBAG

Vorstand und Aufsichtsrat haben in der Bahn zweifellos einen Umdenkungsprozess eingeleitet. Kaufmännisches Denken ist aber nicht leicht in den Köpfen der alten Mitarbeiter zu verankern. Die Subventionsmentalität dürfte allmählich verschwinden – trotz der Baukostenzuschüsse, die quasi durch die Hintertür eingeführt und der DBAG vom Eisenbahnbundesamt gewährt werden. Im Jahre 1997 erhielt die Bahn 8 Mrd. DM weniger an Subventionen, als die Regierungskommission als Ergebnis der Privatisierung für dieses Jahr erwartet hatte.

3. Ungereimtheiten in der Umsetzung des Reformkonzepts

Das Parlament ist dem Vorschlag der Kommission nicht gefolgt, das nicht benötigte Personal in ein Bundespersonalamt zu übernehmen. Die Bahn hat alle nicht beamteten Mitarbeiter übernommen und den sozialen Besitzstand der Mitarbeiter garantiert. Dafür werden der Bahn 5,3 Mrd. DM an Ausgleich für die Altlasten der Deutschen Reichsbahn pro Jahr gezahlt. Dieser Betrag sinkt jährlich um eine halbe Milliarde DM.

Der Bund hat eine Finanzierungsvereinbarung für den Streckenausbau getroffen, die Baukostenzuschüsse vorsieht. Das ist systemwidrig und weder von der Kommission noch von der DBAG gewollt. Die Baukostenzuschüsse resultierten aus dem Wunsch, sich das Leben einfach zu machen und standardisierte zinslose Kredite mit einer Laufzeit von 25 Jahren zu vergeben unabhängig von der wirtschaftlichen Lebensdauer der Strecken, die damit finanziert werden. Je länger die wirtschaftliche Lebensdauer einer Strecke angegeben wird, desto höher sind die Baukostenzuschüsse. Anderseits: je kürzer die tatsächliche wirtschaftliche Lebensdauer ist, desto vorteilhafter ist ein Kredit mit einer standardisierten Laufzeit von 25 Jahren. Die Finanzierungsrechnung, die das Eisenbahnbundesamt vorgeschlagen hat, setzt also der Reformkonzeption zuwiderlaufende Anreize für die Bahn. Es widerspricht der Reformkonzeption der Kommission auch, dass Ersatzinvestitionen ohne Finanzierungsrechnung mit zinslosen Darlehen finanziert werden.

Bei der Umsetzung des Reformkonzepts wurde auch die Idee aufgegeben, die Trassen im Wege einer Auktion zu vergeben. Stattdessen wurde ein Trassenpreissystem geschaffen, das mit dem Risiko verbunden ist, dass zu dem vorher festgelegten Angebotspreis mehrere Nachfrager die Trasse nutzen wollen. Dann muss die Bahn mit den Nachfragern verhandeln. Folglich ist ein diskriminierungsfreier Trassenzugang nicht gesichert. Auf die Problematik der Trassenpreise wird unten noch ausführlich eingegangen.

Trotz der genannten Ungereimtheiten bei der Umsetzung der Bahnreform ist festzustellen: „Die Bahnreform gehört zu den ganz großen Reformen der Legislaturperiode 1988 bis 1992. Sie ist eine Meisterleistung des zuständigen Ministeriums, eine leider bei der Deutschen Telekom nicht wiederholte Kraftanstrengung des Bundesfinanzministeriums und eine virtuose Meisterleistung an öffentlicher Überzeugungsarbeit des Vorstandes der Deutschen Bahn AG gewesen. Sie ist aber letztlich das Werk der breiten Mehrheit der Parlamentarier aus allen Fraktionen, welche die Verfassungsänderung durchgeführt haben. Darauf sollten alle Beteiligten mit Recht stolz sein."[15]

In den ersten drei Jahren der Reform stieg der Umsatz um 6 %, die Produktivität, gemessen in Verkehrsleistungen je Beschäftigten, um 62 %. Der Konzernumsatz je Mitarbeiter stieg sogar um 70 %. Die berühmte „Dürr-Milliarde", die Heinz Dürr versprach bei der Beschaffung von Material einzusparen, sobald die Bahnreform umgesetzt wäre, wurde nicht nur erwirtschaftet, sondern übertroffen. Durch Änderung des Ausschreibungsverfahrens und internationale Ausschreibungen wurden jedes Jahr mehrere Milliarden an Beschaffungskosten eingespart. Im Jahre 1997 waren von den bei Gründung der DBAG vorhandenen 387.000 Personen nur noch 263.000 vorhanden. Ende 1998 beschäftigte der DB-Konzern noch 250.000 Mitarbeiter.[16] Zu übersehen ist allerdings auch nicht, dass der Marktanteil von DB Cargo inzwischen nur noch bei 16 % liegt.

4. Das Trassenpreisproblem

Zu der Grundidee der Bahnreform gehörte es, die Effizienz der Bahn durch mehr Wettbewerb auf dem Schienennetz zu steigern. Jede zugelassene Transportgesellschaft sollte diskriminierungsfrei Zugang zum Schienennetz erhalten und Marktpreise für die Nutzung der Strecken bezahlen. Aus diesem Grundsatz folgt, dass der Fahrweg Trassen an den Meistbietenden verkauft. In einem solchen Auktionsverfahren bilden sich Wettbewerbspreise für Trassen.

Die Umsetzung dieser Grundidee erfolgte in der „Verordnung über die diskriminierungsfreie Benutzung der Eisenbahninfrastruktur und über die Grundsätze zur Erhebung von Entgelt für die Benutzung der Eisenbahninfrastruktur" – Eisenbahninfrastruktur-Benutzungsverordnung – (EIBV) vom 5. Dezember 1996.[17]

Diese Verordnung sieht eine Art zweistufiger Auktion vor. Auf der ersten Stufe werden auf der Basis eines allgemeinen Trassenpreissystems („Verzeichnis der Entgelte") Anmeldungen für Trassen entgegengenommen. Auf der zweiten Stufe werden diejenigen

Trassen, für die mehr als eine Anmeldung vorliegen, auktioniert. Diese Auktion beginnt mit einer Verhandlung mit den im Wettbewerb um die Trasse stehenden Unternehmen. Diese Verhandlung verfolgt das Ziel, zu einer „einvernehmlichen Lösung" zu gelangen. Kann eine Einigung nicht erzielt werden, sollen die Wettbewerber ein Entgelt anbieten, das über dem im Verzeichnis der Entgelte verzeichneten liegt. Die Benutzung der Trasse ist dem Unternehmen einzuräumen, welches das höchste Entgelt zu zahlen bereit ist (§4 Abs. 5 EIBV).

Ob es zu Konkurrenz um Trassen kommt oder nicht, hängt natürlich von dem „Verzeichnis der Entgelte" ab, auf Grund dessen die Eisenbahnunternehmen Anmeldungen vornehmen. Diese Trassenpreise sollen nach § 5 EIBV von der Fahrweg AG frei gestaltet werden können. Die Trassenpreise können für das gesamte Netz, für Teilnetze und für bestimmte Strecken berechnet und erhoben werden. Daraus folgt, dass Mischkalkulationen zulässig sind. Durch Zu- und Abschläge können die Trassenpreise Streckentypen und Auslastungsgrade der Strecke neben weiteren Gesichtspunkten berücksichtigen. Es können auch streckenbezogene Mengennachlässe und zeitbezogene Nachlässe gewährt werden. In der Begründung der Verordnung heißt es dazu einschränkend: „Wettbewerb soll nicht dadurch verhindert werden, dass großen Nachfragern regelmäßig Mengennachlässe eingeräumt werden, die kleinere Eisenbahnverkehrsunternehmen, auch wenn sie sich zusammenschließen, schon aus tatsächlichen Gründen nicht erreichen können".

Die Bahn hat im Jahre 1994, dem Jahr ihrer Gründung, ein einstufiges Trassenpreissystem eingeführt. Die Höhe des Trassenpreises hing von der Streckenkategorie und von der Zugpreisklasse ab. Das System sah Mengen- und Zeitrabatte sowie zu- und Abschläge vor. Die Bahn erkannte, dass dieses System nicht genügend Anreize bot, mehr Verkehr auf die Schiene zu bringen (Auslastungsproblem). Sie erkannte ferner, dass die Gestaltung der Mengenrabatte der Kritik ausgesetzt war, diskriminierende Wirkung zu haben (Wettbewerbsproblem). Beiden Kritikpunkten sollte in einem neuen Trassenpreissystem Rechnung getragen werden, das im Jahre 1998 eingeführt werden sollte.[18] Hierbei handelte es sich um eine Kombination von einstufigem und zweistufigem System. Der Kunde, der das einstufige System wählte, sollte einen Vario-Tarif bezahlen. Derjenige Kunde, der das zweistufige System wählte, sollte ein fixes Entgelt für eine „InfraCard" und ein variables Entgelt für die konkrete Nutzung der Infrastruktur bezahlen.[19]

In seiner Analyse dieses Trassenpreissystems kam Günter Knieps zu dem Schluss, dass innerhalb jeder Nachfragergruppe die Kunden von dem neuen System gleich behandelt werden und dass auch die Besitzer von InfraCards nicht besser behandelt werden als Nutzer des VarioPreises.[20] Auch Gerd Aberle kam zu dem Schluss, dass das neue Trassenpreissystem wettbewerbskonform sei: Das zweistufige Trassenpreissystem besitze „einen starken Degressionseffekt bei unterschiedlichen Zugkilometerwerten. Dieser Degressionseffekt stelle keine Diskriminierung von Trassennachfragern dar, die nur vergleichsweise niedrige Zugkilometerwerte pro Monat oder Jahr nachfragen.[21]

Das Bundeskartellamt hat die Anwendung dieses Trassenpreissystems wegen mangelnder Diskriminierungsfreiheit untersagt. Ich halte die Kritik für berechtigt. Meine Bedenken werden unten eingehender dargestellt.

D. Die Kritik an der Reform der Deutschen Bahn

I. Die Kritik des Bundesrechnungshofs

„Der Bundesrechnungshof hat dem im kommenden Sommer ausscheidenden Bahnchef Heinz Dürr ein vernichtendes Zeugnis für seine Sanierungsarbeit seit der Bahnreform 1994 ausgestellt", heißt es in einem Bericht der Zeitschrift „Wirtschaftswoche" vom 13. März 1997.

Der Bundesrechnungshof hatte mit Schreiben vom 21. Januar 1997 dem Bundesministerium für Verkehr einen „Bericht"[22] übersandt, in dem lapidar festgestellt wird: „Die Analyse der Jahresabschlüsse der DB AG zeigt, dass die DB AG noch keinen eigenen Beitrag zur Ergebnisverbesserung geleistet hat". Im Einzelnen wird in dem Bericht behauptet:

1. Es lassen sich trotz Wachstum des Verkehrsmarktes keine Erlössteigerungen feststellen (S. 6).
2. Es lässt sich keine Verringerung des Materialaufwands in den Geschäftsjahren 1994 und 1995 erkennen (S.6)
3. Es lassen sich keine Einsparungen beim Personalaufwand im Vergleich zum Vorjahr feststellen (S. 7)
4. Die Gewinne der Jahre 1994 und 1995 stellen eine Verschlechterung gegenüber dem Jahr 1993 dar, und zwar um 1,8 Mrd. DM im Jahre 1994 und um 200 Mio. DM im Jahre 1995 (S.8)
5. Die DBAG hat aus eigener Kraft noch nicht zu wesentlichen Ergebnisverbesserungen gegenüber dem letzten Jahr vor der Bahnreform beigetragen (S.9),
6. Die Selbstfinanzierungskraft der DB AG ist mangelhaft (S. 9)
7. Das Rechnungswesen der DB AG ist nicht aussagekräftig genug (S. 11 f.)
8. Die kommenden Jahre werden keine „kurzfristig höheren Erlöse" bringen.

Der Bundesrechnungshof kritisiert auch den Eigentümer:

1. Der Bund leistet Zahlungen für Personalaltlasten nicht entsprechend den periodengerechten Anforderungen (S. 7)
2. Der Bund überweist im Voraus und in nicht erforderlicher Höhe Finanzmittel an die DBAG. Er verstößt damit gegen den Grundsatz der zeitgerechten Verausgabung von Mitteln (S.10).
3. Der Alleinaktionär Bund und seine Vertreter im Aufsichtsrat haben auf die Bildung eines Bilanzausschusses des Aufsichtsrats verzichtet.

Der Bundesrechnungshof hat sich zur Unterstützung seiner Kritik gutachtlich von Professor Dr. Hannes Streim, Bochum, und von Professor Dr. Harald Wiedmann (KPMG) beraten lassen. Wiedmann bestätigt, dass die Analyse des Jahresabschlusses 1994 „methodisch einwandfrei" ist. Streim bescheinigt dem Bundesrechnungshof, dass „unternehmerische Erfolge der DB AG im Geschäftsjahr 1995 nicht erkennbar" sind.

Die Wirtschaftsprüfer der DBAG, die C&L Deutsche Revision, haben zu der Analyse des Geschäftsberichts 1995 der DBAG Stellung genommen. Die Ergebnisse lauten:

1. Die Prüfungsberichte „sind geeignet, den Aufsichtsrat als primären Adressaten und darüber hinaus auch den Alleinaktionär mit den erforderlichen Informationen zu versehen.

2. Die Richtlinien für den Jahresabschluss der Deutschen Bundesbahn wurden unter Mitwirkung des Bundesrechnungshofs erlassen. Besonders bemerkenswert erscheint mir, dass die von der Regierungskommission Bahn festgestellten Bilanzsünden vom Bundesrechnungshof mit verantwortet werden müssen.
3. Vergleiche der Jahresabschlüsse 1994 und 1995 mit früheren Jahresabschlüssen der Deutschen Bundesbahn sind methodisch abwegig.
4. Die vom Bundesrechnungshof vorgeschlagenen Verbesserungen des Rechnungswesens und des Prüfungsberichts sind „weitgehend ohne Substanz".

Methodisch war das Vorgehen des Bundesrechnungshofs falsch. Ein „Vorher-Nachher-Vergleich" ist grundsätzlich falsch. Richtig ist ein „Mit-Ohne-Vergleich". Ein solcher Vergleich konnte entweder die Planzahlen der Regierungskommission zugrunde legen und mit den Ist-Zahlen vergleichen oder er konnte die Planzahlen der DBAG mit den Ist-Zahlen vergleichen, wie es die DB AG ja selbst monatlich tut. Ein Vergleich mit den Zahlen der Regierungskommission hätte gezeigt:

1. Die Gewinne der Jahre 1994 und 1995 blieben um 176 Mio. DM (1994) und um 338 Mio. DM (1995) hinter den Planzahlen der Regierungskommission zurück (S. 67)

Abb. 7: Jahresergebnisse vor Steuern in Mrd. DM mit und ohne Bahnreform

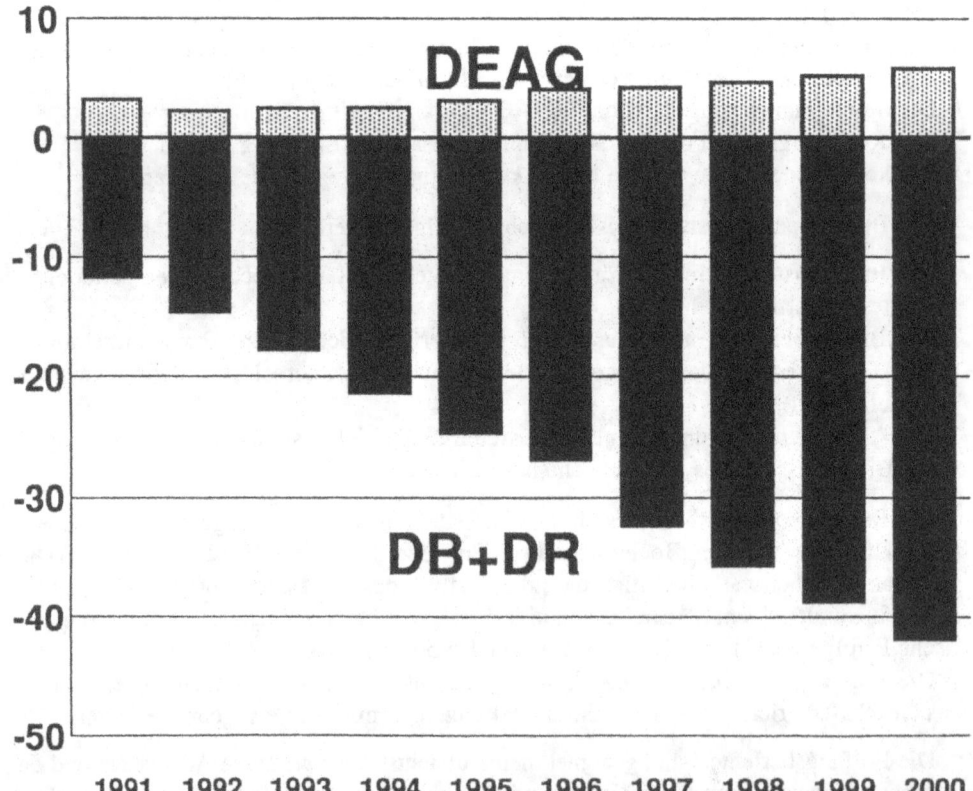

2. Der Gewinn des Jahres 1994 lag um 343 Mio. DM unter dem bereinigten Bilanzgewinn des Jahres 1993. Er hätte nach den Planungen der Regierungskommission um 167 Mio. DM unter dem bereinigten Bilanzgewinn des Jahres 1993 gelegen (S.67).
3. Der Gewinn des Jahres 1995 lag um 342 Mio. DM unter dem bereinigten Bilanzgewinn des Jahres 1993. Er hätte nach den Planungen der Regierungskommission um 4 Mio. DM unter dem bereinigten Bilanzgewinn des Jahres 1993 gelegen (S.67).
4. Der Bundesrechnungshof ging mit keinem Wort auf die Berechnungen der Regierungskommission Bundesbahn ein. Die vom BRH vorgenommenen Änderungen und Umgruppierungen nehmen keinerlei Bezug auf die detaillierten Plan-Gewinn- und Verlust-Rechnungen und die differenzierten Planbilanzen der Regierungskommission. Das wäre methodisch zwingend erforderlich gewesen, wie die Abbildungen 7 und 8 zeigen

Wie wenig der Bundesrechnungshof bei seiner Kritik die Bahnreform verstanden hatte, geht auch aus der Behauptung hervor, die Zahlungen des Bundes an die Länder seien Subventionen der Bahn. Der BRH verkennt, dass eine kaufmännisch geführte Bahn, die keiner anderen Allgemeinwohlverpflichtung unterliegt, als den Nachfragern Leistungen zu Wettbewerbspreisen anzubieten, jeden Kunden gleich behandeln muss. Wenn die Politi-

Abb. 8: Finanzbedarf des Bundes in Mrd. DM mit und ohne Bahnreform

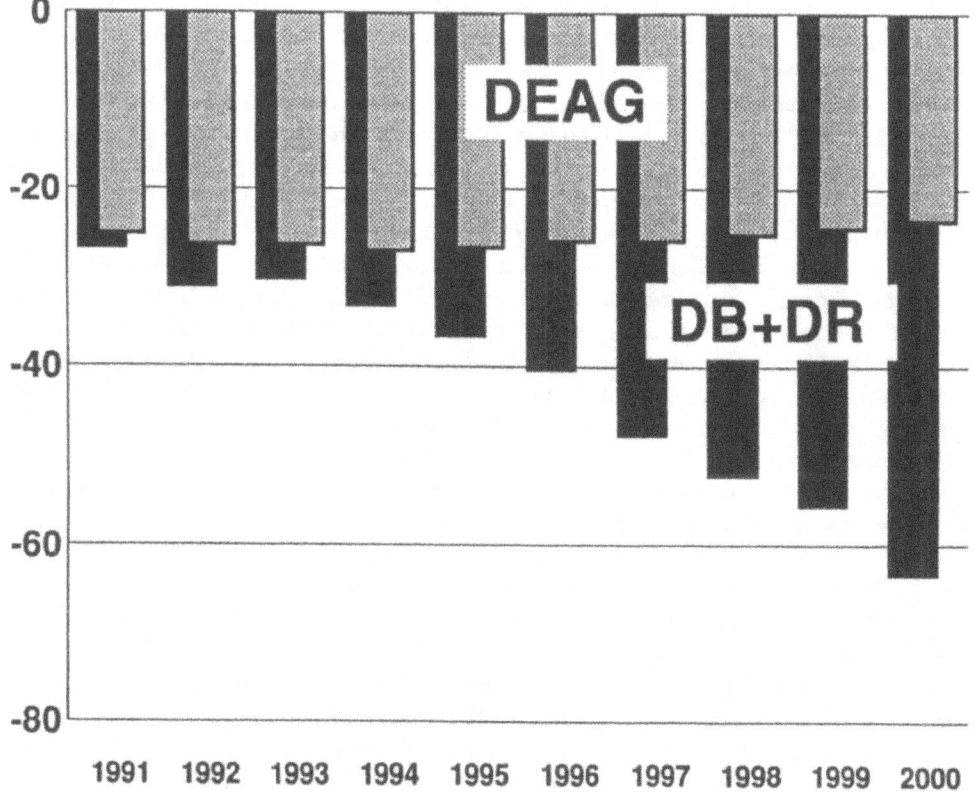

ker der Ansicht sind, dass diese Marktpreise für bestimmte soziale Gruppen eine zu große finanzielle Belastung darstellen, und wenn sie diese Personen finanziell in die Lage versetzen, die Marktpreise zu bezahlen, dann ist das ganz offenbar keine Subvention der Bahn, sondern der bedürftigen Personengruppen. Die Sparte Personennahverkehr darf die Zahlungen der Länder nicht als ergebniswirksame Subventionen der Länder buchen. Sie muss diese Zahlungen als ganz normale Umsatzerlöse ausweisen. Alles andere geht an Sinn und Zweck der Bahnreform vorbei.

Im Einzelnen braucht hier nicht auf die Kritik des Bundesrechnungshofs eingegangen werden. Sie war methodisch wie sachlich unbegründet und im Endeffekt kontraproduktiv, denn sie hat das Gegenteil dessen bewirkt, was der Bericht erreichen wollte, nämlich „dazu beitragen, Zwischenbilanz zu ziehen und den Bund bei seinen Bemühungen um den Erfolg der Bahnreform zu unterstützen" (S.1).

II. Die Kritik des Bundesverbandes des Deutschen Güterfernverkehrs (BDF)

Der Bundesverband des Deutschen Güterfernverkehrs hat sich laut einem Bericht von Walter Hönscheidt kritisch mit der Bahnreform auseinandergesetzt.[23] Obwohl der Autor darauf hinweist, dass der BDF „gewiss auch im eigenen Interesse" untersucht, hat die DBAG die Kritik des BDF sehr ernst genommen. Die Kritik des BDF läuft im Wesentlichen auf den Vorwurf hinaus, die Bahn erhalte bis zum Jahre 1999 weiterhin hohe Subventionen mit wettbewerbsverzerrender Wirkung. Jeder Mitarbeiter der Bahn werde mit rund 145.000 DM subventioniert, andere Verkehrsträger müssten jeden Mitarbeiter voll bezahlen.

Es ist durchaus bemerkenswert, dass sich der BDF nach meiner Kenntnis in der Vergangenheit nie über Wettbewerbsverzerrungen beschwert hatte, obwohl die Finanzzuweisungen des Bundes auch vor der Reform sehr hoch waren. Der BDF beachtete auch nicht, dass die Finanzzuweisungen des Bundes an die Bahn in Höhe von 30 Mrd. DM, die nach den Berechnungen der Regierungskommission im Jahre 1999 zu zahlen waren, keinerlei Subvention darstellten. Die 30 Mrd. DM setzten sich aus zinslosen Krediten für den Fahrweg (Zinsen 7 Mrd. DM), übernommenen Altverbindlichkeiten (Zahlungen 5 Mrd. DM), Erstattungen von Personalausgaben (Altlasten 8 Mrd.DM) und für Regionalisierung (8 Mrd. DM) sowie für unterlassene Trasseninstandhaltung (2 Mrd.DM) zusammen. All das sind Zahlungen als Folge von Sünden in der Vergangenheit, von kaufmännisch nicht zu rechtfertigenden Investitionen und von Sozialleistungen. Mehr noch: Die finanziellen Leistungen an die Bahn werden durch erwartete 6 Mrd. DM an Gewerbesteuer und Körperschaftsteuer kompensiert. Die Kritik des BDF kann möglicherweise als ein Zeichen dafür gewertet werden, dass die Bahn und insbesondere der Bereich Cargo nach der Bahnreform zu einem spürbaren Wettbewerber auf dem Gütertransportmarkt geworden ist. Man wird allerdings feststellen müssen, dass viele wettbewerbsstarke Spediteure die Bahn immer noch nicht als Wettbewerber wahrnehmen. Es ist zu erwarten, dass sich dies mit dem neuen MORA C-Konzept von DB Cargo ändern wird. Dabei handelt es sich um ein Sanierungsprogramm für den Einzelwagenverkehr, bei dem die Anzahl der Güterverkehrsstellen von 2.100 auf etwa 1.400 rentable Stellen reduziert wird.

Die DBAG hat zu den Aussagen des BDF klar Stellung genommen. Die Schlußfolgerung lautet[24]: „Die eigentliche Entlastung des Steuerzahlers durch die Bahnreform lässt sich aber erst dann vollständig quantifizieren, wenn man die tatsächlich eingetretene Haushaltsbelastung mit der prognostizierten Haushaltsbelastung ohne Bahnreform („Beibehaltung des status quo") vergleicht. Entsprechende Rechnungen zeigen, dass die DBAG voll im Rahmen dessen liegt, was die Regierungskommission Bahn an Haushaltsentlastungen prognostiziert hat".

III. Die Kritik der Fachwelt

1. Fehlende materielle Privatisierung

Besondere Verwunderung löste die Kritik von Gerd Aberle, einem Mitglied der Regierungskommission Bundesbahn, an der Bahnreform noch nicht einmal zwei Jahre nach der Gründung der DBAG aus.[25] Er rechtfertigt seine Kritik mit dem Hinweis, dass die Bahnreform auch gesamtwirtschaftliche Effizienz- und *Finanzkrisen* in sich berge und es deshalb notwendig sei, die Umsetzung der Bahnstrukturreform kritisch zu begleiten. Abweichend von der Konzeption der Regierungskommission fordert er eine Regulierungsbehörde (das Eisenbahn-Bundesamt), die den diskriminierungsfreien Zugang zum Netz sichern soll. Statt der Schaffung eines Marktes für Trassen mit Trassenpreisen, wie es die Regierungskommission vorgeschlagen hatte, fordert er die Setzung von (monopolistischen) Benutzungsentgelten, deren Bemessungsgrundlagen von der Regulierungsbehörde auf Diskriminierungsfreiheit überprüft werden sollen. Er bedauert, dass diese Bemessungsgrundlagen nicht gesetzlich bestimmt worden sind. Er wirft der DBAG vor, die Bundesländer im Personennahverkehr durch „bislang fehlende Kosten- und auch Erlöstransparenz" auszubeuten und „unwirtschaftliche und ineffiziente Schienennahverkehrsleistungen künstlich (zu) erhalten". Aberle fordert „eine Beteiligung von privatem Kapital an allen Bahn-AGs, also offenbar auch an der Netz-AG. Aberle kommt zu dem Schluss: Die DBAG „ist zunächst und wahrscheinlich noch für viele Jahre eine Steuerzahler-AG".[26]

Kritik an der Bahnreform haben auch Andreas Brenck[27], Thomas Ehrmann und Hans-Jürgen Ewers[28] geäußert. Die Kritik konzentriert sich darauf, dass die Bundesregierung sich nicht selbst gebunden habe, die materielle Privatisierung durchzuführen. Brenck sieht einen weiterhin bestehenden Spielraum zur Durchsetzung politischer Interessen und eine Verschlechterung der Verhaltenskontrolle des Management. Er hält das Ziel des intramodalen Wettbewerbs für nicht erreichbar. Da er das Reformkonzept der Regierungskommission Bundesbahn fälschlicherweise für eine Übergangslösung hält, kommt er gleichwohl zu einer positiven Bewertung des Vorschlags der Regierungskommission. Als wesentliche Voraussetzung einer auch materiellen Privatisierung der Bahn sieht er die Trennung von Netz und Betrieb an.

Thomas Ehrmann hat sich mit dem Argument der Selbstbindung in seiner Berliner Habilitationsschrift sehr eingehend auseinandergesetzt. Er kommt zu den folgenden Ergebnissen[29]: Die Eisenbahnen können als staatliche Unternehmen ausgebeutet werden. Die Arbeitnehmer schöpfen Mitarbeiterrenten in großem Ausmaß ab. Mit diesem „rent-seeking-Argument" wird begründet, dass der Staat sich nur durch Privatisierung gegen seine Ausbeutung schützen kann. Die Privatisierung muss aber eine glaubwürdige Selbstbindung sein, politischen Einflüssen auf die Führung der Bahn nicht mehr stattzugeben. Das ist ein „vertragstheoretisches Self-Commitment-Argument". Die effizienteste Form der Selbstbindung ist die Veräußerung des Staatsanteils an einer formell privatisierten Eisenbahn, also die materielle Privatisierung. Damit unterwerfe sich die Bahn voll der Kapitalmarktkontrolle. Ehrmann hält das rent-seeking Argument für so stark, dass er sogar eine wirtschaftliche Privatisierung des Fahrwegs fordert. Die Arbeit von Ehrmann stellt eine theoretisch und empirisch überzeugende Widerlegung des Vorschlags dar, Infrastruktur und Betrieb der Fahrweg AG voneinander zu trennen.

2. Diskriminierungsfreier Zugang zum Netz

Eine ähnliche Kritik äußert auch Rahmeyer[30]: „Das Haupthindernis für eine erfolgreiche Reform der Eisenbahn ist die bisher lediglich formale Privatisierung der Deutschen Bahn. Eine Selbstbindung des Gesetzgebers für eine materielle Privatisierung besteht nicht, sie bedarf zudem der Zustimmung der Länder". Er benutzt dieses Argument, um auf die Probleme eines diskriminierungsfreien Zugangs zum Netz hinzuweisen: Die „nur organisatorische, noch nicht institutionelle Trennung von Fahrweg und Güter- bzw. Personenverkehr erschwert den diskriminierungsfreien Zugang potentieller Eisenbahnunternehmen als Betreiber zum Schienennetz". Eine Bevorzugung der Personen- und Güterverkehrssparte der Deutschen Bahn bei der Trassennutzung wirkt auf potentielle Wettbewerber abschreckend.

3. Politischer Einfluss auf die Deutsche Bahn AG

Auch in Japan ist die Bahnreform in Deutschland interessiert verfolgt worden. In seinem interessanten Vergleich der Bahnreform in Deutschland und in Japan äußert Toru Sakurai folgende Kritik an der deutschen Bahnreform[31]:

1. Die Bahnreform hat nicht zu einer materiellen Privatisierung geführt.
2. Die DBAG ist nicht von politischen Einflüssen frei. Politischer Einfluss kann über die umfassenden finanzpolitischen Hilfsmaßnahmen ausgeübt werden.
3. Der Bund hält die Mehrheit der Anteile an der Bahninfrastruktur.
4. Der Bund zahlt hohe Subventionen an Länder und Gemeinden im Wege der Regionalisierung der Bahn

Sakurai behauptet, die Effizienz der Bahn sei bisher nicht erhöht worden, die finanzielle Belastung des Staates habe sich nicht verringert. Auch er macht also den methodischen Fehler, den Erfolg der Bahnreform aus einer „Vorher-Nachher-Betrachtung" abzuleiten. Abbildung 6 zeigt, dass Sakurai im Rahmen einer solchen Betrachtung durchaus Recht hat. Aber der „Mit-Ohne-Vergleich" zeigt, dass der Finanzbedarf gegenüber dem Bund ohne Reform 1996 bei 40 Mrd. gelegen hätte, tatsächlich aber deutlich darunter lag.

4. Trennung von Infrastruktur und Betrieb

Als besonders kontraproduktiv ist die Kritik von Bundesminister Bodewig an der Bahnreform zu bezeichnen. Bodewig will offenbar die Infrastruktur aus der DBAG ausgliedern und dem Eisenbahnbundesamt übertragen. Wilhelm Pällmann, ehemals Mitglied des Vorstands der Bundesbahn, äußerte entsprechende Vorstellungen in einem „Streitgespräch" am 4. April 2001[32]: „Die Bahn börsenfähig zu machen, ist unter Einschluss des Netzes

Die Bahnreform in Deutschland

nicht möglich (Das hatte ja auch kein Kenner der Materie gefordert! d.Vf.). Eine intakte und für den Wettbewerb uneingeschränkte Infrastruktur muss nicht in der Hand des größten Betreibers sein. Eine unabhängige Institution, die den diskriminierungsfreien Zugang für alle Wettbewerber sicherstellt und damit mehr Verkehr auf die Schiene bringt, ist der Vorzug zu geben. Das Netz wird über lange Jahre Milliardenbeträge aus Staatsmitteln benötigen. Nur langfristig ist eine Reduzierung der Anteile des Bundes an einer aus der DB-Holding ausgegliederten Netz AG möglich". Diese Diskussion beruht zum Teil auf einem Missverständnis über den Begriff „Betrieb" bei der Bahn, zum Teil auf einer bewussten Fehlinterpretation der „Milliardenbeträge aus Staatsmitteln".

Bei dem Begriff „Betrieb" ist zu unterscheiden zwischen
1. Schienenweg, also Gleisanlagen, Brücken auf der Strecke
2. Schienen in den Bahnhöfen
3. Signalanlagen, Gleisübergängen, Weichenstellanlagen
4. Einrichtungen und Anlagen zur Steuerung der Signalanlagen, Schranken
5. Oberleitungen und Stromnetze
6. Anlagen zur Versorgung des Elektrizitätsnetzes mit Strom
7. Bahnhöfe, Bahnsteige für den Personenverkehr
8. Gebäude, in denen sich Verkaufs- und Abfertigungseinrichtungen für den Güterverkehr befinden
9. Güterbahnhöfe, Anlagen für die Zusammenstellung von Güterzügen, Rangierbahnhöfe

Als Infrastruktur werden im Allgemeinen nur die Anlagen gemäß Ziffern 1 und 2 bezeichnet. Zum „Betrieb" der Infrastruktur gehören die Anlagen gemäß Ziffern 3 bis 6. Die Anlagen zu 7 sind betriebsnotwendiges Vermögen des Personenverkehrs, die Anlagen zu 8 und 9 sind betriebsnotwendiges Vermögen des Güterverkehrs.

Eine Trennung von Infrastruktur und Betrieb in diesem Sinne ist technisch und wirtschaftlich unsinnig. Der Schienenweg kann ohne Oberleitungen und Signalanlagen überhaupt nicht betrieben werden.

Bei einer Trennung von Anlagen gemäß Zifffern 1 und 2 von den Anlagen 3 bis 6 ist zu entscheiden, wer für den Unterhalt der Infrastruktur zuständig sein soll. Wird die Unterhaltung der „Betriebs-AG" übertragen, dann hat diese einen Anreiz, die Instandhaltung der Gleisanlagen zu unterlassen mit der Folge, dass die Infrastruktur häufiger Ersatzinvestitionen vornehmen muss. Reicht die verfügbare Infrastruktur für den steigenden Personenverkehr nicht mehr aus, dann ist die Betriebs-AG für den Ersatz fest installierter Signaltechnik durch dynamische Signaltechnik zuständig. Die damit verbundenen Gleisarbeiten muss die Infrastruktur-AG ausführen. Die Infrastruktur-AG könnte aber auch eine neue (z.B. ICE)-Strecke bauen. Dann müsste die Betriebs-AG den Betrieb auf der neuen Strecke übernehmen. Wenn Brücken zur Infrastruktur-AG gehören, hat diese ein Interesse daran, dass die Betriebs-AG möglichst viele beschrankte Übergänge betreibt, besonders, wenn der Druck auf die Strecken-Mietpreise groß ist. Liegen die Signalleitungen im Boden, gehören sie zur Infrastruktur, liegen sie überirdisch, gehören sie zur Betriebs-AG. Wird dem Kapazitätsproblem durch die Anlage von Überholgleisen (sog. Spurplan) Rechnung getragen, gehören die Überholgleise in den Bahnhöfen der Infrastruktur-AG, die dafür erforderlichen Bahnsteige der Personenverkehrs-AG, der Betrieb der Weichen und Signale für die Überholgleise der Betriebs-AG.

Die Transaktionskostentheorie zeigt, dass die innerbetriebliche Koordination zwischen Infrastruktur und Betrieb effizienter ist als die marktliche Koordination über Mietpreise für die Infrastruktur.

Aber auch marktwirtschaftlich ist die innerbetriebliche Lösung der marktlichen Lösung vorzuziehen. Infrastruktur und Betrieb bildeten nämlich ein bilaterales Monopol. Die Theorie zeigt, dass es bei dieser Marktform kein eindeutiges Gleichgewicht gibt. Es dürfte auch kein Ökonom auf die Idee kommen, die Thünensche Grabstein-Formel für die Lösung dieses Problems zu praktischem Leben zu erwecken.

Was nun die Milliardenbeträge angeht, so ist es nicht sinnvoll, das Kind mit dem Bade auszuschütten. Die Regierungskommission hat klar unterschieden zwischen den Strecken, die betriebswirtschaftlich rentabel betrieben werden können, und solchen, die nur aus volkswirtschaftlichen Gründen unterhalten oder gebaut werden. Die betriebswirtschaftlich rentable Infrastruktur kommt ganz ohne „Milliardenbeträge" aus. Die Milliardenbeträge könnten also einer staatlichen Eisenbahngesellschaft überwiesen werden, welche die betriebswirtschaftlich unrentablen Strecken betreibt in dem Sinne, dass aus den oben genannten Gründen Infrastruktur und Betrieb in einer (der staatlichen) Hand liegen. Diese Strecken würden dann mit den Strecken der materiell privatisierten Fahrweg AG konkurrieren. Ein solches Modell wirft jedenfalls erheblich geringere Koordinationsprobleme auf als das Modell der „Trennung von Schiene und Betrieb".

Andreas Brenck hat der Regierungskommission Bundesbahn einen „Denkfehler" in ihrer Argumentation gegen eine Trennung von Infrastruktur und Betrieb der Infrastruktur nachzuweisen versucht. Die Infrastruktur brauche nicht notwendigerweise von einer Behörde verwaltet zu werden. Auf seine Vorstellungen braucht hier nicht eingegangen zu werden, weil sie weder eine gediegene Kenntnis der technischen Probleme des Betriebs auf der Infrastruktur noch eine ordnungspolitisch haltbare Konzeption der Fahrwegfinanzierung erkennen lassen.[33]

Guido del Mestre hat ein „Modell zur Trennung von Schiene und Betrieb" vorgelegt[34], wonach die Infrastruktur in eine Besitzgesellschaft zusammen mit den Straßen und Wasserstraßen eingebracht werden soll. Die „Bahn" ist der Betrieb auf der Infrastruktur. Die Bahn soll sich über Lizenzeinnahmen von den Transportgesellschaften finanzieren, das Bundesverkehrswegeamt offenbar über Steuern. Mit einer allgemeinen „Transportsteuer" oder „Verkehrswegesteuer" könnten dann nicht nur die verkehrspolitischen und ökologischen Ziele der Regierung leichter gegen den Markt verwirklicht, sondern auch den finanzpolitischen Erfordernissen leichter Rechnung getragen werden. Die Erfahrung mit der Mineralölsteuer zeigt, dass ihr Aufkommen weit über den ursprünglichen Zweck, dem Bau und der Unterhaltung der Straßen zu dienen, hinaus gesteigert worden ist. Ganz und gar abwegig ist der Vorschlag del Mestres, dass „der Bund nicht mehr die Bahn, sondern die auf Schienen der Bahn fahrenden Verkehrsbetriebe bezuschussen sollte". Solche Vorstellungen wären früher der Grundsatzabteilung des Bundeswirtschaftsministeriums nicht einmal vorgelegt worden.

5. Das Zweistufige Trassenpreissystem

Die Grundidee des Trassenpreissystems '98, ein zweistufiges System zu verwirklichen, ist bei einem Unternehmen mit hohem Fixkostenanteil, das Kostendeckung über Gewinnmaximierung stellt, durchaus sinnvoll. Ich habe an anderer Stelle gesagt: „Die Preispolitik der Einheitstarife wirkt *nur* (kursiv im Original) absatzhemmend, indem sie hohe Preise je Leistungseinheit auch dann fordert, wenn die Kapazitäten nicht ausgelastet sind. Der reine gespaltene Tarif wirkt *nur* absatzfördernd, da die Grundgebühr pro Leistungseinheit mit steigender Abnahmemenge sinkt".[35]

Der Bereich Netz der DBAG verfolgte mit dem Trassenpreissystem '98 zwei allgemein akzeptierte Ziele, nämlich mehr Verkehr auf die Schiene zu bringen und gleichzeitig mindestens Kostendeckung zu erzielen. Das System berücksichtigt aber den Grenznutzen, den eine Trasse für die konkurrierenden Eisenbahnverkehrsunternehmen hat, erst, nachdem Anmeldungen erfolgt und Verhandlungen über eine gütliche Einigung gescheitert sind.

Im Folgenden wird das zweistufige Trassenpreissystem '98 der Bahn in einer frühen Fassung untersucht. Das der Öffentlichkeit vorgestellte System enthielt kleinere Korrekturen an der ursprünglichen Fassung.[36] Theoretisch ist dieses Trassenpreissystem als eine Option auf Eintritt in eine Auktion gestaltet worden. Es stellt das Verkehrsunternehmen vor die Wahl, an einer Auktion mit Eintrittsgebühr teilzunehmen oder darauf zu hoffen, Trassen, die bei der Auktion keinen Käufer gefunden haben, anschließend zu einem bestimmten Preis, dem „Vario-Tarif" kaufen zu können.

Die Eintrittsgebühr in das Auktionsverfahren ist die InfraCard. Sie wird für bestimmte Strecken zu einem Festpreis für eine bestimmte Zeitdauer zwischen einem und zehn Jahren gekauft. Sie berechtigt zur Abgabe von Geboten auf Trassen dieser Strecken. Wenn es keine Konkurrenz um diese Trassen gibt, werden die Trassen zu einem vorher festgelegten Preis vom Bereich Fahrweg veräußert.

In der Auktionstheorie ist von Myerson gezeigt worden, dass Auktionen mit Teilnahmegebühren nicht gewinnmaximierend sind.[37] Das Modell von Myerson gilt zwar nur für ein einziges zu kaufendes unteilbares Objekt, während der Fahrweg mehrere Trassen zu versteigern hat; es gilt auch nur für eine feste Anzahl potentieller Teilnehmer, während der Fahrweg eine steigende Anzahl potentieller Kunden hat, und es gilt nur für unabhängig identisch verteilte private values des Auktionsobjektes, während der Fahrweg sicher Nachfragern gegenübersteht, deren private values von Trassen nicht ganz unabhängig voneinander sind. Aber der Grund für die nicht gewinnmaximierende Wirkung der Teilnahmegebühr ist, wie im Folgenden gezeigt wird, auch beim Fahrweg gegeben: es werden zu viele potentielle Bieter von der Auktion abgehalten, und dadurch kommt es zu niedrigeren Auktionspreisen als bei Auktionen ohne Teilnahmegebühr.

Das Trassenpreissystem '98 ist im Übrigen eine Auktion mit Mindestpreisen, die in Form der angekündigten variablen Preiskomponente für die Teilnehmer an der Auktion wirksam werden. In der Auktionstheorie führen optimal gewählte Mindestpreise zu höheren Gewinnen als Auktionen mit Teilnahmegebühren.[38]

Die Begründung für die Erhebung einer Teilnahmegebühr liegt also nicht in dem Ziel der Gewinnmaximierung, sondern in dem Versuch, die fixen Kosten des Fahrweges vorab zu decken, das Verlustrisiko dadurch zu minimieren und starke Anreize für die Ausnutzung der vorhandenen Strecken zu geben. Im Folgenden werden die Wirkungen eines solchen Trassenpreissystems diskutiert. Die Eintrittsgebühr ist die InfraCard. Der variable Trassenpreis ist der Auktionspreis.

Zu fragen ist, ob diese Form der Auktion diskriminierungsfrei ist. Als diskriminierungsfrei wird das System bezeichnet, wenn es nicht bestimmten Nachfragergruppen Vorrechte beim Bieten für Trassen einräumt und nicht andere Nachfragergruppen von der Auktion ausschließt.

Vorrechte muss die Deutsche Bahn AG den Ländern einräumen. Diese haben das Recht, vorab die Zuteilung von Zugtrassen für den Personennahverkehr zu verlangen. In der Begründung zur EIBV heißt es: „Zur Sicherung einer ausreichenden Verkehrsbedienung im Schienenpersonenverkehr wurde das Anmelderecht für Aufgabenträger normiert". Damit wird dem Wunsch der Länder nach bevorrechtigter Bedienung Rechnung getragen. Die Bevorrechtigung des Schienenpersonennahverkehrs bei der Vergabe von Trassen stellt eine Diskriminierung aller anderen potentiellen Nutzer von Zugtrassen dar. Sie widerspricht den Empfehlungen der Regierungskommission Bahn, die davon ausging, dass die Subventionen an die Länder diese in die Lage versetzen würden, bei den Auktionen für Zugtrassen mitzubieten.

Die InfraCard hat einen Preis, der mit der Netzlänge variiert. Er hängt ferner von der Netzkategorie und davon ab, ob es sich um Fernverkehr, Güterverkehr oder Nahverkehr handelt. Eine InfraCard kann kaufen, wer im Fernverkehr ein Streckennetz von mindestens 1000 km Länge, im Güterverkehr von mindestens 500 km Länge und im Personenverkehr von mindestens 200 km Länge (später auf 100 km Länge reduziert) kauft. Das Streckennetz der InfraCard muss zusammenhängend sein. Eisenbahnunternehmen, die ein Streckennetz von weniger als der Mindestlänge benutzen wollen, sind auf den Vario-Tarif verwiesen.

Die InfraCard ist in der vorgesehenen Höhe als Eintrittsgebühr für kleinere Eisenbahngesellschaften eine erhebliche Marktzutrittsschranke. Wenn sich zum Beispiel eine Eisenbahngesellschaft auf die Strecke Hamburg–München konzentrieren wollte, dann müsste sie eine Netzkarte für ein Streckennetz von 1.020 km zum Preise von 105 Mio. DM kaufen, um in den Genuss des günstigen variablen Preises je Zugkilometer von 3,21 DM zu kommen. Will das Unternehmen die 105 Mio. DM für die Netzkarte nicht aufbringen, zahlt es für die Strecke von Hamburg nach München einen durchschnittlichen Preis je Zugkilometer von 12,75 DM. Im Wettbewerb mit dem Eisenbahnunternehmen, das über eine InfraCard verfügt, hat also das kleinere Unternehmen keine Chance. Es müsste zwei Züge pro Stunde in jeder Richtung zwischen Hamburg und München verkehren lassen, um so wettbewerbsfähig zu sein wie die Sparte Personenfernverkehr der DBAG. Auf der billigsten Verbindung zwischen Hamburg und München kostet der Zugkilometer im Vario-Tarif im Durchschnitt 9,36 DM und mit InfraCard 2,78 DM. Hier lohnt sich die Netzkarte ab einer Fahrtleistung von 6,6 Mio. Zugkilometern. Auf der teuersten Verbindung zwischen Hamburg und München kostet der Zugkilometer im Vario-Tarif 14,76 DM und mit InfraCard durchschnittlich 3,11 DM. Hier lohnt sich die Netzkarte erst, wenn das Eisenbahnunternehmen insgesamt 9,2 Mio. Kilometer im Jahr mit Zügen fährt. Auf der Strecke Hamburg–Köln–Frankfurt–München liegt die Break-even-Fahrtleistung sogar bei 11 Mio. Kilometern. Wie diese Beispiele zeigen, liegt der Teufel im Detail. Das scheinbar vernünftige System einer zweistufigen Auktion mit Eintrittsgebühr (InfraCard) und Restantenverkauf (zum Vario-Tarif) ist je nach Ausgestaltung nicht diskriminierungsfrei. Es ist daher geboten, die Break-even-Zugkilometer so zu bestimmen, dass eine genügend große Anzahl von Wettbewerbern an den Auktionen teilnehmen kann. Wenn man z.B. mindestens fünf Wettbewerber neben den Verkehrsunternehmen der Bahn je Transportart ansähe, dann müssten die Preise für die InfraCard deutlich zurückgenommen werden. Die Höhe der Preise für die InfraCard erschien mir für die Frage nach der Diskriminierungswirkung des Trassenpreissystems '98 auch wichtiger als die Frage nach der Mindestnetzlänge. Allerdings erschien mir eine Senkung oder gar Aufhebung der Mindestlänge des zu bedienenden Netzes beim Personennahverkehr geboten, um dem Erfordernis eines diskriminierungsfreien Zugangs zum Netz zu genügen. Das hätte den Wettbewerb im Schienenpersonennahverkehr durch private Eisenbahnunternehmen intensiviert und möglicherweise auch einen heilsamen Druck auf das Subventionsbegehren der Länder gegenüber dem Bund ausgeübt.

Ziel des Trassenpreissystems '98 war es, 60% der gesamten Erlöse des Bereichs Fahrweg durch die InfraCard und 40% durch variable Zugtrassenpreise zu erwirtschaften. Eine überschlägige Rechnung zeigt, dass mit der InfraCard mehr als 60% der Erlöse erzielt worden wären. Die InfraCard sollte im Fernverkehr über den gesamten Durchschnitt des Netzes gerechnet 80.000 DM/Zugkilometer kosten. Wenn also z.B. der Bereich Personenfernverkehr eine InfraCard für das gesamte Netz von 38.556 km erwirbt, dann zahlt er 3,1 Mrd. DM. Wenn der Bereich dagegen nur eine InfraCard für die Länge der Strecken der Kategorien 1 bis 4 (das sind alle Strecken für Geschwindigkeiten von über 100 km/h) erwirbt, also für 18.802 km, dann würde er 1,5 Mrd. DM an den Bereich Fahrweg bezahlen. Der Personennahverkehr würde wohl eine InfraCard für das gesamte Netz von 38.556 km erwerben und dafür 3,1 Mrd. DM bezahlen. Der Güterverkehr erwirbt vielleicht nur eine InfraCard für die Streckenkategorien 3 bis 6, also für 33.709 km Strecken mit Geschwindigkeiten bis 160 km/h, wobei die Kategorie 3 allerdings nur nachrangig für den Güterverkehr verfügbar ist, und würde dafür 0,5 Mrd. DM oder 15.175 M je Zugkilometer bezahlen. Insgesamt erbringen die drei Verkehrsbereiche der DBAG also bereits rund 5 Mrd. DM an Erlösen aus dem Verkauf von InfraCards. Der Bereich Fahrweg ging wohl von insgesamt 7 Mrd. DM an gesamten Umsatzerlösen aus. Folglich wären mit den InfraCard-Einnahmen der drei bahneigenen Verkehrsgesellschaften bereits 70% der gesamten Erlöse des Bereichs Fahrweg erwirtschaftet. Die restlichen 2 Mrd. DM an Umsatzerlösen könnte der Fahrweg von InfraCard-Inhabern erwirtschaften, wenn es gelänge, 2 Züge pro Stunde am Tag auf jedem km des Streckennetzes fahren zu lassen. Das wäre bei einer Durchschnittsgeschwindigkeit der Züge von 100 km/h eine Kapazitätsauslastung der Strecke von 2%. Das heißt im Klartext: Das Trassenpreissystem '98 war seiner Struktur nach nicht darauf angelegt, kleinere Eisenbahngesellschaften anzulocken. Aus der Struktur und der Höhe der InfraCard Preise konnte also ein Dritter leicht schließen, dass die Strategie des Bereichs Fahrweg, die hinter dem neuen System stand, darauf hinauslief, Marktzutrittsschranken für dritte Eisenbahngesellschaften aufzurichten, um die Verkehrsgesellschaften der DBAG massiv zu begünstigen.

Zu prüfen ist aber auch, ob in der Preisdifferenzierung bei der InfraCard zwischen Fernverkehr, Güterverkehr und Nahverkehr ein Diskriminierungstatbestand gesehen werden könnte. Das wäre nur dann nicht der Fall, wenn es sich um getrennte Märkte handelte. Tatsächlich ist der Transport von Gütern ein anderer Markt als der Transport von Menschen. Aber das ist nicht der Markt des Fahrweges. Das Produkt, das der Fahrweg verkauft, sind Trassen. Wie diese benutzt werden, ist nur insoweit relevant, als die drei Transportarten die Strecke unterschiedlich stark belasten. Die unterschiedliche Belastung verursacht Zusatzkosten, die verursachungsgerecht den verschiedenen Verkehrsarten zugerechnet werden können. Was nach Abzug dieser Kosten verbleibt, sind die Kosten der Trasse, die nun nicht mehr ein nach Verkehrsarten unterschiedliches Produkt darstellt. Unterschiedliche Preise für die InfraCard für Personenfernverkehr (auf der Streckenkategorie K4 DM 25.200), Personennahverkehr (auf K4 DM 85.100) und Güterverkehr (auf K4 DM 27.500) könnten insoweit den Diskriminierungstatbestand erfüllen. Unabhängig davon ist zu fragen, welche Anreize derartig unterschiedliche Preise geben. Warum sollte der Fernverkehr einen Anreiz bekommen, auf Strecken der Kategorie 3 statt auf 2 zu fahren, der Nahverkehr kaum einen Anreiz erhalten, auf Strecken der Kategorie 4 (bis 120 km/h) zu fahren statt auf Strecken der Kategorie 3 (bis 160 km/h)? Die InfraCard schiebt die kleinen Eisenbahnunternehmen im Personenfernverkehr auf die Streckenkategorien der niedrigen Geschwindigkeiten und reserviert so die Streckenkategorien der höheren Geschwindigkeiten für die bahneigene Personenfernverkehrssparte.

Die EIBV regeln nicht, was geschieht, wenn keine Anmeldungen für eine Trasse eingehen. Nach dem Trassenpreissystem '98 werden diese Trassen zu Angebotstrassen. Für sie gilt der Vario-Tarif. Dieser ist freilich nicht nur sehr teuer, sondern auch nach Belastungsklassen unterteilt. Das leuchtet nicht ein. Der Vario-Tarif kommt ja nur zum Zuge, wenn die vorhandenen Trassen nicht vollständig an InfraCard-Besitzer vergeben sind. Dann aber ist die Trasse ein freies Gut. Logischerweise müsste sie in die Belastungsklasse III fallen, und die Vario-Preise für diese Klasse müssten den variablen Kosten der Trasse entsprechen. Tatsächlich sind sie deutlich höher.

Die Steuerungswirkung des Trassenpreis-Systems '98 ist dementsprechend wie folgt zu beurteilen: Der hohe InfraCard-Preis schließt kleinere Eisenbahnunternehmen von der Teilnahme an der Auktion aus. Der hohe Vario-Preis hält die kleineren Unternehmen aber auch davon ab, Zugtrassen zum Vario-Preis nachzufragen. Die Wahrscheinlichkeit, dass es zu mehreren Anmeldungen für eine Trasse und schließlich sogar zu einer Auktion kommt, ist unter diesen Umständen außerordentlich gering.

Das Trassenpreissystem '98 ist aber auch eine Preispolitik wider die eigenen Interessen. Es macht die Verkehrsunternehmen der Bahn zu den einzigen Kunden des Fahrwegs. Diese machen sich untereinander keine Trassenkonkurrenz. Die Nahverkehrssparte ist bevorzugt, Fernverkehr und Cargo machen sich keine Konkurrenz, weil der Güterverkehr immer leichter ausweichen kann als der Fernverkehr. Der Trassenmarkt wird zum bilateralen Monopol. Da es keine anderen Anmelder gibt, beuten die Verkehrssparten, die unter dem Druck des Kapitalmarkts stehen, Dividenden zu bezahlen, den Fahrweg aus. Der hohe Preis für die InfraCard wird zum zentralen Verhandlungsgegenstand. Es wäre zu dem Beispiel der italienischen Bahnen gekommen, das der Regierungskommission als Schreckbild vor Augen stand: Die Fahrwegsparte wird ihre fixen Kosten nicht mehr aus Erlösen decken können, der Preis der InfraCard wird auf Null gedrückt werden: zunächst wird die Fahrwegsparte ausgebeutet, dann wieder der Staat.

Das Trassenpreissystem '98 erfüllte sicherlich das Ziel, die InfraCard-Inhaber dazu zu veranlassen, möglichst viel an Trassen nachzufragen. Es verfehlte aber das Ziel, möglichst viel Wettbewerb unter den Eisenbahnunternehmen zu bewirken. Diese Wirkungen werden durch die zeitlich gestaffelten Nachlässe im Preis für die InfraCard weiter verstärkt. Nur ein marktmächtiges Verkehrsunternehmen wird sich auf zehn Jahre binden können und folglich eine InfraCard mit einer Geltungsdauer von zehn Jahren und einem Rabatt von 10% p.a. kaufen. Ein kleineres Eisenbahnunternehmen wird wegen der Unsicherheit der Nachfrage nur eine Bindung von höchstens drei Jahren eingehen und dann jährlich einen Preisnachteil von 7% gegenüber dem marktmächtigen Konkurrenten in Kauf nehmen müssen.

Das Trassenpreissystem '98 des Fahrwegs war also trotz der sinnvollen Grundidee schlecht konzipiert. Der Fahrweg hätte vielleicht mehr Züge auf die Schiene gebracht, ob mehr Verkehr, hätte von der Preispolitik der Verkehrsunternehmen abgehangen. Der Fahrweg hätte damit sicher nicht mehr Wettbewerb auf die Schiene gebracht, weil das Preissystem gegen kleinere Wettbewerber diskriminierend gewirkt hätte. Das aber wäre eine Politik wider die Interessen des Fahrwegs gewesen, denn höhere Trassenpreise hätte der Fahrweg nur durchsetzen können, wenn sich mehrere Verkehrsunternehmen um die Trassen gestritten hätten. Gerade diese Wirkung hätte das Trassenpreissystem '98 aber nicht erzeugt. Das Bundeskartellamt hat mit seinem Verbot, dieses Preissystem einzuführen, die Fahrwegsparte der Bahn zu ihrem eigenen Glück gezwungen.[39]

F. Schlussbemerkungen

Der Deutschen Bahn AG ergeht es nicht anders als den neuen Bundesländern: Der Transformationsprozess dauert länger als erhofft und erwartet. Kenneth Arrow hat vom Transformationsprozess in den ehemals sozialistischen Ländern gesagt, er werde teuer sein und müsse schnell erfolgen, sonst verlören die Menschen den Glauben an den Erfolg der Transformation und in die Reformwilligkeit der Regierung, und dann werde die Transformation noch teurer.

Auch bei der Bahn dauert der Transformationsprozess vom Staatsunternehmen zum marktwirtschaftlich erfolgreich geführten Unternehmen länger als geplant. Die Kundenzufriedenheit mit den Dienstleistungen der Bahn hat sich kaum gebessert. Das Zugpersonal weiß davon ein Lied zu singen. Die enormen Investitionen der Bahn haben Behinderungen und Verspätungen zur Folge, die vom Kunden hohe „Fehlertoleranz" erfordern.

Auch intern dauert der Transformationsprozess in den Köpfen länger als erwartet. Der Motivationsschub aus der formalen Privatisierung lässt sich nicht über lange Jahre aufrechterhalten. Wer als Außenstehender nicht an der Lernfähigkeit der Mitarbeiter zu zweifeln wagt, der kommt zu dem Ergebnis, dass die Lernwilligkeit nachgelassen hat.

Mehr Standfestigkeit ist vom Management und mehr Geduld ist vom Aufsichtsrat gefordert als ursprünglich vermutet. Diese Forderungen sind angesichts gut gemeinter aber ungenügend begründeter Ratschläge aus Kreisen der Wirtschaft und der Politik nicht leicht zu erfüllen. Nur wer die Ausgangslage klar vor Augen hat, vermag das bisher Erreichte zu würdigen. Nur wer das ursprüngliche Ziel klar im Blick hat, kann den Reformprozess mit Beharrlichkeit und Ausdauer zu Ende führen. Der vorliegende Aufsatz möge dazu einen kleinen Beitrag leisten.

Anmerkungen

1 Professor Dr. Horst Albach, Waldstr.49, 53177 Bonn.
2 Vgl. Laaser, Claus-Friedrich: Die Bahnstrukturreform. Richtige Weichenstellung oder Fahrt aufs Abstellgleis? Kieler Diskussionsbeiträge Nr. 239, Kiel, Oktober 1994, S. 9.
3 Heinz Dürr unter Verweis auf Jacques Chirac. Vgl. Haag, Christiane: „Was die Bahn heute macht, hätte eine Behörde nie tun können", in: Welt am Sonntag vom 29. Dezember 1996.
4 vgl. u.a.: Bellinger, Bernhard: Abrechnungssysteme in der Verkehrswirtschaft – Stand und Möglichkeiten einer Vereinheitlichung, Wiesbaden 1969; ders.: Optimale Fahrpreise im öffentlichen

Personennahverkehr, Berlin 1970; Wolfgang Kilger hat in den siebziger Jahren Gutachten zur Einführung der Flexiblen Plankostenrechnung bei der Bahn erstellt.
5 Vgl. Dürr, Heinz: Privatisierung als Lernprozess am Beispiel der deutschen Bahnreform, in: Albach, Horst; Dierkes, Meinolf; Antal, Ariane Berthoin; Vaillant, Kristina (Hrsg.): Organisationslernen – institutionelle und kulturelle Dimensionen, Jahrbuch 1998 des Wissenschaftszentrums Berlin (WZB), Berlin 1998, S. 101–120. Dürr stellt fest: „Der Lernprozess ist von zentralen Figuren geprägt worden, von Menschen, die für das Werben um die Reform, sowohl nach innen als auch nach außen, gewonnen werden konnten" (S. 120).
6 Laaser, Claus-Friedrich: Die Bahnstrukturreform, a.a.O., Tabelle A 3.
7 ebendort.
8 Vgl. Borchart, Joachim: Der europäische Eisenbahnkönig Bethel Henry Strousberg, München 1991.
9 Das System der Investitionsrechnung (Wirtschaftlichkeitsrechnung) der Bahn wies ebenfalls einen gravierenden Strukturfehler auf: es führte zur Maximierung von Zuschüssen des Bundes an die Bundesbahn. Vgl.: Albach, Horst: Betriebswirtschaftliche Überlegungen zu der Analyse von Investitionsmaßnahmen der Deutschen Bahn AG, Berlin 1994.
10 Albach, Horst; Schmitz, Rudolf; Pfannschmidt, Arno: Ein Dreistufen-Modell zur Privatisierung der Deutschen Bundesbahn (4. Ergebnisbericht), Bonn (KMU), 18. September 1991; das Organigramm der Abbildung 4 findet sich im 3. Ergebnisbericht „Die Trennungsrechnung der Deutschen Bundesbahn", Bonn, Juni 1991, S. 80.
11 Albach-Schmitz-Pfannschmidt, a.a.O., 4. Ergebnisbericht, S. 18 f. „In Italien wurde Ende des letzten Jahrhunderts (1885–1905) das Eigentum an der Infrastruktur von dem Betrieb der Transportleistungen getrennt... Die Trennung der finanziellen Zuständigkeiten für Unterhaltung und Erneuerung des Schienennetzes führte zu gegenläufigen Interessen der Vertragsparteien. Die Ursache für diesen Konflikt lag zum einen in der schwer zu bestimmenden Abgrenzung von notwendigen Unterhaltungs- und Erneuerungserfordernissen. Zum anderen bestand ein Anreiz für die Betriebsgesellschaften, so viel Arbeiten am Fahrweg wie möglich als Erneuerung zu deklarieren oder so weit hinauszuschieben, bis es sich unzweideutig um Erneuerungsarbeiten handelte". Vgl. zu den Trennungsmodellen für Infrastruktur und Betrieb die Darstellung der Trennung bei den Eisenbahnen in Italien, den Niederlanden, Schweden, Österreich und der Schweiz: Albach, Horst; Schmitz, Rudolf; Peffekoven, Frank: Die Trennungsrechnung der Deutschen Bundesbahn (3. Ergebnisbericht), Bonn (KMU), Bonn, Juni 1991.
12 Albach, Horst: Betriebswirtschaftliche Überlegungen zu der Analyse von Investitionsmaßnahmen der Deutschen Bahn AG, Bonn 1994.
13 Vgl. Laaser, Claus-Friedrich, a.a.O., S. 6.
14 vgl. hierzu auch: Albach, Horst: Das Controlling System der Deutsche Bahn AG, Bonn, April 2001.
15 vgl. Albach, Horst: Bahnreform – Konzept ohne Alternative. Vortrag gehalten auf der Tagung der Deutschen Verkehrswissenschaftlichen Gesellschaft e.V.: „Standortbestimmung der Bahnreform" in Bonn am 16. Oktober 1997, Tz. 19; vgl. auch: Dürr, Heinz: Privatisierung als Lernprozess am Beispiel der Deutschen Bahnreform, in: Albach, Horst; Dierkes, Meinolf; Antal, Ariane Berthoin; Vaillant, Kristina (Hrsg.): Organisationslernen – institutionelle und kulturelle Dimensionen, WZB-Jahrbuch 1998, Berlin 1998, S. 101–120.
16 Vgl. „Die Bahnreform – eine positive Zwischenbilanz", http://www.bahn.de vom 29. März 2002
17 Die Verordnung dient der Umsetzung der Richtlinie 95/19/EG des Rates vom 19. Juni 1995 über die Zuweisung von Fahrwegkapazität der Eisenbahn und die Berechnung von Wegeentgelten (Abl.EG Nr. L 143 S.75).
18 Haase, Dagmar: Das neue Trassenpreissystem der Deutschen Bahn AG, in: Internationales Verkehrswesen 1998, S. 460–465.
19 Das System wird ausführlich dargestellt in: Deutsche Bahn AG, Geschäftsbereich Netz: Trassenpreissystem '98, NGA 1 vom 24.5.1998.
20 Knieps, Günter: Das neue Trassenpreissystem: Volkswirtschaftliche Vorteile eines zweistufigen Systems, in: Internationales Verkehrswesen 50 (1998), S. 466–470.
21 Aberle, Gerd: Von der Bahnstrukturreform zum Trassenpreissystem '98, in: Internationales Verkehrswesen 1998, S. 471–475, hier S. 474.

22 Bericht nach § 88 Abs.2 BHO an den Haushaltsausschuss des Deutschen Bundestages über die Analyse der Jahresabschlüsse 1994 und 1995 der Deutsche Bahn AG", Frankfurt am Main, den 21.1.1997 (Az.: III 2–3668/95), im Anschreiben als „Berichtsentwurf" bezeichnet.
23 Hönscheidt, Walter: Die Bahn muss sich ändern – oder sie wird untergehen, in: VDI-Nachrichten vom 15.11.1996.
24 Wegscheider, W.: Stellungnahme zu den Aussagen des BDF in der VDI-Ausgabe vom 15.11.1996; Schreiben vom 20.11.1996 ZCO Ca 931/1.
25 Aberle, Gerd; Brenner, Andrea: Bahnstrukturreform in Deutschland, Ziele und Umsetzungsprobleme, Köln 1996.
26 Aberle, Gerd: Bahnstrukturreform – Jahrhundertwerk mit Fragezeichen, in: Internationales Verkehrswesen 1993, S. 687.
27 Brenck, Andreas: Privatisierungsmodelle für die Deutsche Bundesbahn, in: Ewers, Hans-Jürgen (Hrsg.): Privatisierung des Schienenverkehrs, Beiträge aus dem Institut für Verkehrswissenschaft an der Universität Münster, Heft 130, Göttingen 1993, S. 37–184.
28 Ewers, Hans-Jürgen, Vorwort, in: Ewers, Hans-Jürgen (Hrsg.): Privatisierung des Schienenverkehrs, Beiträge aus dem Institut für Verkehrswissenschaft an der Universität Münster, Heft 130, Göttingen 1993.
29 Ehrmann, Thomas: Restrukturierungszwänge und Unternehmenskontrolle. Das Beispiel Eisenbahn, Wiesbaden 2001.
30 Rahmeyer, Fritz: Privatisierung und Deregulierung der Deutschen Bundesbahn, in: Volkswirtschaftliche Diskussionsreihe des Instituts für Volkswirtschaftslehre der Universität Augsburg, Nr. 150, Juni 1996.
31 Sakurai, Toru: Doitsu toitsu to ko-kigyo no min-ei-ka. Kokutetsu kaikaku no Nichi Daku hikaku („Die deutsche Einheit und die Privatisierung öffentlicher Unternehmen: Ein Vergleich der Bahnreform in Deutschland und Japan), Tokyo 1996.
32 vgl.: Mehr Wettbewerb auf der Schiene. Streitgespräch zur Trennung von Netz und Betrieb bei der Bahn, in: Infoletter des Deutschen Verkehrsforums, Ausgabe 3/2001 – April, S. 1.
33 Brenck, Andreas: Privatisierungsmodelle für die Deutsche Bundesbahn, in: Ewers, Hans-Jürgen: Privatisierung des Schienenverkehrs, Beiträge aus dem Institut für Verkehrswissenschaft an der Universität Münster, Heft 130, Göttingen 1993, S. 37–184, hier S. 135 ff.
34 del Mestre, Guido: Die deutsche Bahn wäre kundenbezogen und international für Lizenznehmer attraktiv, in: FAZ vom 28.3.2001.
35 Albach, Horst: Die optimale Tarifstruktur öffentlicher Versorgungsunternehmen, in: Unternehmensforschung 10 (1966), S. 152–167, hier S. 159.
36 Albach, Horst: Gutachten über das geplante Trassenpreis-System der Deutsche Bahn AG, Bonn, 10. März 1998; vgl. ferner: Albach, Horst: Deutsche Bahn AG: Fortschreibung Trassenpreis-System, Bonn 1998.
37 Myerson, R.: Optimal Auction Design, in: Mathematics of Operations Research, Bd 6 (1981), S. 58–73.
38 Wolfstetter, E.: Auctions – An Introduction (Manuskript), Berlin 1997.
39 vgl. auch den kurzen Abschnitt über die Trassenpreisbildung bei Albach, Horst: Privatisierung und Deregulierung im Verkehrssektor am Beispiel der Bahnreform, in: Zeitschrift für öffentliche und gemeinwirtschaftliche Unternehmen, Band 21 (1998), S.331–341, hier S. 339.

Literatur

Aberle, Gerd: Von der Bahnstrukturreform zum Trassenpreissystem '98, in: Internationales Verkehrswesen 1998, S. 471–475.
Aberle, Gerd; Brenner, Andrea: Bahnstrukturreform in Deutschland, Ziele und Umsetzungsprobleme, Köln 1996.
Albach, Horst: Die optimale Tarifstruktur öffentlicher Versorgungsunternehmen, in: Unternehmensforschung 10 (1966), S. 152–167.

Albach, Horst: Gutachten über das geplante Trassenpreis-System der Deutsche Bahn AG, Bonn, 10. März 1998 (nicht veröffentlicht).
Albach, Horst: Fortschreibung Trassenpreis-System, Bonn 1998 (nicht veröffentlicht).
Albach, Horst: Privatisierung und Deregulierung im Verkehrssektor am Beispiel der Bahnreform, in: Zeitschrift für öffentliche und gemeinwirtschaftliche Unternehmen, Band 21 (1998), S. 331–341.
Albach, Horst; Dierkes, Meinolf; Antal, Ariane Berthoin; Vaillant, Kristina (Hrsg.): Organisationslernen – institutionelle und kulturelle Dimensionen, Jahrbuch 1998 des Wissenschaftszentrums Berlin (WZB), Berlin 1998.
Albach, Horst: Betriebswirtschaftliche Überlegungen zu der Analyse von Investitionsmaßnahmen der Deutschen Bahn AG, Berlin 1994.
Albach, Horst: Das Controlling System der Deutsche Bahn AG, Bonn, April 2001 (nicht veröffentlicht).
Albach, Horst: Bahnreform – Konzept ohne Alternative, Vortrag gehalten auf der Tagung der Deutschen Verkehrswissenschaftlilchen Gesellschaft e.V.: „Standortbestimmung der Bahnreform", Bonn 16. Oktober 1997.
Albach, Horst; Schmitz, Rudolf; Pfannschmidt, Arno: Ein Dreistufen-Modell zur Privatisierung der Deutschen Bundesbahn (4. Ergebnisbericht), Bonn (KMU), 18. Dezember 1991.
Albach, Horst; Schmitz, Rudolf; Peffekoven, Frank: Die Trennungsrechnung der Deutschen Bundesbahn (3. Ergebnisbericht), Bonn (KMU), Juni 1991.
Bellinger, Bernhard: Abrechnungssysteme in der Verkehrswirtschaft – Stand und Möglichkeiten einer Vereinheitlichung, Wiesbaden 1969.
Bellinger, Bernhard: Optimale Fahrpreise im öffentlichen Personennahverkehr, Berlin 1970.
Borchart. Joachim: Der europäische Eisenbahnkönig Bethel Henry Strousberg, München 1991.
Dürr, Heinz: Privatisierung als Lernprozess am Beispiel der deutschen Bahnreform, in: Albach, Horst; Dierkes, Meinolf; Antal, Ariane Berthoin; Vaillant, Kristina (Hrsg.): Organisationslernen – institutionelle und kulturelle Dimensionen, Jahrbuch 1998 des Wissenschaftszentrums Berlin (WZB), Berlin 1997, S. 101–120.
Ehrmann, Thomas: Restrukturierungszwänge und Unternehmenskontrolle. Das Beispiel Eisenbahn, Wiesbaden 2001.
Ewers, Hans-Jürgen (Hrsg.): Privatisierung des Schienenverkehrs. Beiträge aus dem Institut für Verkehrswissenschaft an der Universität Münster, Heft 130, Göttingen 1993.
Haag, Christiane: „Was die Bahn heute macht, hätte eine Behörde nie tun können", in: Welt am Sonntag vom 29. Dezember 1996.
Haase, Dagmar: Das neue Trassenpreissystem der Deutschen Bahn AG, in: Internationales Verkehrswesen 1998, S. 460–465.
Hönscheidt, Walter: Die Bahn muss sich ändern – oder sie wird untergehen, in: VDI-Nachrichten vom 15.11. 1966.
Knieps, Günter: Das neue Trassenpreissystem: Volkswirtschaftliche Vorteile eines zweistufigen Systems, in: Internationales Verkehrswesen 1998, S. 466–470.
Laaser, Claus-Friedrich: Die Bahnstrukturreform. Richtige Weichenstellung oder Fahrt aufs Abstellgleis? in: Kieler Diskussionsbeiträge Nr. 239, Kiel, Oktober 1994.
del Mestre, Guido: Die deutsche Bahn wäre kundenbezogen und international für Lizenznehmer attraktiv, in: Frankfurter Allgemeine Zeitung vom 28.3.2001.
Myerson, R.: Optimal Auction Design, in: Mathematics of Operations Research, Band 6 (1981), S. 58–73.
Rahmeyer, Fritz: Privatisierung und Deregulierung der Deutschen Bundesbahn, in: Volkswirtschaftliche Diskussionsreihe des Instituts für Volkswirtschaftslehre der Universität Augsburg, Nr. 150, Juni 1996.
Sakurai, Toru: Doitsu toitsu to ko-kigyo no min-ei-ka. Kokutetsu kaikaku no Nichi Dakku hikaku („Die deutsche Einheit und die Privatisierung öffentlicher Unternehmen": Ein Vergleich der Bahnreform in Deutschland und Japan), Tokyo 1996.
Wegscheider, W.: Stellungnahme zu den Aussagen des BDF in der VDI-Ausgabe vom 15.11.1996; Schreiben vom 20.11.1996 ZCO Ca 931/1.
Wolfstetter, E.: Auctions – An Introduction (Manuskript), Berlin 1997.

Zusammenfassung

Der Aufsatz analysiert die Reform der deutschen Eisenbahn im Jahre 1994. Er geht auf die Notwendigkeit der Reform ein, stellt das Konzept der Regierungskommission Bundesbahn dar und behandelt die Umsetzung dieses Konzepts. Er geht auf die Kritik an der Bahnreform ein, die von verschiedenen Seiten geäußert worden ist. Schwerpunkte der Analyse bilden zwei Fragen: Erstens: War es sinnvoll, die Infrastruktur der Bahn und den Betrieb der Infrastruktur zu privatisieren oder sollte die Infrastruktur der Bahn wieder in staatliche Verantwortung zurückgeführt werden? Zweitens: Warum wurde das zweistufige Trassenpreissystem, das die Bahn im Jahre 1998 einführen wollte, um mehr Verkehr auf die Schiene zu bringen, als nicht diskriminierungsfrei abgelehnt?

Summary

The paper analyzes the railroad reform in Germany in 1994. First, the necessity of the reform is underscored by showing the expected losses of the federal railroad and the gigantic financial means that the government would have had to pump into the national railroad system without reform. The paper then describes the reform concept that was elaborated by the governmental commission on railroad reform. This concept was then – with minor exceptions – transformed into reality. The paper finally deals with the criticism raised after the reform. While scientists took issue with the remaining political influences, the Federal Accounting Agency voiced criticism of the results achieved in the two years immediately following the reform. Two important questions are dealt with in greater detail: First: Should the railroad infrastructure be separated from operating the infrastructure and should the infrastructure be renationalized? Second: Why was the two-stage pricing system for slots on the tracks that was intended to go into practice in 1998 stopped by the German Anti-Trust Authority on the basis of the argument that it did not guarantee free access to the tracks and that it was on the whole discriminatory?

02: *Verkehrs- und Nachrichtenwesen (JEL L90)*
014: *Volkswirtschaftlicher Rahmen (JEL P00)*

Fundiertes Know-how zum mobilen Business

Inhalt:

Grundlagen und Charakteristika des Mobile Business

Technologische und rechtliche Aspekte des Mobile Business

Entwicklung und Konzeption mobiler Dienste

Gestaltung und Umsetzung mobiler Dienste (Basisdienste, Mehrwertdienste, Integrative Dienstsysteme)

Ralf Reichwald (Hrsg.)
Mobile Kommunikation
Wertschöpfung, Technologien, neue Dienste
2002. X, 563 S.
Br. € 59,00
ISBN 3-409-11865-9

Die Möglichkeiten der mobilen Kommunikation der Zukunft werden unser Leben völlig verändern. Die Autoren beschäftigen sich mit den Fragen, die diese Entwicklung aufwirft. Sie diskutieren strategische Optionen, Rahmenbedingungen, Anwendungen und Geschäftsmodelle, neue Technologien und mögliche Zukunftsszenarien. Die vermittelten Erkenntnisse sind zugleich wissenschaftlich fundiert und praxisrelevant aufbereitet.

Der Herausgeber:

Prof. Dr. Dr. h.c. Ralf Reichwald ist Inhaber des Lehrstuhls für Allgemeine und Industrielle Betriebswirtschaftslehre der Technischen Universität München und Mitglied des Vorstands des Instituts für Wirtschafts- und Rechtswissenschaften.

Bestellung

Fax: 06 11/78 78.420

321 02 102

Ja, ich bestelle:

___ Expl. Ralf Reichwald (Hrsg.)
Mobile Kommunikation
2002. X, 563 S.
Br. € 59,00
ISBN 3-409-11865-9

Vorname und Name

Straße (bitte kein Postfach)

PLZ, Ort

Unterschrift

Universaldienstlast etablierter Postunternehmen

Von Jörn Kruse

Überblick

- Bei der Liberalisierung der Postmärkte in Deutschland entsteht die Frage, wie hoch die finanziellen Belastungen sind, die der Deutschen Post AG durch die Auflagen der Universaldienstleistungsverordnung entstehen. Der theoretische Maßstab sind die langfristigen Netto-Inkrementalkosten.

- Während meistens defizitäre Sendungsströme betrachtet werden, geht dieser Beitrag von einer kostenrelevanten Qualitätsanpassung (z.B. Zustellfrequenz) in bestimmen Bereichen aus.

- In wissenschaftlicher Hinsicht ist es ein Beitrag zur adäquaten Berechnung der Universaldienstlast. Für die Praxis ist dies auch insoweit relevant, als die neu in den Markt eintretenden Anbieter von postalischen Dienstleistungen nach dem deutschen Postgesetz zur Finanzierung des Universaldienstfonds herangezogen werden können.

Eingegangen: 30. September 1999

Professor Dr. Jörn Kruse
Lehrstuhl für Wirtschaftspolitik
Universität der Bundeswehr Hamburg, 22043 Hamburg
Forschungsschwerpunkte: Ordnungspolitik, Regulierung, Telekommunikation, Post, Medien, Politische Ökonomie

© Gabler-Verlag 2002

A. Einleitung

Analog zu zahlreichen anderen Sektoren, die vorher als institutionelle Monopole organisiert waren, befindet sich der Postbereich in vielen Ländern in einer Phase der Liberalisierung. Nach einigen Zwischenschritten soll in der Bundesrepublik auch der postalische Kernmarkt der Briefbeförderung ab 2002 vollständig dem Wettbewerb geöffnet werden. Das etablierte Postunternehmen DPAG (Deutsche Post AG) wird schrittweise aus seiner hoheitlichen Rolle entlassen, in kommerzielle Strukturen überführt und privatisiert.

Es wird dann unter dem zunehmenden Wettbewerbsdruck seine Angebotspolitik primär an erwerbswirtschaftlichen Prinzipien orientieren müssen und nicht an gemeinwirtschaftlichen Zielen. In vielen Ländern befürchten die Politiker, dass das Angebot in ländlichen Regionen dann nicht mehr dem von ihnen gewünschten Universaldienst entspricht.[1] Anders als zu Zeiten des staatlichen Monopols können dem etablierten Postunternehmen solche Universaldienstauflagen jedoch nur dann verordnet werden, wenn die damit verbundenen Kosten exogen getragen werden.

Im ökonomischen Kontext versteht man unter Universaldienst die (in regionaler Hinsicht) universelle Verfügbarkeit solcher Dienste, die in der Gesellschaft als unverzichtbar angesehen werden. Das heißt, es handelt sich um ein Mindestangebot zur Sicherung elementarer Dienstleistungen. In der politischen Diskussion wird der Begriff des Universaldienstes jedoch wesentlich umfassender verstanden, indem die Setzung regional einheitlicher Preise (Tarifeinheit im Raum) und die Realisierung hoher Qualitätsmaßstäbe auch für dünnbesiedelte Gebiete postuliert wird. Dies gilt in wesentlichen Teilen auch für die Postdienstleistungen in der Bundesrepublik.[2]

Unter der Universaldienstlast eines etablierten Postunternehmens werden entsprechend diejenigen finanziellen Belastungen verstanden, die als Folge der staatlichen Auflagen entstehen. Die Bestimmung der Universaldienstlast steht im Mittelpunkt dieses Aufsatzes. Sie ist nicht nur für eine eventuelle Kompensation des etablierten Postunternehmens relevant, sondern kann auch als Ausgangspunkt für eine Universaldienstauktion dienen.

Im Folgenden wird zunächst in Abschnitt B das grundlegende Problem der regionalen Kostendifferenzen kurz skizziert. Bezüglich der Universaldienstlastbestimmung unterscheidet sich der hiesige Ansatz (Abschnitt C) von der Literatur insofern, als er die kostenrelevanten Qualitätsvariationen in das Zentrum der Diskussion rückt. In Abschnitt D wird dies hinsichtlich der Zustellung konkretisiert und mit empirischer Evidenz versehen. Die Relevanz der Ineffizienzen des etablierten Postunternehmens wird in Abschnitt E erörtert. Abschließend wird der Umfang des Universaldienstes problematisiert.

B. Problem der regionalen Kostendifferenzen

Ein wesentlicher Ausgangspunkt der Universaldienstproblematik ist die Kostendifferenz zwischen städtischen und ländlichen Gebieten aufgrund von Dichtevorteilen (Economies of Density). Die Ursache dafür ist die ungleiche Verteilung von Wohn- und Geschäftsadressen auf die Fläche eines Landes und die Kostenrelevanz der Entfernungen. Dies ist am deutlichsten bei der Zustellung, die auch den größen Anteil der Gesamtkosten eines Postdienstleisters ausmacht, wie Abb. 1 zeigt.[3]

Abb. 1: Kostenanteile der Produktionsstufen in der EU, Frankreich und den USA

	BRD	Europäische Union		Frankreich	USA
		von – bis	Mittel		
Einsammlung	13,2%	6% – 20%	12%	10%	–
Transport		3% – 14%	9%	5%	7%
Sortierung	17,4%	14% – 37%	24%	35%	33%
Zustellung	69,4%	43% – 69%	55%	50%	35%

Quellen: Cohen/Chu (1997), CTCon (1998a), Cazals/deRycke/Florens/Oulieu-Rouzaud (1999), DPAG

Mehrere empirische Studien zeigen, dass bei der Zustellung starke regionale Dichtevorteile bestehen.[4] Dies beruht zu einem erheblichen Teil darauf, dass die durchschnittlichen Wegstrecken der Zusteller pro Empfänger und pro Sendung in ländlichen Gebieten wesentlich höher sind als in städtischen.[5] Die Abb. 2 zeigt für die USA die pro Briefkasten erforderliche Zeit als Funktion der Anzahl der Kästen pro Meile auf der Zustellroute.[6] Dabei ist zu berücksichtigen, dass in den ländlichen Gebieten der USA die Zustellung nur an Straßenboxen entlang der Postroute erfolgt, die von den einzelnen Wohnhäusern weit entfernt sein können. Bei einer Zustellung in jedes einzelne Haus wie in der Bundesrepublik wären die regionalen Kostenunterschiede also noch wesentlich größer. Auf der anderen Seite ist die Bundesrepublik nirgendwo so dünn besiedelt wie in den postalischen Problemregionen der USA.

Bei der Einsammlung der abgehenden Sendungen, soweit diese über Briefkästen erfolgt, entstehen in ländlichen Gebieten ebenfalls höhere Stückkosten. Darüber hinaus sind die Transportkosten zwischen geringvolumigen und weitentfernten Absender- und Empfängergebieten höher als zwischen benachbarten Großstädten, was vor allem auf den Skaleneffekten größerer Sendungsvolumina beruht. Dies gilt auch für den innerstädtischen Verkehr, dessen Eingangs- und Abgangssortierung außerdem im gleichen Sortierzentrum erfolgt.

Wenn alle Briefsendungen nach ihren Stückkosten geordnet werden, ergibt sich schematisch der Verlauf der Abb. 3, wobei die Abszisse zur Vereinfachung nur auf die Zielgebiete bezogen wird. Beim Monopol schreibt der Gesetzgeber häufig einen regionalen Einheitspreis P_R vor. Dann verursachen die Empfänger in den ländlichen Regionen ein Defizit im Umfang der schattierten Fläche Z, das aus dem Überschuss Q der städtischen Gebiete abgedeckt wird. Es erfolgt also eine interne Subventionierung, die die üblichen allokativen Ineffizienzen erzeugt. Verglichen mit dem Wohlfahrtsmaximum sind sowohl die Preise in den städtischen Gebieten zu hoch als auch die Preise in den ländlichen Gebieten zu niedrig.

Wenn der Markt liberalisiert wird, das heißt wenn die institutionellen Markteintrittsbarrieren aufgehoben werden, treten gegebenenfalls Newcomer im Bereich rechts von D_R

Abb. 2: Regionale Dichte und Zustellzeitaufwand in den USA

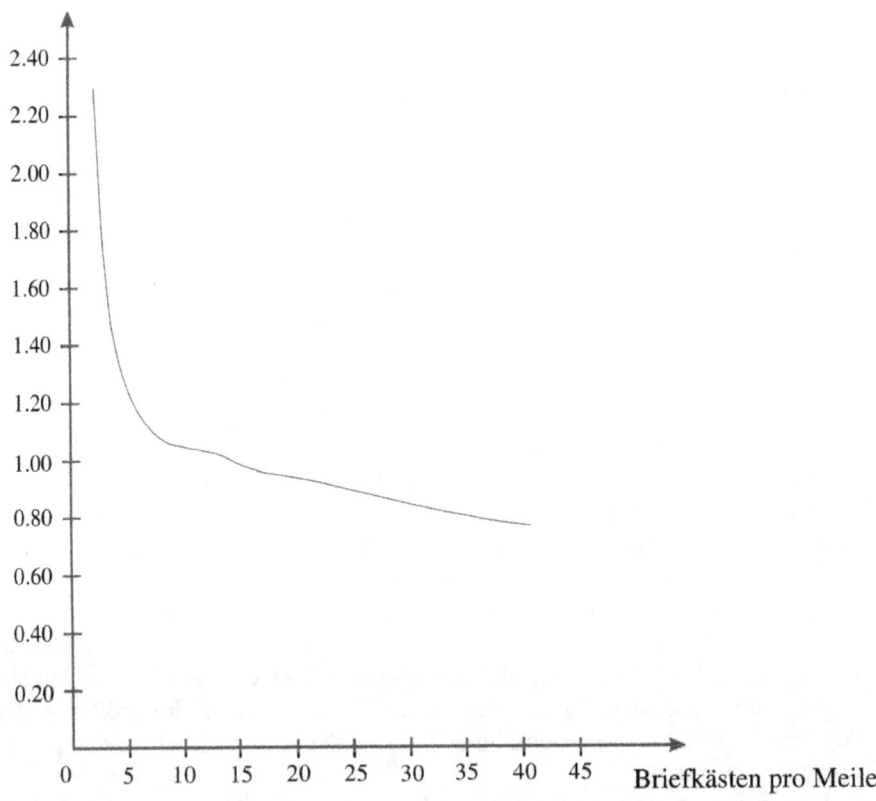

Quelle: Cohen/Ferguson/Xenakis (1993b), S.19.

ein und setzen Preise unterhalb von P_R. Dies erfolgt zuerst bei den Sendungen in den Großstädten, bei denen die positive Differenz zwischen den bisherigen Preisen und den Durchschnittskosten am größten ist.[7] Das preisregulierte, etablierte Monopolunternehmen bezeichnet dies typischerweise als „Rosinenpicken".

Nehmen wir an, dass die Angebotspolitik des etablierten Postunternehmens nach der Liberalisierung frei ist. Unabhängig davon, welche Preis- oder Qualitätsstrategie es in Ballungsgebieten gegenüber seinen neuen Konkurrenten (insb. konservative oder aggressive Preispolitik) wählt, werden die dortigen Gewinne absinken und nicht mehr als Quersubventionierungsquelle für die ländlichen Regionen zur Verfügung stehen.

Auf der anderen Seite wird der ehemalige Monopolist als erwerbswirtschaftliches Unternehmen seine Angebotspolitik auch in den ländlichen Gebieten auf den Prüfstand stellen, wobei grundsätzlich Preiserhöhungen, Qualitätsminderungen oder gänzliche Einstellung der Dienstleistungen in Betracht kommen.

Abb. 3: Regional differierende Stückkosten

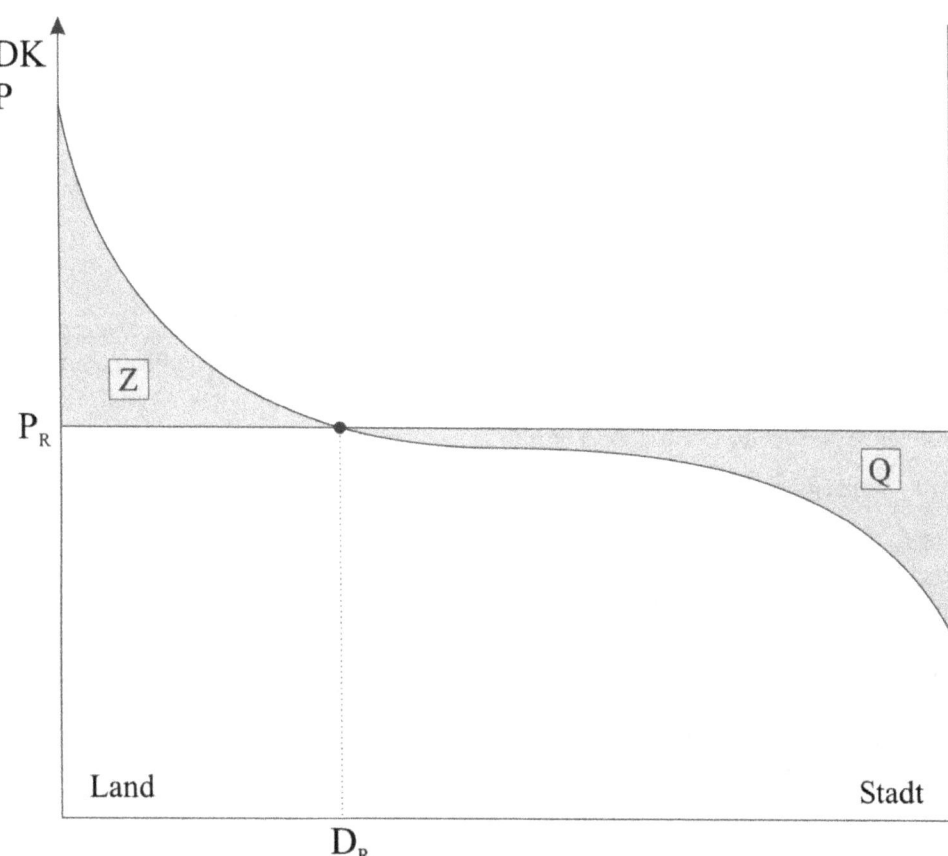

Wenn der Staat dann die Gewährleistung eines bestimmten Niveaus an Briefdienstleistungen durch eine entsprechende Universaldienstauflage an das etablierte Postunternehmen sichern möchte, stellt sich das Problem der quantitativen Bestimmung der daraus resultierenden Universaldienstlast. Die in der Bundesrepublik rechtlich mögliche und ökonomisch vorteilhafte Ausschreibung der Universaldienstaufgabe unter mehreren potentiellen Anbietern bleibt im Folgenden außer Betracht.

C. Prinzip der Universaldienstlastbestimmung

Um festzustellen, ob und gegebenenfalls in welcher Höhe beim etablierten Postunternehmen eine Universaldienstlast entsteht, müssen für jede einzelne Universaldienstauflage i die Situationen mit und ohne diese Auflage verglichen werden. Das heißt, es werden für jede staatlich verordnete Angebotsänderung die inkrementellen Kosten mit den inkrementellen Erlösen und den sonstigen Effekten in beiden Situationen verglichen. Dabei sind grundsätzlich nur die langfristigen Kostenstrukturen relevant.

Wenn

(1) $\quad LIK_i > LIE_i + LIV_i$

gilt, wobei LIK_i = langfristige inkrementelle Kosten, LIE_i = langfristige inkrementelle Erlöse, LIV_i = langfristige inkrementelle sonstige Vorteile des Unternehmens bei der Angebotsänderung i sind, dann besteht eine Universaldienstlast im Umfang

(2) $\quad UDL_i = LIK_i - LIE_i - LIV_i$.

Grafisch werden diese Inkrementalgrößen im generellen Fall durch das Integral unter der Grenzkostenfunktion zwischen dem Anfangs- und dem Endpunkt der Veränderung repräsentiert. Im einfachsten Fall einer Mengenreduktion von X_2 nach X_1 in Abb. 4 mit der Annahme konstanter Grenzkosten ist dies

(3) $\quad LIK = LGK \cdot (X_2 - X_1)$.

Angenommen, das etablierte Postunternehmen würde ohne Universaldienstauflage die Menge X_1 wählen, sodass die langfristigen Grenz- und Durchschnittskosten der Strecke X_1B entsprechen. Die Totalkosten sind gleich dem Rechteck $0X_1BA$. Wenn nun der Staat als Universaldienstauflage eine Mengenerhöhung auf X_2 dekretiert, sind dort die langfristigen Grenz- und Durchschnittskosten X_2C und die Totalkosten $0X_2CA$. Die Inkrementalkosten der Mengenerhöhung sind also gleich dem Rechteck X_1X_2CB.

In der konkreten Debatte stellt sich jedoch meistens die umgekehrte Frage: Welche Kosten würden eingespart, wenn statt der früheren Menge X_2 zukünftig nur X_1 angeboten würde? Dies ist relevant, wenn man davon ausgeht, dass das Postunternehmen seit der Monopolzeit die schon damals in anderer institutioneller Form existierenden Universaldienstauflagen erfüllt hat und jetzt erwägt, die Menge auf X_1 zu reduzieren. Die langfristig vermeidbaren Nettokosten (long-run net avoidable costs) bilden den üblichen Ausgangspunkt der Universaldienstlastberechnung.[8]

Da das Konzept der „langfristigen Kostenfunktion" einen voraussetzungslosen Vergleich der Kosten bei alternativen Mengen beinhaltet,[9] sind die langfristig vermeidbaren Kosten gleich den langfristigen Inkrementalkosten der entsprechenden Mengenausweitung. Es gilt also

(4) $\quad LIK(X_1 \to X_2) = LIK(X_2 \to X_1)$.

Anders ist es bei einer kurzfristigen Änderung. Wenn die Menge schnell von X_2 nach X_1 reduziert wird, können evtl. nicht alle kostenverursachenden Faktoren rechtzeitig angepasst werden (insbesondere langlebige Kapitalgüter und unkündbares Personal). In der Abb. 4 sind die Totalkosten dann kurzfristig $0X_1ED$. Dies ist unabhängig von eventuellen unternehmerischen Ineffizienzen, die in Abschnitt E diskutiert werden. In kurzer Frist hängt der Durchschnittskostenverlauf KDK vom Ausgangspunkt sowie vom Umfang und von der zeitlichen Struktur der Irreversibilitäten ab. Für die Universaldienstlast sind die kurzfristigen Kostenänderungen jedoch irrelevant.

Abb. 4: Langfristige Inkrementalkosten einer Mengenänderung

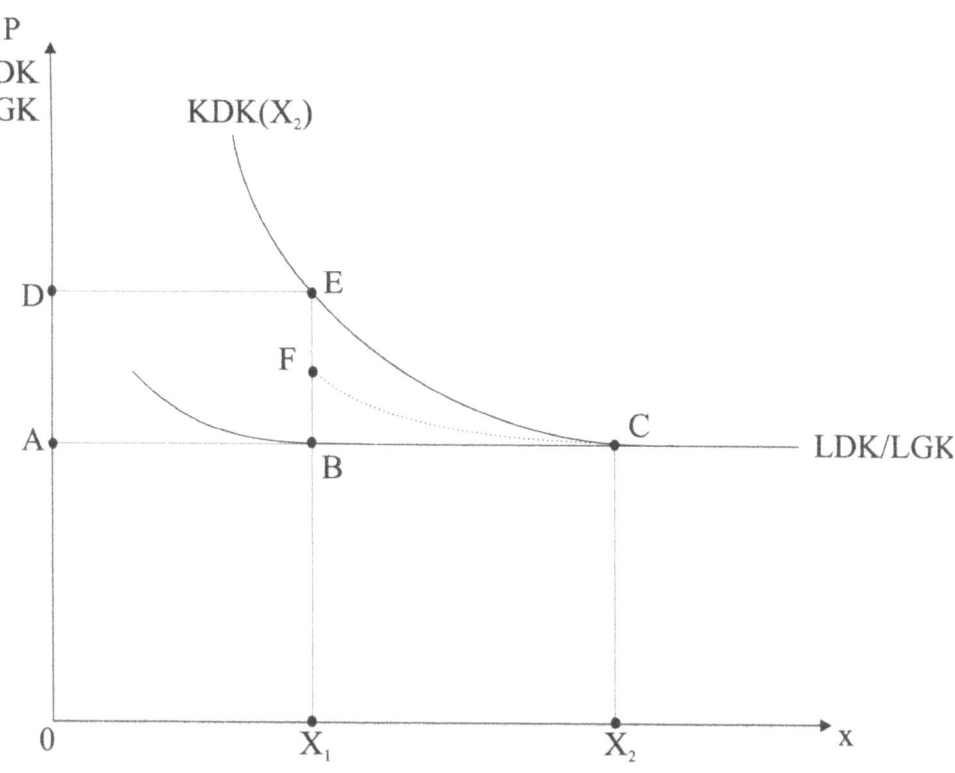

Der theoretische Ausgangspunkt der Analyse ist dasjenige Angebot des etablierten Postunternehmens, das dieses bei Abwesenheit jeglicher Universaldienstverpflichtung wählen würde. Da dieses nicht ohne weiteres ermittelt werden kann, ist es zweckmäßig, von der gegenwärtigen Angebotssituation auszugehen, die sich unter monopolistischen Bedingungen und weitreichenden Universaldienstansprüchen entwickelt hat. Zur Reduzierung von Defiziten in den ländlichen Regionen kommen für das etablierte Postunternehmen im Wesentlichen drei Arten von Optionen in Betracht, erstens, bestimmte Dienstleistungen dort ganz einzustellen (Option α_0), zweitens, einzelne Qualitätsmerkmale zu reduzieren (α_i) und drittens, die Preise zu erhöhen (α_p). Letzteres wird im Folgenden aus Vereinfachungsgründen nicht untersucht, sondern es wird von der Annahme ausgegangen, dass die Preise im Monopolbereich von der Regulierungsbehörde begrenzt werden.

In der vorliegenden, für die Regulierungspolitik meinungsbildenden Literatur (WIK, NERA),[10] wird für den Ausgangspunkt der Berechnungen typischerweise angenommen, dass die defizitären Dienstleistungen ganz eingestellt werden (Option α_0). Beim WIK-Ansatz ist die Analyseeinheit der einzelne Sendungsstrom, der zwischen einem Einsammel- und einem Auslieferungspunkt besteht. Vom Postunternehmen werden dann bei Abwesenheit politischer Auflagen alle diejenigen Sendungsströme eingestellt, deren Inkrementalkosten nicht durch die zugehörigen Inkrementalerlöse gedeckt werden. Dies ist unter Berücksichtigung von regionsspezifischen Gemeinkosten häufig gleichbedeutend mit einem völligen Rückzug aus den defizitären Gebieten.

Ein solches Verhalten des etablierten Postunternehmens würde jedoch bedeuten, dass auch die Erlöse aller davon betroffenen Sendungsströme vollständig entfallen. Das heißt, dass die Inkrementalerlöse in Gleichung (2) relativ hoch wären. Außerdem wäre der negative Imageeffekt vergleichsweise groß, was eventuell zu Erlöseinbußen in anderen Märkten (Teil von LIV_i) führen könnte. Insofern ist es wenig wahrscheinlich, dass der gänzliche Rückzug aus solchen ländlichen Märkten die unternehmerisch rationale Reaktion wäre.

Eher ist zu erwarten, dass dieses in solchen Regionen grundsätzlich präsent bleiben und dort zunächst die kostensensitiven Qualitätsmerkmale anpassen würde, um die Defizite abzubauen. Dadurch würden insbesondere die relevanten Inkrementalerlöse wesentlich geringer ausfallen. Diese Option steht im Mittelpunkt der folgenden Analyse.

Betrachten wir zunächst allgemein eine beliebige Qualitätsvariation anhand der Abb. 5. Q sei eine bestimmte Qualitätsdimension und das bei monopolistischer Universaldienstverpflichtung realisierte Niveau dieser Qualität sei Q_A. Nehmen wir an, das Unternehmen erwägt nach der Liberalisierung und nach Entbindung von den Universaldienstauflagen, die Qualität zu reduzieren. QLGK repräsentiere die auf Qualitätsvariationen bezogenen langfristigen Grenzkosten. Diese bestimmen ihrerseits die inkrementellen Kosten, die langfristig bei einer Qualitätsreduktion eingespart würden. Eventuelle Mengenreaktionen sind in den Funktionsverläufen bereits enthalten.

QLGE repräsentiere die qualitätsbezogenen Grenzerlöse. Außerdem sind eventuelle andere Effekte zu berücksichtigen, die mit einer bestimmten Qualitätssenkung verbunden sein können, z.B. Erlöseinbußen in anderen Märkten aufgrund von Imageverlusten. Wenn man deren Marginalwerte zu den Grenzerlösen addiert, erhält man die langfristigen Grenzvorteile QLGV.

In der Darstellung der Abb. 5 ist ersichtlich, dass in der Ausgangssituation Q_A die qualitätsbezogenen Grenzkosten GK_A die Grenzvorteile GV_A übersteigen. Das heißt, es ist für das Unternehmen vorteilhaft, die Qualität zu reduzieren. Dies gilt bis hinunter zur Qualität Q_B, die hier für das Unternehmen die optimale Qualität darstellt. Diese würde realisiert, wenn keine Universaldienstauflage bestünde.

Die Fläche $Q_A FBQ_B$ repräsentiert dann die gesamten qualitätsbezogenen Inkrementalkosten, die bei Senkung der Qualität von Q_A nach Q_B eingespart werden. $Q_A DCQ_B$ sind die dabei entfallenden Erlöse und DEBC sind die sonstigen Nachteile, die das Unternehmen bei der Qualitätsminderung in Kauf nehmen muss. Die Fläche EFB zeigt den Nettovorteil der Qualitätsanpassung. Umgekehrt gilt, dass – ausgehend vom unternehmerischen Optimum – eine Universaldienstauflage Q_A für das Unternehmen eine Last im Umfang der Fläche EFB mit sich bringt.

Allerdings könnte argumentiert werden, dass die Qualität Q_B bei einem vorgegebenen Preis gegebenenfalls eine Ausnutzung der Monopolstellung darstellt. Trotz vermuteter Angreifbarkeit des Postmarktes kann dies für praktische Fälle nicht generell von der Hand gewiesen werden. Wir nehmen deshalb an, dass die Regulierungsbehörde die Qualitätsreduktion auf einen Wert Q_R limitieren würde, der gerade die Kostendeckung ermöglicht. Von dort aus wäre die Universaldienstlast also die Fläche EFRS.

Die Verläufe der QLGK-, QLGE- und QLGV-Kurven und die optimalen Qualitätsstandards sind für jede Region und für jedes Qualitätsmerkmal unterschiedlich.[11] Je höher die

Abb. 5: Inkrementelle Kosten und Erlöse bei Variation der Qualität

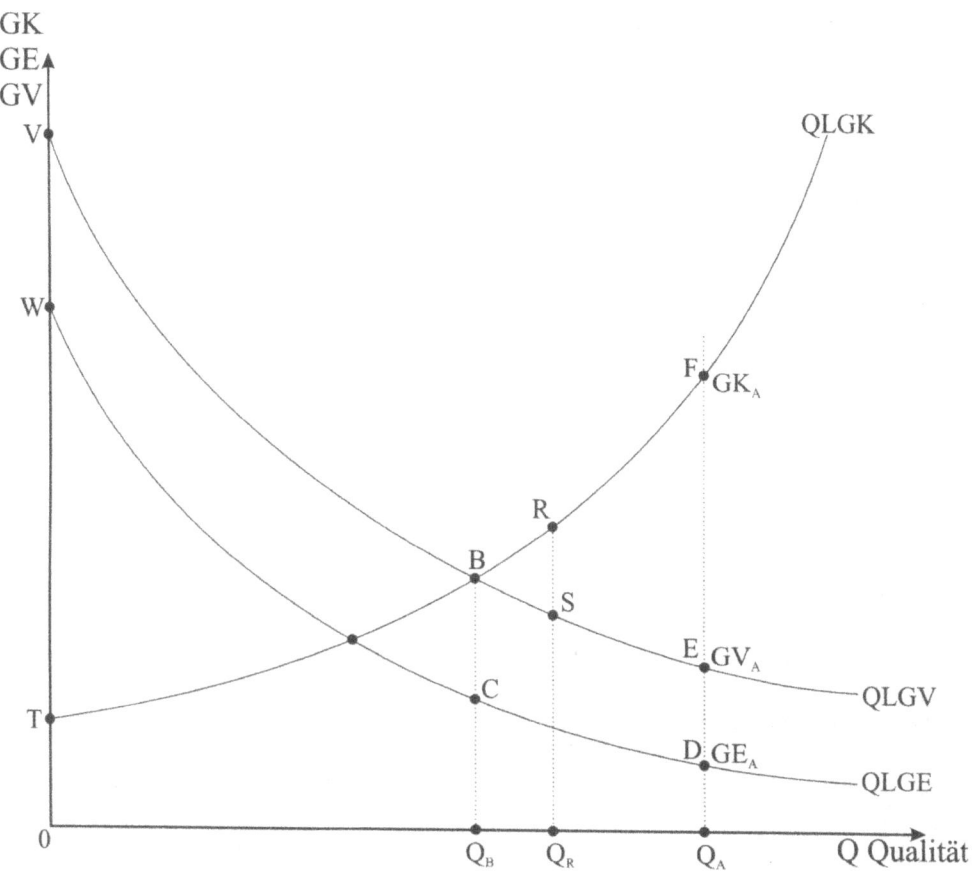

Elastizität der Kosten in Bezug auf ein Qualitätsmerkmal ist und je weniger die Nachfrage auf Qualitätsänderungen reagiert, desto eher kann man davon ausgehen, dass ländliche Gebiete auch bei starken Dichtenachteilen kostendeckend versorgt werden können, wenn die Qualität angepasst wird.

Dies heißt jedoch auch, dass die Erreichung staatlich vorgegebener Qualitätsniveaus beim Universaldienst tatsächlich mit höheren Nettokosten verbunden ist, als bei einer Berechnung auf der Basis ganzer Sendungsströme ermittelt würden.

D. Qualitätsanpassung bei der Zustellung

Die Problematik der Qualitätsanpassung ist insbesondere für die Zustellung relevant, da diese den größten Teil der Gesamtkosten ausmachen und besonders ausgeprägte Dichtevorteile aufweist. Dabei wird das etablierte Postunternehmen bei solchen Qualitätsparametern ansetzen, die besonders kostentreibend sind und nur geringe Nachfrage- und Image-Effekte erwarten lassen.

Dafür kommen bei der Briefzustellung verschiedene Qualitätskriterien in Betracht, z.B. die Zustellfrequenz (Zahl der wöchentlichen Zustellungen), und der Zustellort (Haus- oder Straßenzustellung). Außerdem sind die Einsammlungsfrequenz (Häufigkeit der Briefkastenleerungen), die Einsammlungs- bzw. Annahmeorte (Zahl und regionale Verteilung der Briefkästen und Postfilialen) und die Laufzeit zwischen Einlieferung und Zustellung zu nennen. Für diese Kriterien sind in der deutschen Universaldienstleistungsverordnung jeweils konkrete Auflagen formuliert.

Unter Kostensenkungsaspekten liegt es insbesondere nahe, in ländlichen Gebieten die Zahl der Zustellungen zu reduzieren. Wenn die Zustellfrequenz von sechsmal auf dreimal wöchentlich verringert wird,[12] bedeutet dies, dass *ein* Zusteller zwei bisherige Touren (Tour A am Montag, Mittwoch und Freitag sowie Tour B am Dienstag, Donnerstag und Samstag) erledigen kann. Daraus resultiert die Vermutung, dass die Zustellkosten deutlich gesenkt werden.

Für die USA liegen diesbezüglich einige quantitative Angaben vor.[13] Auf die Arbeit in der Zustellbasis (Sortierung der Sendungen auf Gangfolge etc.) entfallen ca. 40 % (in der Bundesrepublik ca. 33 %) und auf die mobile Tätigkeit auf der Route ca. 60 % der Zustellgesamtkosten. Dabei sind die Kosten des Grundweges, die 29,3 % ausmachen, vom Sendungsvolumen unabhängig und variieren mit der Routenlänge. Die Stichwege (Zugang zu den einzelnen Adressen, Kostenanteil 51,7 %) weisen eine Mengenelastizität der Kosten von nur 0,06 auf.[14] Die Füllzeit der einzelnen Briefkästen (19 % Kostenanteil) variiert mit der Sendungsmenge. Insgesamt sind 71 % der Straßenzustellkosten fix.

Von Cohen und Chu werden für den U.S. Postal Service die Kostenersparnisse bei einer Reduzierung der wöchentlichen Zustellfrequenz quantifiziert (Abb. 6).[15] Diese entsprechen jeweils den Inkrementalkosten (bzw. vermeidbare Kosten) einer Veränderung von 6 auf 5, von 5 auf 4 etc. Zustelltagen. Z.B. beinhaltet eine Reduzierung auf drei Zustellungen pro Woche einsparbare Inkrementalkosten von 3,56 Mrd $ bzw. 35,4 % der ge-

Abb. 6: Totalkosten in Abhängigkeit von der Zustellfrequenz

Zustellungen pro Woche	Zustellkosten in Mrd. $	In %	Kostenersparnisse in Mrd. $	in %
6	10,07	100,0		0
5	8,88	88,2	1,19	11,8
4	7,70	76,4	2,37	23,6
3	6,51	64,6	3,56	35,4
2	5,32	52,8	4,74	47,2
1	4,14	41,1	5,93	58,9

Quelle: Cohen/Chu (1997), S.124

samten Zustellkosten. Diese Werte dürften deutlich höher liegen, wenn in den ländlichen Gebieten eine Hauszustellung, wie z.B. in der Bundesrepublik, praktiziert würde.

Auf der Basis der nach der Versorgungsdichte geordneten Kostenangaben (Quintilsdaten) von Cohen/Ferguson/Xenakis (1993b) haben Haldi/Merewitz (1997) die Kostenersparnisse einer Reduzierung auf drei wöchentliche Zustellungen in den beiden ländlichen Quintilen abgeschätzt. In dem am dünnsten besiedelten Quintil 1 betrugen die totalen Zustellkosten pro Briefkasten (Adressat) und Tag bei sechsmaliger Zustellung 0,663 $ und bei dreimaliger Zustellung 0,419 $ (also 37% weniger).[16] Auf diese Weise würde statt des bisherigen Defizits von 121 Mio $ ein Gewinn von 67 Mio $ anfallen. Im Quintil 2 würden die entsprechenden Kosten von 0,465 $ auf 0,315 $ (32% weniger) sinken. Der Gewinn steigt dadurch von 10 Mio $ auf 187 Mio $.

Den daraus resultierenden Kosteneinsparungen sind die Erlösänderungen und die sonstigen Effekte gegenüberzustellen. Um die Erlöseinbußen des etablierten Postunternehmens bei einer Reduzierung der Zustellfrequenz in ländlichen Gebieten abzuschätzen, kann man eine Plausibilitätsüberlegung anstellen, (a) wie stark der Nutzen dadurch für die Kunden sinkt,[17] und (b) welche Möglichkeiten diese haben, um gegebenenfalls auf die verringerte Zustellfrequenz zu reagieren.

Ein genereller Effekt einer verringerten Zustellfrequenz ist die durchschnittliche Laufzeitverlängerung für Briefe in ländliche Gebiete. Das heißt, der Anteil der E+1-Beförderungen, der in der Bundesrepublik zur Zeit ca. 95% beträgt, wird sinken. Ein spezieller Effekt kann von dem Erfordernis einer tagesgenauen Zustellung ausgehen: Bei Tageszeitungen würde die Qualität für den Konsumenten erheblich gemindert, wenn jede zweite Ausgabe erst einen Tag später ausgeliefert würde. Bei den meisten Postsendungen kann man jedoch annehmen, dass die genannte Qualitätsveränderung für die Nachfrageentscheidung nahezu irrelevant ist. Dies gilt insbesondere für die gesamte Infopost.

Für solche Sendungen jedoch, die tatsächlich zeitkritisch sind, stellt sich die Frage der Alternativen für die Versender. Die Erlöse des Postunternehmens werden gemindert, wenn für die Sendungen bzw. für die Nachrichteninhalte alternative Zustelldienste (für Zeitungen), Kurierdienste, Telefon, Telefax, E-mail, Datenübertragung etc. eingesetzt werden. Diesbezüglich sind hier allerdings nur solche Reaktionen relevant, die zusätzlich als Folge der Qualitätsminderung erfolgen und nicht etwa im Zuge der allgemein stattfindenden Substitutionsprozesse im Zeitablauf.

Insgesamt kann man, bezogen auf die Gesamtzahl aller Briefsendungen in ländliche Gebiete, davon ausgehen, dass die Inkrementalerlöse für das Postunternehmen relativ gering sind, wenn man die Anzahl der Zustellungen pro Woche reduziert. Dabei kann angenommen werden, dass Empfänger, die häufiger zeitsensible Sendungen erhalten (insbesondere Firmen) entweder bereits ein Postfach unterhalten oder sich dann eines einrichten.[18]

Ein weiteres kostenrelevantes Qualitätsmerkmal der Briefbeförderung bezieht sich auf den Ort der Zustellung. In der Bundesrepublik ist es aus der Vergangenheit üblich, die Sendungen direkt ins Haus zu liefern. Dies ist in der Postuniversaldienstleistungsverordnung auch für die Zukunft so vorgeschrieben. Demgegenüber sind die Zustellpunkte in den USA regional differenzierter. In Wohngegenden handelt es sich häufig um Postkästen an der Straße, sodass der Zusteller die Sendungen direkt vom Auto heraus einwerfen kann. In ländlichen Regionen werden in der Regel nur solche Straßen befahren (postal route), die mindestens einen Postkasten pro Meile aufweisen. Für Empfänger in dünn besiedelten Gebieten bedeutet dies, dass sich ihr Postkasten an der nächstgelegenen Postroute befindet. Auf diese Weise werden die Zustellkosten in ländlichen Gebieten gegenüber der Hauszustellung deutlich gesenkt.

Ohne die Universaldienstverpflichtung könnte grundsätzlich auch die Deutsche Post AG langfristig dazu übergehen, in ländlichen Regionen statt der Hauszustellung eine Straßenzustellung an definierten Wegen zu realisieren. Noch weitgehender wäre die Einrichtung von Postfächern z.B. bei örtlichen Läden, Tankstellen etc. Dies würde erhebliche Kosten einsparen, ohne dass wesentliche Erlösminderungen zu erwarten wären.

Infas hat eine Reihe von Postnutzern zu den Qualitätsmerkmalen des Universaldienstes befragt.[19] Hinsichtlich einer potentiellen Reduzierung der Zustellfrequenz haben die Kunden sich wenig ablehnend geäußert. Ein Drittel der befragten Betriebe würde auf eine Reduzierung der Zustellung auf dreimal wöchentlich positiv reagieren, wenn dies mit einer Preisgutschrift von 0,10 DM pro Standardbrief verbunden wäre. Bei Haushalten in ländlichen Gebieten und bei Betrieben besteht außerdem eine relativ hohe Akzeptanz für eine längere Laufzeit. E+2 war für 84 % der Betriebe grundsätzlich akzeptabel. Bei einem vorgegebenen Rabatt von 0,20 DM pro Standardbrief waren 62 % interessiert.

50 % der befragten Betriebe würden gegen eine Gutschrift von 0,10 DM pro Standardbrief ihre Post bei der nächsten Filiale abholen. Dagegen zeigen die Befragungsergebnisse, dass die Haushalte (insb. diejenigen in Ballungsgebieten) eine hohe Präferenz für die Hauszustellung haben. Diese würde von den Haushalten auch dann vorgezogen, wenn sie mit einer zusätzlichen Gebühr verbunden wäre. Die durchschnittliche Zahlungsbereitschaft für eine solche Gebühr beträgt 6,50 DM pro Monat.

Generell ist zu fragen, in welchem Maße sich die Präferenzen der Empfänger auf die Erlöse etc. auswirken. Wie gesehen, besteht bei den Haushalten ein starker Wunsch nach Hauszustellung. Aber auch wenn eine solche nicht realisiert wird, sind in ländlichen Regionen kaum Ausweichreaktionen möglich. Insofern sind die wegfallenden Erlöse gering.

Der Imageeffekt für die DPAG wäre im ländlichen Bereich im Zuge einer Mediendiskussion in der Übergangszeit vom Monopol zum Wettbewerb vermutlich beträchtlich, könnte jedoch mittelfristig gegebenenfalls durch verbesserte Performance in den Städten kompensiert werden. Diese indirekten finanziellen Effekte sind jedoch schwer zu quantifizieren.

E. Ineffizienzen des etablierten Postunternehmens

Die einschlägigen Gesetze und Verordnungen in der Bundesrepublik sprechen im Zusammenhang der Universaldienstlast von den Kosten der *effizienten* Leistungsbereitstellung (vgl. z.B. § 15 Abs. 1 Postgesetz). Bei öffentlichen Monopolunternehmen liegen aber in aller Regel merkliche Ineffizienzen vor.

Eine wesentliche Ursache dafür ist die fehlende Konkurrenz, die im Zeitablauf zunehmend dazu führt, dass die Kosten (wegen technischer Ineffizienzen und Insiderrenten) überhöht sind. Hinzu kommt, dass der Staat häufig politische Aufgaben auf solche Monopole abwälzt (politische Renten). Nicht immer sind diese finanziellen Belastungen schnell abbaubar. Manchmal wirken die Folgen auch über längere Zeit kostenerhöhend. Ein zweiter Grund sind die Besonderheiten öffentlicher Unternehmen, vor allem bei den

Arbeitsbeziehungen. Lohnstrukturen, Sozialleistungen und zahlreiche qualitative Regelungen sind typischerweise für die etablierten Beschäftigten besonders vorteilhaft und für das Unternehmen entsprechend kostenträchtig.

Es gehört zu den intendierten Vorteilen einer Deregulierung, dass solche technischen Ineffizienzen, Insider- und politische Renten abgebaut werden. Gleichwohl erfordert dies in einigen Fällen längere Zeiträume, wenn langlebige Irreversibilitäten involviert sind. Für unser Universaldienstlast-Problem stellen sich die Fragen (1) inwieweit die Ineffizienzen des etablierten Unternehmens bei der Berechnung zu berücksichtigen sind, und (2) wie Anpassungen im Zeitablauf zu behandeln sind.

Nehmen wir an, die aktuellen Totalkosten des etablierten Postunternehmens für die Menge X_2 betragen OX_2JH in Abb. 7. Die effizienten Kosten hingegen betragen OX_2CA, sodass die Ineffizienzen des etablierten Postunternehmens $ACJH$ ausmachen.

Angenommen, das etablierte Postunternehmen würde nach Aufhebung der Universaldienstauflage die Menge auf X_1 reduzieren. Für eine betrachtete, überschaubare Zeitspanne könnten die tatsächlichen Stückkosten z.B. auf X_1F_3 steigen, wenn die Fixkosten stark zu Buche schlagen, was nur bei sehr kurzen Zeitspannen relevant ist, bei X_1F_2 konstant blei-

Abb. 7: Inkrementalkosten bei Ineffizienz des etablierten Postunternehmens

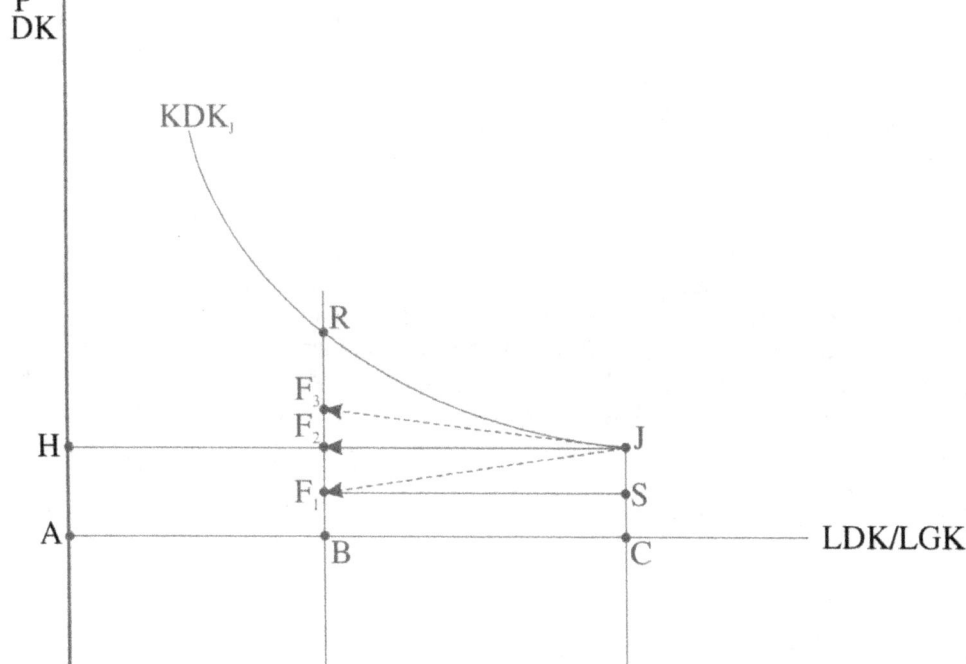

ben, oder auf X_1F_1 sinken, wenn im Zuge der Deregulierung während der betrachteten Zeitspanne ein Abbau von Ineffizienzen erfolgt. Der tatsächlich erreichte Punkt liegt je nach den konkreten Bedingungen zwischen den Extrempunkten B und R.

Unabhängig davon sind die langfristigen Inkrementalkosten, die für die Berechnung der Universaldienstlast relevant sind, durch die Fläche X_1X_2CB repräsentiert, das heißt die aktuellen Ineffizienzen bleiben dafür außer Betracht. Hierbei entsteht für die Praxis vor allem das Problem, die Kosten effizienter Produktion zu schätzen, was wegen fehlender realer Daten schwierig ist.

Dennoch ist fraglich, ob dieses Ergebnis der konkreten Situation gerecht wird. Das Stückkostenniveau X_1B kann als theoretisches Kostenminimum bezeichnet werden. Dieses kann möglicherweise selbst bei (ab sofort) effizienter Unternehmenspolitik erst über einen längeren Zeitraum erreicht werden, weil aus der Vergangenheit noch kostenrelevante Altlasten vorhanden sind, die nicht kurzfristig abbaubar sind (zum Beispiel unkündbares Personal und langlebige Investitionsgüter) und die bei effizienter Produktion der dann relevanten Menge nicht mehr benötigt werden.

Nehmen wir an, diese entsprächen der Fläche $BCSF_1$. Sind solche politisch induzierten Kosten bei der Berechnung der Universaldienstlast zugunsten des etablierten Postunternehmens zu berücksichtigen?

Grundsätzlich kann man davon ausgehen, dass die meisten derartigen Altlasten nicht auf die zukünftige Universaldienstaufgabe unter Liberalisierungsbedingungen bezogen sind, sondern historischen Charakter haben. Deren Kosten könnten dann auch nicht in die Universaldienstlast einbezogen werden, sondern wären in der finanziellen Verantwortung (a) des Eigentümers bzw. (b) des früheren Regulierers, was für den konkreten Fall der Bundesrepublik identisch ist. Zu diesen nicht-einrechenbaren Altlasten zählen die meisten personalbezogenen Mehraufwendungen (Löhne, Rentenansprüche, Sozialleistungen, Arbeitsbedingungen, Kündigungsschutz etc).

Daneben gibt es aber auch irreversible Investitionen, die das Postunternehmen getätigt hat, weil es von den politisch Verantwortlichen klare Signale erhalten hat, dass es zukünftig (also auch nach der Marktliberalisierung) bestimmte Universaldienstauflagen mit bestimmten Qualitätsstandards erfüllen muss. Nehmen wir als Beispiel die tägliche Zustellung mit einer Standard-Brieflaufzeit von E+1 im gesamten Bundesgebiet. Nach dieser Vorgabe hat die DPAG ein Netz mit 83 Briefzentren optimiert. Angenommen, die Laufzeitvorgaben würden für die ländlichen Gebiete auf E+2 reduziert. Dann wäre evtl. für eine effiziente Produktion ein Postnetz mit einer geringeren Zahl von Briefzentren optimal gewesen. Die dadurch entstandenen Mehrkosten erklären zwar für eine begrenzte Übergangszeit ein grundsätzlich effizienzkompatibles Abweichen der Stückkosten nach oben, sind jedoch ebenfalls historisch und nicht Bestandteil der zukünftigen Universaldienstlast.

F. Umfang des Universaldienstes

Die normative Begründung und die Problematik des Universaldienstes entspricht derjenigen der allgemeinen Regionalpolitik. Auch dort sind keine allokativen, sondern eher distributive und meritorische bzw. integrative Ziele relevant. Rein distributive Zielsetzungen wären allerdings auch beim Universaldienst durch steuerpolitische Instrumente oder durch Transfers einfacher und mit weniger Effizienzverlusten realisierbar.

Es stellt sich die grundsätzliche Frage, welcher Umfang des Universaldienstes hinsichtlich der Qualität der Postdienstleistungen unter meritorischen bzw. integrativen Aspekten bei Berücksichtigung der jeweils entstehenden Kosten gesellschaftlich erwünscht ist. Es wäre erforderlich, nicht nur die Kosten, sondern auch die Nutzen für die Betroffenen und die diesbezüglichen gesellschaftlichen Präferenzen zu quantifizieren.

Beim Versuch einer inhaltlichen Beurteilung ist zunächst zu berücksichtigen, dass im Laufe der Jahre andere Dienste der Individualkommunikation hinzugekommen sind und nicht nur für die geschäftlichen, sondern auch für die privaten Nutzer stark an Bedeutung gewonnen haben. Hierzu gehören insbesondere Telefon, Telefax, E-mail und Internet. Diese können heute viele Informationsbedürfnisse besser befriedigen, die früher per Post erledigt wurden. Insofern reduziert sich auch die Relevanz der Postdienste als unabdingbare Basisinfrastruktur.

Die gesellschaftliche Wertschätzung des Universaldienstes hängt mit der Art der Finanzierung eng zusammen. Dafür kommen insbesondere die Finanzierung (1) aus den allgemeinen staatlichen Budgets und (2) durch einen Fonds, der durch Abgaben der Anbieter gespeist wird, in Betracht.[20]

In der Bundesrepublik wurde für die Postdienste ebenso wie für die Telekommunikation der zweite Weg gewählt, da dies nicht zu einer direkten Belastung der staatlichen Haushalte führt und insofern leichter durchsetzbar war. Die Fondsmethode führt zwar grundsätzlich zu einer wettbewerblichen Gleichbehandlung etablierter und neuer Postanbieter. Ökonomisch handelt es sich dabei jedoch um eine Sondersteuer auf Postdienstleistungen und führt zu den einschlägigen Allokationsverzerrungen, die denen bei monopolistischer Quersubventionierung ähnlich sind. Sie bewirkt umso stärkere Preiserhöhungen in Nicht-Universaldienstbereichen, je höher die Auflagen für die postalische Qualität sind. Das Wünschbare erfährt auf diese Weise keine inhärente Bewertung von der Finanzierungsseite.

Diese Problematik würde etwas gemildert, wenn der Universaldienst wie andere regionalpolitische Instrumente aus den allgemeinen staatlichen Budgets zu finanzieren wäre, da die Politiker grundsätzlich den Nutzen mit dem anderer öffentlicher Ausgaben vergleichen müssten. Die Entscheidungen über die konkreten Ausgestaltungen sollten auf möglichst niedriger föderaler Ebene erfolgen, da die instrumentellen Alternativen hinsichtlich der jeweiligen Bürgerpräferenzen und regionaler Besonderheiten zu bewerten wären.

Näher an ein qualitativ effizientes Angebot würde man z.B. dann gelangen, wenn die einzelnen Empfänger höhere Zustellqualitäten abonnieren könnten, während ansonsten eine Basisqualität geliefert wird, deren Kosten durch das Briefporto der Versender abgedeckt sind. Zumindest würde ein solches Arrangement zahlreiche Informationen über den ökonomisch adäquaten Umfang des Universaldienstes liefern.

Anmerkungen

1 Vgl. für verschiedene europäische Länder NERA (1998), sowie Castro/Maddock (1997), Leskinen/Palmgren (1997), Comandini/Mare/Salleo (1999).
2 Im deutschen Postgesetz (PG) wird der Universaldienst in § 11 Abs. 1 definiert: *„Universaldienstleistungen sind ein Mindestangebot an Postdienstleistungen . . ., die flächendeckend in ei-*

ner bestimmten Qualität und zu einem erschwinglichen Preis erbracht werden." Die qualitativen Anforderungen sind in der Postuniversaldienstleistungsverordnung (PUDLV) festgelegt.

3 Die Zahlen für die Länder sind nicht voll vergleichbar, da die kostenrechnerischen Abgrenzungen sich teilweise unterscheiden. Z.B. sind in den Angaben für die Bundesrepublik, die von der DPAG Generaldirektion stammen und sich auf 1998 beziehen, die Kosten der Filialen für die Annahme von Sendungen gar nicht enthalten. Zum Vergleich mit anderen Ländern müssten alle genannten Kostenanteile etwas geringer angesetzt werden. Die gemeinsame Kostenkategorie Einsammlung/Transport enthält jedoch die Leerung der Briefkästen. Die Prozentzahlen für die USA addieren sich nicht auf 100%, was auf weitere Aktivitäten von Zustellern etc. zurückzuführen ist, die nicht der Briefbeförderung zugerechnet werden können. Vgl. zu den Angaben für die Europäische Union CTCon (1998a), S. 9, für Frankreich Cazals/DeRycke/Florens/Oulieu-Rouzaud (1999), und für die USA Cohen/Chu (1997).
4 Vgl. Panzar (1991); Rogerson/Takis (1993); Cohen/Ferguson/Xenakis (1993a); Bradley/Colvin (1995); Cohen/Chu (1997); Cazals/DeRycke/Florens/Rouzaud (1997); Cazals/DeRycke/Florens/Oulieu-Rouzaud (1999).
5 Vgl. die detaillierte Kostenaufstellung nach regionalen Quintilen (Klassifizierung in fünf Gruppen nach Zustelldichte) in Cohen/Ferguson/Xenakis (1993b), S. 8ff.
6 Die Abbildung ist (leicht verändert) entnommen aus Cohen/Ferguson/Xenakis (1993b), S. 9.
7 Vgl. außerdem für die Wirkung von Einkommensunterschieden in städtischen Zustellgebieten Kolin/Smith (1998).
8 Vgl. Elsenbast (1994), Nera (1998), sowie zur Diskusion Stumpf (1997), Rodriguez/Smith/Storer (1999), Zenhäusern/Krähenbühl (1999), Kirchner (1998), Kühn/Caffara (1999); Cremer/Grimaud/Laffont (1999). Dieses Prinzip ist auch im deutschen Postgesetz formuliert (§ 15 Abs. 2).
9 In langfristiger Betrachtung sind alle Kosten variabel, das heißt entscheidungsdisponibel. Fixe Kosten und irreversible Kosten existieren nur bei bestimmten „historischen" Entscheidungsvoraussetzungen. Langfristige Kostenfunktionen sind pfadunabhängig.
10 Das Wissenschaftliche Institut für Kommunikationsdienste (WIK) ist das wissenschaftliche Beratungsinstitut der deutschen Regulierungsbehörde für Telekommunikation und Post. Vgl. dafür Elsenbast (1994); Elsenbast/Pieper/Stumpf (1995). Nera (1998) ist eine umfangreiche Studie, die für die EU-Kommission angefertigt wurde.
11 Es ist keineswegs sicher, dass eine Freigabe der Qualitätsparameter durch die Regulierungsbehörde unbedingt zu einer Qualitätsreduktion führen muss, wie das unter den spezifischen Vorgaben der Abb. 5 der Fall ist.
12 Vgl. Haldi/Merewitz (1997).
13 Vgl. Cohen/Ferguson/Xenakis (1993b) und Cohen/Chu (1997), S. 117ff.
14 Das heißt, dass bei Steigerung der Menge um 1% die Zugangskosten um 0,06% steigen. Dies hängt allerdings stark von der Siedlungsstruktur und der bisherigen Sendungsmenge pro Tag und Stop ab. Ein Stop kann mehrere Empfänger beinhalten, z.B. bei Häusern mit zahlreichen Wohnungen. In den USA erhalten 93% der Stops täglich Post. Der Stopfaktor (Zahl der Sendungen je Hauseingang und Tag), den Cohen/Chu (1997) für die USA angeben, wird von Rabe (1997), S. 31f, auch für die BRD annähernd bestätigt. Der Stopfaktor ist also nicht direkt vergleichbar mit dem „Berührungsgrad", der die Zahl der an einem Tage zu bedienenden Adressaten in Relation zu allen potentiellen Adressaten der Zustellroute angibt. Dieser beträgt in der Bundesrepublik bei Briefen 70%.
15 Vgl. Cohen/Chu (1997), S. 124.
16 Vgl. Haldi/Merewitz (1997) S. 252.
17 Die Kunden sind die Versender, während man die Qualität im Sinne unserer Fragestellung primär mit den Empfängern assoziiert.
18 Haldi/Merewitz (1997), S. 253f, schlagen vor, dass die Reduzierung auf drei Zustellungen automatisch mit der Einrichtung eines Gratis-Postfaches verbunden werden könnte. Nach Schätzung des U.S. Postal Service betragen die Kosten dafür ca. 7 $ pro Jahr.
19 Vgl. zu den Ergebnissen Elsenbast (1996).
20 Vgl. Cremer/DeRycke/Grimaud (1997).

Literatur

Bradley, M. D. / Colvin J. (1995), An Econometric Model of Postal Delivery, in: Crew, M. A. / Kleindorfer, P. R. (Hrsg.) (1995), Commercialization of Postal and Delivery Services: National and International Perspectives, Boston u.a.: Kluwer, S. 137–153.

Castro, M. / Maddock R. (1997), The Universal Service Obligation for Post: Some Australian Calculations, in: Crew/Kleindorfer, S. 258–269.

Cazals, C. / de Rycke, M. / Florens, J. P. / Rouzaud, S. (1997), Scale Economies and Natural Monopoly in the Postal Delivery: Comparison between Parametric and Non Parametric Specifications, in: Crew/Kleindorfer, S. 65–80.

Cazals, C. / de Rycke, M. / Florens, J. P. / Oulieu-Rouzaud, S. (1999), Cost Structure of Postal Services in France, Conference on "Competition and Universal Service in the Postal Sector", Toulouse, March 26–27.

Christensen, D. C. / Christensen, L. R. / Guy, C. E. / O'Hara, D. J. (1993), U. S. Postal Service Productivity: Measurement and Performance, in: Crew/Kleindorfer, S. 237–255.

Cohen, R. H. / Ferguson, W. W. / Xenakis, S. S. (1993a), Rural Delivery and the Universal Service Obligation: A Quantitative Investigation, in: Crew/Kleindorfer, S. 161–176.

Cohen, R. H. / Ferguson, W. W. / Xenakis, S. S. (1993b), A Cost Comparison of Serving Rural and Urban Areas in the United States Postal Service, Wissenschaftliches Institut für Kommunikationsdienste, Diskussionsbeitrag Nr. 114, Bad Honnef, Juli.

Cohen, R. H. / Chu, E. H. (1997), A Measure of Scale Economies for Postal Systems, in: Crew/Kleindorfer, 115–132.

Comandini, V. / Mare, M. / Salleo, C. (1999), Is Competition in the Postal Industry Compatible with Universal Service Obligation? discussion paper, Conference on Competition and Universal Service in the Postal Sector, Toulouse March 26–27.

Cremer, H. / DeRycke, M. / Grimaud, A. (1997), Cost and Benefits of Universal Service Obligations in the Postal Sector, in: Crew/Kleindorfer, S. 22–41.

Cremer, H. / Grimaud, A. / Laffont, J.-J. (1999), The Cost of Universal Service in the Postal Sector, discussion paper, Conference on Competition and Universal Service in the Postal Sector, Toulouse March 26–27.

Crew, M. A. / Kleindorfer, P. R. (Hrsg.) (1993), Regulation and the Nature of Postal and Delivery Services, Boston: Kluwer.

Crew, M. A./ Kleindorfer, P. R. (Hrsg.) (1997), Managing Change in the Postal and Delivery Industries, Boston, Dordrecht, London: Kluwer.

CTCon (1998a), On the Liberalisation of Clearance, Sorting and Transport, Studies on the Impact of Liberalisation in the Postal Sector, Report for the EC-DG XIII, Brussels and Vallendar, August.

CTCon (1998b), Study On the Weight and Price Limits of the Reserved Area in the Postal Sector, Studies on the Impact of Liberalisation in the Postal Sector, Report for the EC-DG XIII, Brussels and Vallendar, November.

Elsenbast, W. (1994), Eine Methode zur Bestimmung der Infrastrukturlast im Briefdienst, WIK Diskussionsbeitrag Nr. 127, Bad Honnef, März.

Elsenbast, W. (1996), Die Infrastrukturverpflichtung im Postbereich aus Nutzersicht, WIK Diskussionsbeitrag Nr. 162, Bad Honnef, Juli.

Elsenbast, W. / Pieper, F. / Stumpf, U. (1995), Estimating the Universal Service Burden of Public Postal Operators, WIK Diskussionsbeitrag Nr. 150, Bad Honnef, Mai.

Haldi, J. / Merewitz, L. (1997), Cost and Returns from Delivery to Sparsely Settled Rural Areas, in: Crew/Kleindorfer, S. 237–257.

Kirchner, J. (1998), The Appropriate Approach to Measure the Burden of the Universal Service Obligation, Diskussionspapier, Deutsche Post AG, August.

Kolin, M. / Smith E. J. (1998), Mail Volume and Contribution on City Delivery Routes in the United States, Paper for the Sixth Conference on Postal and Delivery Economics, Montreux, June 17–20.

Kühn, K.-U. / Caffara, C. (1999), Measuring the Burden of the Universal Service Obligation in Post: A Conceptual Framework, discussion paper, Conference on Competition and Universal Service in the Postal Sector, Toulouse March 26–27.

Leskinen, P. / Palmgren B. (1997), Liberalized Postal Markets: Finnish and Swedish Experiences, in: Crew/Kleindorfer, S. 214–234.
Nera (1998), Costing and Financing of Universal Services in the Postal Sector in the European Union, A Report to DG XIII, Brussels – Luxembourg.
Panzar, J. C. (1991), Is Postal Service a Natural Monopoly?, in: Crew, M. A. / Kleindorfer, P. R. (Hrsg.) (1991), Competition and Innovation in Postal Services, Boston, Dordrecht, London: Kluwer Academic Publishers, S. 219–228.
Rabe, U. (1997), Konzeptionelle und operative Fragen von Zustellnetzen, WIK Diskussionsbeitrag Nr. 177, Bad Honnef, November.
Rodriguez, F. / Smith, S. / Storer, D. (1999), Alternative Approaches to Estimating the Cost of the USO in Posts, discussion paper, Conference on Competition and Universal Service in the Postal Sector, Toulouse March 26–27.
Rogerson, C. M. / Takis, W. M. (1993), Econonomies of Scale and Scope and Competition in Postal Service, in: Crew/Kleindorfer, S. 109–127.
Stumpf, U. (1997), Providing Universal Service in Competitive Postal Markets, in: Crew/Kleindorfer, S. 288–303.
Zenhäusern, P. / Krähenbühl, D. (1999), Long run incremental costs: a costing method to calculate costs of postal services, discussion paper, Conference on Competition and Universal Service in the Postal Sector, Toulouse March 26–27.

Zusammenfassung

Im Zuge der Liberalisierung der Postmärkte erweisen sich die früheren Praktiken der regional einheitlichen Qualitäts- und Preissetzung als kommerziell nicht überlebensfähig, da die Stückkosten (insbesondere bezüglich der Zustellung) starke Kostendegressionen mit steigender Bevölkerungsdichte aufweisen.

Wenn der Staat einen Universaldienst durch das etablierte Postunternehmen gewährleisten möchte, stellt sich die Frage der abzugeltenden Kosten. Zur Berechnung wird in der Literatur meist von den langfristigen Netto-Inkrementalkosten ausgegangen, wobei das (vermutete) unregulierte Angebot als Referenzsituation gilt. Allerdings wird dafür in der Regel der Sendungsstrom zwischen einer Absender- und einer Empfängerregion als Analyseeinheit verwendet, wobei defizitäre Sendungsströme ganz eingestellt werden.

Der vorliegende Ansatz geht demgegenüber davon aus, dass das etablierte Postunternehmen bei Abwesenheit einer Universaldienstauflage des Staates (und weiterbestehender Monopolpreisregulierung) seine Qualität in bestimmten Bereichen bezüglich einiger kostenrelevanter Merkmale bis auf ein defizitfreies Qualitätsniveau reduzieren würde. Dies betrifft potentiell mehrere Qualitätsmerkmale, in erster Linie jedoch die Zustellfrequenz. Die vorliegende empirische Evidenz weist darauf hin, dass im Falle einer Reduzierung der Zustellungen die Inkrementalkosten beträchtlich und die Inkrementalerlöse gering wären.

Obwohl etablierte Postunternehmen typischerweise Ineffizienzen aufweisen, sind diese für die Berechnung der Universaldienstlast irrelevant. Abschließend wird das staatlich gesetzte Qualitätsniveau des Universaldienstes problematisiert, das in Ermangelung von Informationen über Kosten und Nutzen vermutlich überhöht ist. Empfänger-Abonnements sind in ländlichen Regionen eine marktliche Perspektive.

Summary

In a liberalized postal market uniform tarifs and uniform quality standards will not be sustainable, since cost studies (especially with respect to delivery) exhibit strong economies of density. If government wants to impose a universal service obligation on the incumbent operator in order to serve rural areas, the respective financial burden has to be evaluated in terms of long-run incremental costs and revenues. The standard approach focusses on postal traffic streams, which will be abandoned completely if their net incremental cost is positive.

This paper is starting from the quality of service level the incumbent company would choose, if there were no universal service restrictions. Compared with the present situation, the quality of service would be lower in rural areas, especially with respect to the frequency of delivery. Empirical evidence indicates that incremental costs according to the reduction of delivery days would be substantial. Incremental revenues are expected to be low. Thus, in the absence of universal service obligations, quality would be lowered to a level which avoided a deficit.

The inefficiencies of the incumbent postal operator do not affect the universal service burden. Another problem for the regulatory authority is to identify universal service quality levels such that incurring costs can be justified by the accruing utility.

02: *Verkehrs- und Nachrichtenwesen (JEL L90)*
014: *Volkswirtschaftlicher Rahmen (JEL P00)*

Neu bei Gabler

Peter P. Eckstein
Klausurtraining Statistik
Deskriptive Statistik – Stochastik
– Induktive Statistik.
Mit kompletten Lösungen
3., überarb. u. erw. Aufl.
2002. VIII, 252 S.
Br. € 27,90
ISBN 3-409-32096-2

Ein Autorenkollegium unter Leitung von Peter P. Eckstein hat aus einem umfangreichen Fundus elementare und anspruchsvolle Übungs- und Klausuraufgaben zur Deskriptiven Statistik, Stochastik und Induktiven Statistik ausgewählt. Die Aufgabenstellungen wurden nach inhaltlichen Schwerpunkten zusammengestellt und beziehen sich neben allgemeinen statistischen Fragen insbesondere auf betriebswirtschaftliche Probleme. Ausführliche Lösungen zu allen Aufgaben ermöglichen ein effektives Selbststudium und eine gezielte Klausurvorbereitung. Das „Klausurtraining Statistik" stellt in der dritten Auflage ein erweitertes Aufgabenangebot von nahezu 300 Aufgaben bereit, wobei für jede Aufgabe jetzt eine komplette Lösung angeboten wird.

Helmut Reichardt/
Agnes Reichardt
**Statistische Methodenlehre
für Wirtschaftswissenschaftler**
11. Aufl. 2002. 262 S.
Br. ca. € 36,90
ISBN 3-409-23761-5

Das bewährte Lehrbuch führt gut verständlich in die Statistische Methodenlehre ein. Vorkenntnisse der Statistik werden nicht vorausgesetzt. Die Autoren stellen das zum Verständnis der Methoden quantitativer Analysen notwendige Wissen ausführlich dar und erläutern dies anhand zahlreicher Beispiele. In vier Kapiteln werden sehr anschaulich und didaktisch geschickt die wichtigsten Grundlagen und Methoden vorgestellt. Im Vordergrund stehen Anwendung und praktische Umsetzung statistischer Methoden sowie die Anforderungen in den Prüfungen zum Vordiplom.

Bestell-Coupon Fax: 06 11.78 78-420

Ja, ich bestelle:

Peter P. Eckstein
___ Expl. **Klausurtraining Statistik**
3., überarb. u. erw. Aufl.
2002. VIII, 252 S.
Br. € 27,90
ISBN 3-409-32096-2

H.Reichardt/A. Reichardt
___ Expl. **Statistische Methodenlehre
für Wirtschaftswissenschaftler**
11. Aufl. 2002. 262 S.
Br. ca. € 36,90
ISBN 3-409-23761-5

Vorname und Name

Straße (bitte kein Postfach)

PLZ, Ort

Unterschrift   321 01 006   **GABLER**

Änderungen vorbehalten. Erhältlich beim Buchhandel oder beim Verlag.   Abraham-Lincoln-Str. 46, 65189 Wiesbaden, Tel.: 06 11.78 78-124, www.gabler.de

Fit für Spanisch in der Wirtschaft

Celestino Sánchez
Gabler Wirtschaftswörterbuch Spanisch
Band 1: Deutsch – Spanisch
Unter Mitarbeit von
Cornelia Stuckenberger
2., überarb. u. erw. Aufl. 1999.
VIII, 673 S. Geb.
€ 49,00
ISBN 3-409-29912-2

Über 300 Millionen Menschen auf der Welt sprechen Spanisch. Dementsprechend groß ist die Bedeutung dieser Sprache für die Wirtschaft. Das Gabler Wirtschaftswörterbuch Spanisch hilft Ihnen, diesen riesigen Markt zu bearbeiten. Die Auswahl der Stichwörter umfaßt insbesondere die aktuelle Wirtschafts- und Handelsterminologie und schließt auch zahlreiche rechtliche Ausdrücke mit ein. Zahlreiche Ausdrücke hispanoamerikanischen Ursprungs, die sich von den in Spanien üblichen Begriffen unterscheiden, sind ebenfalls aufgeführt.

Celestino Sanchez
Gabler Wirtschaftswörterbuch Spanisch
Band 2: Spanisch – Deutsch
Wörterbuch für den Wirtschafts-, Handels- und Rechtsverkehr
2., vollst. neu berarb. u. erw. Aufl. 2002. VIII, 520 S. Geb.
€ 49,00
ISBN 3-409-29913-0

Zu allen Bereichen der Wirtschaft sowie zu Recht und Steuern bietet das Gabler Wirtschaftswörterbuch Spanisch-Deutsch: fachadäquate Übersetzungen; feststehende Redewendungen; vollständige Beispielsätze; Hinweise auf die richtige Verwendung von Synonymen; Erklärungen und Definitionen von Fachbegriffen; abweichende hispanoamerikanische Ausdrücke.

Bestell-Coupon   Fax: 06 11.78 78-420

Ja, ich bestelle zur sofortigen Lieferung:

___ Expl. Celestino Sánchez
Gabler Wirtschaftswörterbuch Spanisch
Band 1: Deutsch – Spanisch
€ 49,00
ISBN 3-409-29912-2

___ Expl. Celestino Sánchez
Gabler Wirtschaftswörterbuch Spanisch
Band 2: Spanisch – Deutsch
€ 49,00
ISBN 3-409-29913-0

Vorname und Name

Straße (bitte kein Postfach)

PLZ, Ort

Unterschrift   321 01 006

Änderungen vorbehalten. Erhältlich im Buchhandel oder beim Verlag. Abraham-Lincoln-Str. 46, 65189 Wiesbaden, Tel: 06 11.78 78-124, www.gabler.de

Grundsätze und Ziele

Die **Zeitschrift für Betriebswirtschaft** ist eine der ältesten deutschen Fachzeitschriften der Betriebswirtschaftslehre. Sie wurde im Jahre 1924 von Fritz Schmidt begründet und von Wilhelm Kalveram und Erich Gutenberg fortgeführt. Sie wird heute von zwölf Persönlichkeiten aus dem Bereich der Universität und der Wirtschaftspraxis herausgegeben.

Die Zeitschrift für Betriebswirtschaft verfolgt das Ziel, die **Forschung auf dem Gebiet der Betriebswirtschaftslehre** anzuregen sowie zur Verbreitung und Anwendung ihrer Ergebnisse beizutragen. Sie betont die Einheit des Faches; enger und einseitiger Spezialisierung in der Betriebswirtschaftslehre will sie entgegenwirken. Die Zeitschrift dient dem **Gedankenaustausch zwischen Wissenschaft und Unternehmenspraxis.** Sie will die betriebswirtschaftliche Forschung auf wichtige betriebswirtschaftliche Probleme in der Praxis aufmerksam machen und sie durch Anregungen aus der Unternehmenspraxis befruchten.

Die Qualität der Aufsätze in der Zeitschrift für Betriebswirtschaft wird nicht nur durch die Herausgeber und die Schriftleitung, sondern auch durch einen Kreis von Gutachtern gewährleistet. Das **Begutachtungsverfahren** ist doppelt verdeckt und wahrt damit die Anonymität von Autoren wie Gutachtern gemäß den international üblichen Standards.

Die Zeitschrift für Betriebswirtschaft veröffentlicht im Einklang mit diesen Grundsätzen und Zielen:

- **Aufsätze** zu theoretischen und praktischen Fragen der Betriebswirtschaftslehre einschließlich von Arbeiten junger Wissenschaftler, denen sie ein Forum für die Diskussion und die Verbreitung ihrer Forschungsergebnisse eröffnet,
- **Ergebnisse der Diskussion** aktueller betriebswirtschaftlicher Themen zwischen Wissenschaftlern und Praktikern,
- **Berichte** über den Einsatz wissenschaftlicher Instrumente und Konzepte bei der Lösung von betriebswirtschaftlichen Problemen in der Praxis,
- **Schilderungen von Problemen** aus der Praxis zur Anregung der betriebswirtschaftlichen Forschung,
- **„State of the Art"-Artikel,** in denen Entwicklung und Stand der Betriebswirtschaftslehre eines Teilgebietes dargelegt werden.

Die Zeitschrift für Betriebswirtschaft informiert ihre Leser über **Neuerscheinungen** in der Betriebswirtschaftslehre und der Management-Literatur durch ausführliche Rezensionen und Kurzbesprechungen und berichtet in ihrem **Nachrichtenteil** regelmäßig über betriebswirtschaftliche Tagungen, Seminare und Konferenzen sowie über persönliche Veränderungen vorwiegend an den Hochschulen. Darüber hinaus werden auch Nachrichten für Studenten und Wirtschaftspraktiker veröffentlicht, die Bezug zur Hochschule haben. Die ZfB veröffentlicht keine Aufsätze, die wesentliche Inhalte von **Dissertationen** wiedergeben. Sie rezensiert aber publizierte Dissertationen.

Dem **Internationalen Herausgeberbeirat** gehören namhafte Fachvertreter aus den USA, Japan und Europa an. In der ZfB können auch – wenn auch in begrenztem Umfang – englischsprachige Aufsätze veröffentlicht werden. Durch die Zusammenfassungen in englischer Sprache sind die deutschsprachigen Aufsätze der ZfB auch internationalen Referatenorganen zugänglich. Im Journal of Economic Literature werden die Aufsätze der ZfB zum Beispiel laufend referiert.

Schriftführende Herausgeber

Prof. Dr. Uschi Backes-Gellner
Universitätsprofessorin und Direktorin des Seminars für Allgemeine Betriebswirtschaftslehre und Personalwirtschaftslehre an der Universität zu Köln. Ihre Hauptarbeitsgebiete sind Personal- und Organisationsökonomik, Mittelstandsforschung und Hochschulökonomie

Prof. Dr. Günter Fandel
Universitätsprofessor und Inhaber des Lehrstuhls für Betriebswirtschaftslehre, insbesondere Produktion und Investition an der FernUniversität Hagen. Seine Hauptarbeitsgebiete sind Industriebetriebslehre, Produktionsmanagement und Hochschulmanagement.

Prof. Dr. Wolfgang Kürsten
Universitätsprofessor und Inhaber des Lehrstuhls für Allgemeine Betriebswirtschaftslehre, insbesondere Finanzierung, Banken und Risikomanagement an der Universität Jena. Seine Hauptarbeitsgebiete sind Finanzkontrakte, Bankbetriebswirtschaftslehre und kapitalmarktorientierte Unternehmensführung.

Herausgeber

Prof. (em.) Dr. Dr. h.c. mult. Horst Albach
Professor der Betriebswirtschaftslehre an der Humboldt-Universität zu Berlin, Honorarprofessor an der Wissenschaftlichen Hochschule für Unternehmensführung Koblenz (WHU).

Dr. Dieter Heuskel
Senior Vice President, The Boston Consulting Group. Leiter des Management Teams der BCG Deutschland und Mitglied des weltweiten Executive Committees von BCG.

Dr. Detlef Hunsdiek
Gesamtleiter Personal der Bertelsmann AG. Er ist Vorsitzender des Beirats des Reinhard Mohn Stiftungslehrstuhls an der Universität Witten/Herdecke und Mitglied des geschäftsleitenden Ausschusses des mcm Instituts St. Gallen.

Dr. Bernd-Albrecht v. Maltzan
Deutsche Bank AG, Frankfurt, Bereichsvorstand Private Banking.

Prof. Dr. Werner Pascha
Lehrstuhl für Ostasienwirtschaft/Wirtschaftspolitik an der Gerhard-Mercator-Universität Duisburg.

Hans Botho von Portatius
Geschäftsführender Gesellschafter von Kappa IT Ventures Beteiligungs GmbH.

Prof. (em.) Dr. Hermann Sabel
Professor der Betriebswirtschaftslehre, insbesondere Marketing, an der Universität Bonn und Mitglied im Wissenschaftlichen Beirat des Universitätsseminars der Wirtschaft (USW) in Erftstadt-Liblar.

Prof. Dr. Joachim Schwalbach
ist Inhaber des Lehrstuhls für Internationales Management, Humboldt-Universität zu Berlin.

Dr. med. Martin Zügel
Vorstandsmitglied der B. Braun Melsungen AG, Sparte Hospital Care.

Internationaler Herausgeberbeirat

Prof. Alain Burlaud
Professor für Betriebswirtschaftslehre, insbesondere Rechnungswesen und Management Control, am Conservatoire National des Art et Métiers in Paris. Er ist Expert Comptable und Mitherausgeber zahlreicher bedeutender französischer Fachzeitschriften.

Prof. Dr. Santiago Garcia Echevarria
Professor für Betriebswirtschaftslehre, insbesondere Unternehmenspolitik, und Direktor des Instituto de Dirección y Organización de Empresas der Universität Alcalá.

Prof. Dr. Lars Engwall
Professor für Betriebswirtschaftslehre an der Universität Uppsala.

Prof. Dr. Robert T. Green
Professor für Marketing und Internationale Betriebswirtschaftslehre an der University of Texas in Austin, Texas, und Director des Center for International Business Education and Research.

Prof. Hiroyuki Itami
Professor für Management an der Faculty of Commerce der Hitotsubashi Universität, Tokyo.

Prof. Dr. Don Jacobs
Gaylord Freeman Distinguished Professor of Banking und Dean der J.L. Kellogg Graduate School of Management der Northwestern University in Evanston bei Chicago.

Prof. Dr. Koji Okubayashi
Professor für Betriebswirtschaftslehre, insbesondere Human Resources Management in der School of Business Administration der Kobe University.

Prof. Dr. Adolf Stepan
Professor für Betriebswirtschaftslehre, insbesondere Industriebetriebslehre an der Technischen Universität Wien und Leiter der Abteilung Wirtschafts- und Managementwissenschaften an der Donau-Universität Krems.

Prof. Dr. Kalervo Virtanen
Professor für Betriebswirtschaftslehre, insbesondere Management Accounting, an der Helsingin Kauppakorkeakoulu, der Helsinki School of Economics and Business Administration.

Verlag

Betriebswirtschaftlicher Verlag Dr. Th. Gabler GmbH,
Abraham-Lincoln-Straße 46, 65189 Wiesbaden,
Postfach 15 46, 65173 Wiesbaden,
http://www.gabler.de
http://www.zfb-online.de
Geschäftsführer: Dr. Hans-Dieter Haenel
Verlagsleitung: Dr. Heinz Weinheimer
Programmleitung Wissenschaft: Claudia Splittgerber
Gesamtleitung Produktion: Reinhard van den Hövel
Gesamtleitung Vertrieb: Heinz Detering

SCHRIFTLEITUNG:
Professor Dr. Günter Fandel
FernUniversität Hagen
Fachbereich Wirtschaftswissenschaft
58084 Hagen
E-Mail: ZfB@FernUni-Hagen.de

Anfragen an die Schriftleitung: Briefe an die Schriftleitung mit der Bitte um Auskünfte etc. können nur beantwortet werden, wenn ihnen Rückporto beigefügt ist. Von Anfragen, die durch Einsicht in die Jahresinhaltsverzeichnisse beantwortet werden können, bitten wir abzusehen.

Redaktion: Ralf Wettlaufer, Tel.: 06 11/78 78-2 34,
E-Mail: Ralf.Wettlaufer@bertelsmann.de

Annelie Meisenheimer, Tel.: 06 11/78 78-2 32, Fax: 06 11/78 78-4 11, E-Mail: Annelie.Meisenheimer@bertelsmann.de

Kundenservice: Britta Christmann,
Tel.: 06 11/78 78-1 29/1 32, Fax: 06 11/78 78-4 23,
E-Mail: Britta.Christmann@bertelsmann.de

Abonnentenbetreuung: Doris Schöne, Tel.: 0 52 41/80 19 68,
Fax: 0 52 41/80 96 20

Produktmanagement: Kristiane Alesch, Tel.: 06 11/78 78-3 59,
Fax: 06 11/78 78-4 39, E-Mail: Kristiane.Alesch@bertelsmann.de.

Anzeigenleitung: Thomas Werner, Tel.: 06 11/78 78-1 38,
Fax: 06 11/78 78-4 30, E-Mail: Thomas.Werner@bertelsmann.de

Anzeigendisposition: Susanne Bretschneider,
Tel.: 06 11/78 78-1 53, Fax: 06 11/78 78-4 30,
E-Mail: Susanne.Bretschneider@bertelsmann.de.

Es gilt die Anzeigenpreisliste Nr. 32 vom 1.1.2002.

Produktion/Layout: Gabriele McLemore

Bezugsmöglichkeiten: Die Zeitschrift erscheint monatlich. Einzelverkaufspreis 20,– Euro; preisgebundener Jahresabonnementpreis **Inland** 183,– Euro; für Studenten 105,– Euro (die aktuelle Immatrikulationsbescheinigung ist jeweils unaufgefordert nachzureichen); preisgebundener Jahresabonnementpreis **Ausland** 195,– Euro; Studentenpreis Ausland 132,– Euro inkl. Porto und ges. MwSt. Preis für besondere Versandformen auf Anfrage. Zahlung erst nach Erhalt der Abo-Rechnung. Persönliche Mitglieder des Verbandes der Hochschullehrer für Betriebswirtschaft e.V. erhalten einen Nachlaß von 20% auf den Abonnementpreis. Kündigung des Abonnements spätestens sechs Wochen vor Ablauf des Bezugszeitraumes schriftlich mit Nennung der Kundennummer. Eine schriftliche Bestätigung erfolgt nicht. – Jährlich können 1 bis 6 Ergänzungshefte hinzukommen. Jedes Ergänzungsheft wird den Jahresabonnenten mit einem Nachlaß von 25% des jeweiligen Ladenpreises gegen Rechnung geliefert. Kündigung des Abonnements spätestens sechs Wochen vor Ablauf des Bezugszeitraumes schriftlich mit Nennung der Kundennummer.

© 2002 Betriebswirtschaftlicher Verlag Dr. Th. Gabler GmbH, Wiesbaden.

Der Gabler Verlag ist ein Unternehmen der Fachverlagsgruppe BertelsmannSpringer.

Alle Rechte vorbehalten. Kein Teil dieser Zeitschrift darf ohne schriftliche Genehmigung des Verlages vervielfältigt oder verbreitet werden. Unter dieses Verbot fällt insbesondere die gewerbliche Vervielfältigung per Kopie, die Aufnahme in elektronische Datenbanken und die Vervielfältigung auf CD-ROM und allen anderen elektronischen Datenträgern.

Gesamtherstellung: Druckhaus „Thomas Müntzer" GmbH, 99947 Bad Langensalza.
Gedruckt auf säurefreiem und chlorfrei gebleichtem Papier.

ISSN: 0044-2372

Hinweise für Autoren

1. Bitte beachten Sie die „Grundsätze und Ziele" der ZfB.

2. Manuskripte sind in vierfacher Ausfertigung an die Schriftleitung zu senden. Für das Begutachtungsverfahren müssen die Beiträge anonymisiert werden. Daher darf der Name des Autors nur auf der Titelseite des Manuskripts stehen. Der Autor verpflichtet sich mit der Einsendung des Manuskripts unwiderruflich, das Manuskript bis zur Entscheidung über die Annahme nicht anderweitig zu veröffentlichen oder zur Veröffentlichung anzubieten. Diese Verpflichtung erlischt nicht durch Korrekturvorschläge im Begutachtungsverfahren.

3. Aufsätze, die im wesentlichen Ergebnisse von Dissertationen wiedergeben, werden nicht veröffentlicht. Um die Ergebnisse von Dissertationen breiter bekannt zu machen, hat die ZfB eine Rubrik „Dissertationen" im Besprechungsteil eingeführt. Hier werden vorzugsweise Erstgutachten von Dissertationen – in entsprechend gekürzter Form – abgedruckt.

4. Alle eingereichten Manuskripte werden, wie international üblich, einem doppelt verdeckten Begutachtungsverfahren unterzogen, d.h. Autoren und Gutachter erfahren ihre Identität gegenseitig nicht. Die Gutachten werden den Autoren und den Gutachtern gegenseitig in anonymisierter Form zur Kenntnis gebracht. Bei Unstimmigkeiten zwischen den Gutachtern wird ein dritter Gutachter bestellt. Durch dieses Verfahren soll die fachliche Qualität der Beiträge gesichert werden.

5. Die Manuskripte sind in Times New Roman, 12 Punkt, 1½zeilig mit 5 cm Rand links zu schreiben. Sie sollten nicht länger als 25 Schreibmaschinenseiten sein. Der Titel des Beitrages und der/die Verfasser mit vollem Titel und ausgeschriebenen Vornamen sowie beruflicher Stellung sind auf der ersten Manuskriptseite aufzuführen. Dem Beitrag ist ein „Überblick" von höchstens 15 Zeilen voranzustellen, in dem das Problem, die angewandte Methodik, das Hauptergebnis in seiner Bedeutung für Wissenschaft und/oder Praxis dargestellt werden. Die Aufsätze sind einheitlich nach dem Schema A., I., 1., a) zu gliedern. Endnoten (Times New Roman, 12pt) sind im Text fortlaufend zu numerieren und am Schluß des Aufsatzes unter „Anmerkungen" zusammenzustellen. Anmerkungen und Literatur sollen getrennt aufgeführt werden. Im Text und in den Anmerkungen soll auf das Literaturverzeichnis nach dem Schema: (Gutenberg, 1982, S. 352) verwiesen werden. Jedem Aufsatz muß eine „Summary" in englischer Sprache von nicht mehr als 15 Zeilen Länge und eine deutsche Zusammenfassung gleicher Länge angefügt werden. Über Abbildungen und Tabellen ist eine Legende vorzusehen (z.B.: Abb. 1: Kostenfunktion, bzw. Tab. 2: Rentabilitätsentwicklung). Abbildungen und Tabellen sind an der betreffenden Stelle des Manuskripts in Kopie einzufügen und im Original (reproduzierfähig) dem Manuskript beizulegen. Mathematische Formeln sind fortlaufend zu numerieren: (1), (2) usw. Sie sind so einfach wie möglich zu halten. Griechische und Fraktur-Buchstaben sind möglichst zu vermeiden, ungewöhnliche mathematische und sonstige Zeichen für den Setzer zu erläutern. Auf mathematische Ableitungen soll im Text verzichtet werden; sie sind aber für die Begutachtung beizufügen.

Mit dem Manuskript liefert der Autor ein reproduzierfähiges Brustbild (Passphoto) von sich sowie eine kurze Information (max. 7 Zeilen) zu seiner Person und seinen Arbeitsgebieten.

6. Zur Vermeidung von Satzfehlern fügen Sie bitte Ihren Papiermanuskripten eine Diskette bei, die das von Ihnen verfasste Manuskript in Word- oder Tex-Format enthalten sollte. Bitte sehen Sie von einer Konvertierung in PS- oder PDF-Dateien ab, da diese Formate von verlagsseitig eingesetzten Satzprogramm nicht verarbeitet werden können.

7. Der Autor verpflichtet sich, die Korrekturfahnen innerhalb einer Woche zu lesen und die Mehrkosten für Korrekturen, die nicht vom Verlag zu vertreten sind, sowie die Kosten für die Korrektur durch einen Korrektor bei nicht termingerechter Rücksendung der Fahnenkorrektur zu übernehmen.

8. Der Autor ist damit einverstanden, daß sein Beitrag außer in der Zeitschrift auch durch Lizenzvergabe in anderen Zeitschriften (auch übersetzt), durch Nachdruck in Sammelbänden (z.B. zu Jubiläen der Zeitschrift oder des Verlages oder in Themenbänden), durch längere Auszüge in Büchern des Verlages auch zu Werbezwecken, durch Vervielfältigung und Verbreitung auf CD ROM oder anderen Datenträgern, durch Speicherung an Datenbanken, deren Weitergabe und dem Abruf von solchen Datenbanken während der Dauer des Urheberrechtsschutzes an dem Beitrag im In- und Ausland vom Verlag und seinen Lizenznehmern genutzt wird.

GPSR Compliance
The European Union's (EU) General Product Safety Regulation (GPSR) is a set of rules that requires consumer products to be safe and our obligations to ensure this.

If you have any concerns about our products, you can contact us on

ProductSafety@springernature.com

In case Publisher is established outside the EU, the EU authorized representative is:

Springer Nature Customer Service Center GmbH
Europaplatz 3
69115 Heidelberg, Germany

www.ingramcontent.com/pod-product-compliance
Lightning Source LLC
LaVergne TN
LVHW080314260326
834688LV00038B/1116